主编◎刘德海

人文社会科学通识文丛

关于 传世壁画 100 Stories of
的100个故事 Murals

李予心◎著

南京大学出版社

图书在版编目(CIP)数据

关于传世壁画的 100 个故事 / 李予心著. — 南京：
南京大学出版社，2020.12
(人文社会科学通识文丛 / 刘德海主编)
ISBN 978 - 7 - 305 - 24039 - 3

Ⅰ. ①关… Ⅱ. ①李… Ⅲ. ①壁画－世界－普及读物
Ⅳ. ①K869.41－49

中国版本图书馆 CIP 数据核字(2020)第 259307 号

出版发行 南京大学出版社
社　　址 南京市汉口路 22 号　　　　邮　编 210093
出 版 人 金鑫荣

丛 书 名 人文社会科学通识文丛
总 主 编 刘德海
副总主编 汪兴国　徐之顺
执行主编 吴颖文　王月清
书　　名 **关于传世壁画的 100 个故事**
著　　者 李予心
责任编辑 徐　熙

照　　排 南京南琳图文制作有限公司
印　　刷 南通印刷总厂有限公司
开　　本 787×960　1/16　印张 18　字数 260 千
版　　次 2020 年 12 月第 1 版　　2020 年 12 月第 1 次印刷
ISBN 978 - 7 - 305 - 24039 - 3
定　　价 40.00 元

网址：http://www.njupco.com
官方微博：http://weibo.com/njupco
官方微信号：njupress
销售咨询热线：(025)83594756

江苏省哲学社会科学界联合会

《人文社会科学通识文丛》

凝固在时空中的永恒之美

　　有人曾说过,壁画艺术就像"绘书中的工程""音乐中的交响",这句话精准道出了壁画艺术的特色:繁复、壮观、雄伟。

　　壁画的历史源远流长,经历了古代、近代、现代至当代长河的洗礼,其绵延不断的艺术生命力,造就了众多杰出的壁画家与流传千古的作品,在宫殿、教堂,乃至街巷中都留下了美的印记。

　　早期的壁画艺术多见于远古的石窟洞穴,茹毛饮血的原始人,将取自矿物质中的赭石、土黄、赤铁矿等作为颜料,涂抹在墙壁上,用来记录狩猎或战争的情况。各种原始动物的图画,野性生猛,形象生动,开启了人们对于尘封万年岩洞中伟大艺术品的认识,将人们带入了别有洞天的远古壁画世界。

　　公元 79 年,在蔚蓝的那不勒斯湾旁,维苏威火山无预警的喷发,千年古城庞贝被火山灰淹没,连同数万居民深埋地下。古城消失了,而建筑中的壁画却在这场灾难中得以保存。庞贝的壁画就如同这座古城给人的印象:迷蒙,遥远而暧昧。庞贝古城当时为罗马贵族寻欢的场所,壁画上多描绘了风月场上,男欢女爱的鱼水之乐,大量晕染的金暖色调,闪烁的光影如梦似幻,予人朦胧的美感。古城遗址中一处壁画上的铭文写着:"世界上没有任何东西可以永恒。"——庞贝古城永久地沉睡了,但这些绝美的壁画却被永恒地保留下来。

　　十四至十五世纪,随着文艺复兴运动,欧洲艺术的发展进入了最光辉灿烂的时期,技法纷呈,名家辈出。湿壁画、蛋彩画、油画、镶嵌、铜版、石版、水彩画,等等,当时一切现世的绘画技法,都迈入大成的境界。

文艺复兴三巨匠之一的米开朗基罗,倾注四年心血,独力在罗马西斯廷教堂中绘制了世界壁画的经典——《创世记》,其中最为著名的一幅当属《创造亚当》。在画面中,我们可以看到左下方体态健壮的亚当赤身裸体仰卧在陆地上,面带迷茫,伸出手指指向斜上方的天空;而在壁画右上方则是白发白须、力量磅礴的上帝,它的手指即将触到亚当的指尖,要为他灌注神明的灵魂,在他们之间,似乎有智慧的光辉在闪烁。米开朗基罗凭借自己天马行空的想象力,将上帝与亚当相遇那电光石火的一瞬间,完美地呈现在了我们的眼前,也将湿壁画艺术,推向了令人叹为观止的高度。

　　而在《雅典学院》里,画家拉斐尔让古希腊著名的思想家们齐聚一堂,并巧妙利用建筑的特点,把画中的背景和真实建筑物的半圆拱门连接起来,扩大了壁画的空间效果,也使建筑物显得更加宽敞、壮丽。

　　在《最后的晚餐》中,大师达·芬奇精采呈现了圣经故事中,犹大背叛耶稣的情节,并以开创性的构图将所有门徒排成一列面对观者,十二门徒每个人的表情各异,各怀心事,仿佛一幕张力十足的戏剧。

　　随着人类文明的不断进步,壁画的创作也日新月异。现代壁画广纳了更多的媒介材料与创作技术,在不同环境、空间中进行创作,使得壁画这历史悠久的艺术,与时俱进地在当代建筑中呈现了更多元更丰富的面貌。

　　《关于传世壁画的 100 个故事》邀您一起打开历史与艺术的对话之门,细细品味壁画创作背后有血有肉的故事与凝固在时空中的永恒之美。

壁画——巨大的空间能量

所谓壁画,从字面上的意思理解,就是"墙壁上的画作"。

顾名思义,壁画和其他艺术作品最不同的一点就是:它必须依附建筑物而存在,壁画的载体是墙壁,并且跟周围的景物相辅相成,融为一体,不可分割,从而成为空间的一部分。

当壁画完成后,便直接而赤裸地伫立在空间里,与经过的观众直接对话,没有互相选择的自由,这种巨大的感官冲击,使观者不得不正视它们的存在。

这样的公共艺术,承载了巨大的空间能量,透过和群众的"对话",壁画可以转换人们的心情跟氛围,所以一幅具有正能量的壁画艺术,带来的效益将是难以估计的。

在台湾中部地区,就有一位九十岁高龄的壁画创作家——人称"彩虹爷爷",他将老旧的社区,一笔一画着上了新鲜的色彩,创意逗趣的线条、童趣温馨的图案,平凡的矮房瞬间像被施了魔法般,摇身一变,成了五彩缤纷的"彩虹社区",让观者的心情都为之轻快了起来,国外媒体甚至用"具有疗效的空间"来形容这一壁画社区。

这就是一个用壁画传递空间里的正能量的绝佳示范。

20世纪美国画家托马斯·本顿,于1931年创作的巨型壁画——《今日美国》,描绘了当时美国最发达的一些工业产业,例如建筑、石油、煤矿等行业的工作场景,画面充满了律动、灿烂的色彩,赢得了人们的喜爱,从而鼓舞激励了人们努力走出经济大萧条的阴影,奋发向上。

壁画的幅面辽阔，普遍传递着强烈的信息，形成所谓的"能量场"，这种"场"对空间有巨大的感染力，能吸引群众的关注，借以将壁画中的理念传达给人群。

这些作品运用独特的艺术语言，借由空间的力量，力图引起公众在心灵与情感上的共鸣沟通，传达壁画中所蕴含的社会价值、美学观点，并引发其他更深入的思考。

这也是壁画最吸引我的地方。

我喜欢看传说中的人物跟场景，被艺术大师们赋予新的生命，与现实碰撞出新的火花，带给观赏者无穷无尽的视觉冲击。

在这本书里，我收集编写了100个关于传世壁画的故事，希望将这些散落四处的故事集结成册，让历史重新"活过来"，让壁画"重获新生"。

为了完成它，我查阅了大量的资料，翻阅了很多书籍，涉及题材跨越国域疆界，时间更纵跨古今数千年，抽丝剥茧这些壁画背后的故事性，详细讲述了这些壁画的前世今生，以及那些隐藏在厚重外表之下的"趣味故事"，希望大家在欣赏它们的同时，也能感受艺术品背后的思想，体会这些壁画带来的感动。

愿各位喜欢这本书。

目　录

第一章　凝固在墙壁和屋顶上的永恒之美
　　　　西方壁画大师的作品

第二章　超越时空的印记
用色彩记录历史和传奇

第三章 石窟寺庙里的佛道世界
流传千年的东方壁画

第一章

凝固在墙壁和屋顶上的永恒之美

西方壁画大师的作品

1 人性的光辉

创造亚当

在宇宙天地尚未形成之前,世界灰蒙蒙的一片,上没有天、下没有地,整个空间充斥着死寂的气息。

在这个混沌黑暗的世界里,有一个至高无上的造物主,它就是上帝。

上帝从沉睡中苏醒,发觉自己身边什么也没有,感到十分无趣,就施展不可思议的神力来创造新世界。

第一天,上帝说:"要有光!"于是,光明在一刹那间产生了,驱走了黑暗。上帝将光与暗分开,称光明为昼,称黑暗为夜。

第二天,上帝望着混沌的世界说:"水和空气分开!"就见空气漂浮到了水面之上,空气和水之间,投进了光亮,形成了一个空旷明净的世界。上帝将高远明净的空气,称作"天"。

《创造亚当》/米开朗基罗

第三天,上帝望着烟波浩渺的水面说:"地上的水聚集在一起,陆地露出来!"于是,地上浩渺无边的水汇流在一起,形成了大海、河流,没有水的地方便是陆地。上帝看着光秃秃的陆地说:"这样太荒凉了,如果生长茂盛的青草、果木和蔬菜多好啊!"话音刚落,地上便长出了各式各样的植物。

第四天，上帝认为白天和黑夜的长短和交替需要有一定规律，便创造出了太阳和月亮。太阳掌管白昼，月亮掌管黑夜，互相轮换，各司其职。上帝还创造了无数的星辰，把它们排列在天幕之中，白天隐去，夜间出现。同时，还根据白天、黑夜的轮转，制定了节令、日历和一年四季。

第五天，上帝望着寂静、空旷的天地说："我希望水中有鱼儿游弋、天空有鸟雀飞翔！"顿时，水中生出了鱼、虾等生物，天空中有了各式各样的飞禽。

第六天，上帝看着空荡荡的陆地，感到实在太安静了，就创造出各式各样的走兽、昆虫和牲畜。寂静的天地一下子热闹了起来，现出勃勃生机，水中有鱼儿安静地游弋、空中有飞鸟悠闲地飞翔、陆地上走兽快乐地奔跑。

这个时候，上帝满意地看着眼前的世界，自言自语道："现在终于热闹了，这才像个乐园！"

忽然，上帝皱起了眉头，似乎觉得自己似乎忘了什么。

它用双目扫过新生世界的每一处角落，当看到地面上动物们乱糟糟、闹哄哄的情景才恍然大悟道："哎呀，光顾着热闹，忘记了造一个领导它们的生灵了。"

上帝闭目凝神思考了许久，它在想自己到底要创造个什么样的生灵才足够领导地面上这些动物呢？

许久，它睁开眼睛，看向海面上自己的倒影，轻声笑道："我早该想到的。"

随即，上帝按照自己浮现在海面上的倒影，用泥土捏出了一个与自己模样相似的土偶，并吹了一口气。

神奇的事情发生了，这个土偶体内有了灵魂，可以说话，可以行动，俨然是与地面生物不同的生命。

上帝看着面前这个自己的崭新杰作，对着他点头示意，彰显了自己的存在，令它满意的是，眼前这个新的生灵，似乎也明白是谁创造他，赐予了他生命。

只见这个生灵双膝一软，跪倒在地，虔诚向上帝礼拜。

上帝对他说："从今以后你就是'人'了，名字就叫作亚当！"

亚当听后，内心十分欢喜。

上帝接着说道："亚当，你是我按照自己的模样创造的存在，所以，你天生比其他造物要高贵一些，你理应成为万物之灵！万物之首！自此之后，你要好好领导着大地上的生物，这是你的使命！"

亚当恭敬地对着上帝说道："我明白了。"

就这样，亚当开启了人类的新篇章。

在今天梵蒂冈的西斯廷教堂中，就有关于上帝造人的湿壁画——《创造亚当》。这幅油彩壁画位于西斯廷教堂的穹顶，是文艺复兴时期伟大的艺术家米开朗

米开朗基罗（1475—1564年），意大利著名的绘画家、雕塑家、建筑师和诗人，文艺复兴时期雕塑艺术最高峰的代表。

基罗接受教皇尤利乌斯二世邀请，历时四年多创造的九幅大型天顶壁画之一，也是整个天顶壁画中最动人心弦的一幅。

在壁画中，我们可以看到左下方体态健壮的亚当赤身裸体仰卧在陆地之上，面带迷茫，伸出手指指向斜上方的天空；而在壁画右上方则是携带着磅礴力量的上帝，白发白须，它的手指即将触到亚当的手指，灌注神明的灵魂。在他们之间，似乎有智慧的光辉在闪烁。

米开朗基罗凭借自己天马行空的想象与无与伦比的创造力，描绘出了这空前绝后的瑰丽情景，将上帝造人的一瞬间完美地呈现在了我们的眼前。

小知识

湿壁画（Fresco）的原意是"新鲜"，是一种十分耐久的壁饰绘画技法。这种技法兴起于十三世纪的意大利，到了十六世纪趋于成熟。制作时先在墙上涂一层粗灰泥，再涂上一层细灰泥，然后将大型的草图描上去，再涂第三层更细的灰泥，这就是壁画的表层。由于灰泥会干掉，因此涂的面积必须以一日的工作量为限。这就需要画家用笔果断而且精准，因此极难掌握。因为颜色一旦被吸收进灰泥中，要修改就很困难了。

逐出伊甸园

上帝在东方的伊甸,建造了一个美丽的园子,将亚当安置在伊甸园里面。

伊甸园里面有四条河流淌而过,滋润着伊甸园美丽的土地。这四条河流分别是基训河、希底结河、伯拉河、比逊河。前三条河清澈碧绿,水草丰美;最后一条比逊河泛着金黄的颜色,河水里面布满了金子、珍珠和玛瑙。这四条河是上帝对伊甸园的恩赐,天不下雨也能植物繁茂、五谷丰登。

上帝把亚当带到伊甸园中,叮嘱道:"在这座伊甸园里,有两棵树,一棵叫生命之树,而另一棵则叫智慧之树。生命之树上的果子你可以随便吃,但智慧之树上的果子,你绝对不能吃!吃了你就会死!"

《逐出伊甸园》/米开朗基罗

亚当一听,连连向上帝保证道:"我会好好看守这里,绝不会去吃智慧之树上的果子。"

上帝听到亚当真挚的保证,心满意足地回去了。

此后,亚当也如同他保证的那样,一心一意地好好工作,对智慧之树上的果子丝毫没有想吃的念头,甚至躲得远远的。

荷兰画家希罗尼穆斯·波希画作
《人间乐园》中的伊甸园

时间就这样一点一点流逝，上帝又从一次长眠中苏醒，它醒来的第一件事就是来到伊甸园视察工作，而亚当的作为令上帝十分满意：认真负责，听话老实。

上帝见亚当这么认真工作，就想给他一点奖励。

上帝见亚当一个人很孤单，就说："你这样独居是不是很烦闷？我造一个配偶陪伴你吧！"

说完，它施展法力令亚当沉睡过去，开始了自己的又一次"造人行动"。

上帝从亚当身上抽出一条肋骨，然后轻轻地吹了一口气，亚当的伤口立刻愈合，而肋骨瞬间变成了一个人。

为了和亚当区别，上帝将这个新人取名为"夏娃"，并且将这两个最早的人分别确定为男性和女性。

当亚当醒来后，上帝指着夏娃对亚当说道："这是我以你的肋骨创造的人，她叫夏娃，从今以后你是男人，她是女人，你们两个将结为夫妻。"亚当和夏娃听了纷纷点头称是。

就这样，亚当与夏娃就一起在伊甸园生活。

两人赤身露体，却坦然共处，没有善恶观念，也没有羞耻之心，更没有非分的欲望，过着天堂般的日子。

然而，平静的日子并没有持续多久。

伊甸园里面有一种动物，亚当称它为"蛇"。蛇最初人身长尾，还有一对漂亮的翅膀，能在空中飞翔，长得非常美丽，那时候所有的动物都很温驯善良，只有蛇因为有恶灵附体，非常狡猾、邪恶，它对亚当、夏娃美满的生活心怀嫉妒。

一天，蛇问夏娃："园子中的果子你都可以品尝吗？"

夏娃心地单纯，就按照丈夫教导的那样回答道："园子里的果子我们基本都可以吃的，除了智慧之树上的果子，上帝说我和亚当吃了就会死去。"

蛇嗤笑一声："别傻了，上帝是在欺骗你们呢！"

夏娃歪着头疑惑道："欺骗？"

蛇继续说道："只要你和亚当吃了智慧之树上的果子,你们就会拥有自己的智慧,明白许多事情,甚至变得和上帝一样,它就是怕你们去吃树上的果子才骗你们的。"

夏娃有点半信半疑,问道："真的吗?"

蛇笑道："当然是真的,不信你尝尝看。"

就这样,在蛇的诱惑下,夏娃与亚当吃下了智慧之树上的果子,刹那间,两人仿佛明白了许多事情,他们看向彼此,发现对方是赤身裸体,心底忽然生出了羞耻的感情,赶紧用无花果的叶子遮掩了身体。

这时,上帝忽然降临了伊甸园,亚当和夏娃立刻躲藏了起来。

上帝看着眼前的情景十分失望,它沉声说道："看来你们已经吃了智慧之树上的果实。"

亚当和夏娃惊惶地辩解："是蛇诱惑我们吃的。"

上帝没有理会他们,而是自顾自地说："既然你们有了自己的智慧,那么你们就不能继续待在伊甸园了,你们还是离开,回归到大地上生存吧!"

亚当和夏娃听到后,急忙来到上帝面前,跪下来请求宽恕。

上帝对夏娃说："你要饱受怀胎的痛楚,多生儿女多受苦累,一辈子受丈夫管教。"接着又对亚当说："你也要遭受惩罚,必须终生劳作才能吃饱穿暖。"同时,上帝又给两人限定了寿命,让他们劳作一生,在病痛衰老中死去。

那条诱惑夏娃偷吃禁果的蛇,也受到了惩戒。

上帝对蛇说："你将变得形体可憎,为人们所厌恶;用肚子行走,终生吃土!"于是,蛇失去了翅膀和人身,变成了现在的模样。

油彩壁画《逐出伊甸园/原罪·逐出乐园》,位于梵蒂冈西斯廷大教堂的穹顶,是《创世纪》九幅大型天顶壁画之一。

这个作品体现了米开朗基罗一贯的古典写实风格,造型严谨,构图简洁,整体气势宏伟磅礴。

画面中的夏娃形体健美,既无肉欲又不贪婪,而是大胆地摘取智慧果向命运挑战,即便被逐出伊甸园,她所展现出的胆怯也只是女人的本能反应。亚当双手握拳,既有拒绝和反抗之意,也在试图保护自己的妻子,没有后悔和羞耻。

在画家的心中,人已不再是上帝的奴仆,而是能主宰自己命运的主人。于是,他按照自己的方式处理画面,强调了人物高傲、独立自主的感情。

3 自然的伟力

大洪水

不知道过了多久,伟大的上帝从长久的沉睡中苏醒,它猛然间想起了最初按照海洋倒映出的自己模样创造的生灵——人类。

当它将目光投向大地后,顿时大吃一惊,此时的大地哪里还有创世之初的一片祥和? 放眼望去,只要是有人类生存的土地上无不充满了罪恶。

杀戮、贪婪、淫欲,各式各样的丑恶充斥着人间,显然,人类不再是当初的万物之灵,他们的灵魂中充满了罪恶,已经比牲畜还要低贱,甚至都快要沦落为地狱深渊中那些丑恶的魔物一般。

《大洪水》/米开朗基罗

上帝沉默着看完了这一切,觉得心灰意冷,突然厌倦了所谓创世的游戏。

小孩子在搭建积木时,常常会在不耐烦的时候将其推倒重建,如今的上帝正如同一个意兴索然的小孩子一般,它对大地的现状失望极了,而它也察觉到如今的人类已经回不了头了,便决定降下大洪水灭世,以此洗涤人间的罪恶。

不过在执行计划的时候,上帝心软了,它想来想去,终究没有狠下心,便在人间寻找到一个道德高尚的人——诺亚,将自己的打算透过神谕告知了诺亚,希望以诺亚之口将消息传播出去,让人类悔改。

诺亚是一个"义人",他品行善良,没有人类那种固有的罪恶。听到神谕后,他就忙不迭地告诫周围的人，及早停止作恶，从罪恶的生活中脱离。可是人们对他的劝诫不以为然，照样我行我素，作恶享乐。诺亚见感化不了周围的人，只好尽心尽力将自己的三个儿子教育好。三个儿子在诺亚的严格教育下，并没有随波逐流误入歧途。

目睹这一切的上帝叹了口气，硬下了心肠，它对诺亚说："现在这个世界败坏了，凡是有气血的人，都成了罪恶的泉源。他们的生命都走到了尽头，我要将他们和大地全部毁灭。你现在就动手，用歌斐木造一个大方舟。"

为了保全物种，建立新世界，上帝还叮嘱诺亚说："干净的牲畜，每样带上七对公母，不干净的每样带上一对；空中的飞鸟每样带上七对；地上的昆虫，每样带上两只，留作衍生后代的种子。你要备足粮食，当作你全家和这些动物的食物。"

诺亚花费了一百二十年的时间将"诺亚方舟"建造完成，而上帝的神罚也即将到来。

善良的诺亚还是没有狠下心放弃自己的同胞，他在上船之前，还回头对同胞们真诚地说道："请跟我走吧！趁神罚还未降临的时候，否则等大洪水来了，一切就晚了。"

公元十六世纪中期的一幅壁画——上帝命令诺亚将每种动物都带到船上以避免即将到来的大洪水

可惜，诺亚没有受到任何人的感谢，留给他的只有嘲讽和谩骂，所有人都不相信这个"疯子"的话，他们回过身继续走向罪恶。

下一刻，神罚降临。

二月十七日，正是诺亚六百岁的生日。这天早晨，天色灰暗，狂风四起，霹雳声不断。随着一声惊天动地的巨响，大地开裂，河流、泉源沸腾奔涌，洪水喷射，在大地上泛滥；与此同时，天河决堤，大水从敞开的天窗中直泻而下。

沸腾的大水迅速淹没了大地，冲毁了家园，大地上的生灵在洪水中挣扎、毁灭。大雨整整下了四十昼夜，地上水势浩大，淹没了高山峻岭。大水的深度，比世上最高的山，都要深十五肘。水势整整漫延了一百五十天，水涨船高，诺亚方舟随着洪流漫无目的地漂移。

上帝惦记着方舟里面的诺亚全家和飞禽走兽，让风吹过来，水势一点点变缓，

并将地上的泉源和天上的河堤全部关闭，大雨停止了。

七月十七日那天，诺亚方舟停泊在亚拉腊山上。水一点点消退，终于，水落山出。

诺亚放飞鸽子

又过了四十天，诺亚打开方舟的窗子，放出了一只乌鸦让它探看地上的水是否干了，乌鸦一去不复返；接着，诺亚放出了一只鸽子，地上满是积水，鸽子没有落脚的地方又飞了回来；又过了七天，诺亚再次放飞鸽子，晚上鸽子飞回来了，衔回了一枝橄榄叶。

诺亚知道地上的水退了。

这时，上帝吩咐诺亚说："你和你的妻子、儿子、儿媳可以从方舟里面出来了。你所带的飞鸟、昆虫、牲畜和走兽也可以出来了。你们可以在大地上繁衍后代。"

于是，诺亚全家和幸存下来的物种，走出了方舟。而诺亚全家，成为新人类的始祖。

壁画《大洪水》位于西斯廷教堂的穹顶，在单调的、铅灰色背景衬托下，在水中苦苦求生的人群显示出浮雕效果。而绿色、蓝紫色和粉红色之间的色彩反差，则增强了末日来临的气氛，倾斜的树冠、人们被吹乱的头发和滞重的表情，也展现了人类的无助。在边缘的地方有一些哭泣哀号的人，他们表情痛苦，仿佛是在向上帝呼救，当然也有可能是在向上帝忏悔自己的罪孽。

小知识

　　天花板（指大厅平顶）和穹顶（凹顶）装饰艺术，在十六至十八世纪十分盛行。文艺复兴初期为梵蒂冈工作的两位大艺术家——米开朗基罗在西斯廷大教堂，拉斐尔在凉廊——各自发明天花板分格画法，将场景画在模拟的建筑物背景上。这一技法，影响深远。

4 用画笔复仇

最后的审判

如果说,达·芬奇把绘画视为艺术中最高贵的形式,那么,米开朗基罗则视雕刻为最神圣的艺术。

米开朗基罗生于佛罗伦萨,父亲是当地的一位行政长官,母亲在他幼年时就去世了。在乳母(一位石匠的妻子)的抚养下,他从小就对雕塑产生了浓厚的兴趣。

后来,这位接近于神的艺术家回忆说:"如果我还有些值得称道的东西,那是由于我出生在空气清新的山区,正是奶母乳汁的哺育,使我学会了用凿子和锤头来制作雕像。"

长大后,这个对男人身体极度崇拜的巨匠,用刻刀将男人的完美、力量、激情和英雄气魄表现得淋漓尽致,甚至连他塑造的女人也往往具有男性的宏伟气魄。

在完成《大卫》雕塑后,教皇尤利乌斯二世召米开朗基罗为自己建造陵寝。米开朗基罗十分兴奋,可是,正当他准备一展身手时,教皇却改变了主意,让他参与修建新的圣彼得教堂。

米开朗基罗一怒之下离开了,虽然后来又被劝了回来,但从事的工作是绘画而不是他最擅长的雕刻。

可以想象,当教皇把米开朗基罗召去让他创作梵蒂冈西斯廷教堂的天顶画时,他该是一副什么样的表情。这个雕刻家觉得这是艺术的劲敌要让他出丑,就在愤怒之下接受了这个任务。

米开朗基罗中等身材,双肩宽阔,躯体瘦削,头大,眉高,两耳突出,脸孔

《最后的审判》/米开朗基罗

长而忧郁,鼻子低扁,眼睛虽小却锐利。可以说,他的长相实在不讨人喜欢。也许是受笔下无数英雄形象的影响,米开朗基罗在生活中也是一个桀骜不驯之人。他的脾气相当糟,常常与周围的人闹别扭,并且终身未婚,总是独来独

往，是一位古怪而孤独的天才。他蔑视权贵，尤其看不惯他人攀附权贵的做法，对那些毫无主见、唯唯诺诺之徒常常嗤之以鼻。即使面对高高在上的罗马教皇，他仍旧是一副不屑一顾的模样，甚至经常做出犯上之举。由于他过人的才华与名望，教皇对此也无可奈何，只好好言相劝他安心艺术创作，任由这位大艺术家使性子。

米开朗基罗的大卫雕像创作于 1501—1504 年，现收藏于佛罗伦萨美术学院。这尊雕像被认为是西方美术史上最值得夸耀的男性人体雕像之一。雕像高 2.5 米，连基座高 5.5 米，用整块大理石雕成。

在西斯廷大教堂天顶壁画完工二十四年之后，教皇不顾当时已经年逾六十的米开朗基罗年事已高，以"让他显示其绘画艺术的全部实力"为名，要求他绘制西斯廷小礼拜堂圣坛后面的壁画，内容就是《圣经》故事中的《最后的审判》。

这个故事内容是：耶稣被钉死后复活，最后升入天国，他在天国的宝座上开始审判凡人灵魂，此时天和大地在他面前分开，世间一无阻拦，大小死者幽灵都聚集到他面前，听从他宣谈生命之册，评定善恶。凡罪人被罚入火湖，做第二次死，即灵魂之死；凡善者，耶稣赐他生命之水，以求灵魂永生。《圣经》借此宣传人死后凡行善升天，作恶入地的因果报应观念。

米开朗基罗答应了教皇的要求，提出要按照自己的意愿来安排构图和设计人物。这个巨大的工程历时六年之久，其间，由于米开朗基罗傲慢专断的态度，时常与教廷中的人发生冲突，可是教皇为了安抚他，往往对此睁一只眼闭一只眼。久而久之，教皇身边的一些人对此颇为不满。他们开始暗中策划刁难米开朗基罗，干扰米开朗基罗的创作，企图让艺术家灰头土脸，下不了台。

随着时间的推移，眼见壁画久久不能完工，心急的教皇也开始干涉米开朗基罗的创作，他身边的那些人更是趁机煽风点火，散布谣言，对艺术家表示质疑，其中最甚者当属教廷司礼官。

米开朗基罗对那些小人的伎俩心知肚明，却不动声色，他要用自己的艺术给他们有力的还击。

一天，教皇带随从前来视察，责问为什么还未完工。米开朗基罗平静地回答道："那是因为地狱的邪恶判官米诺斯的原型尚未找到。"他用手指着司礼官比阿乔·切萨纳说："这位大人的尊容倒是可以做参考。"司礼官面对米开朗基罗的刁

地狱判官米诺斯

难,一时间羞愤难当,哑口无言。

后来,人们真的在壁画的底部发现了一个司礼官模样的米诺斯,有趣的是,在画中受审的罪人里,还有教皇尼古拉三世和保罗三世的化身,而其中手拿人皮的巴多罗买则是按照米开朗基罗所厌恶的敌人彼得罗·亚莱丁诺的模样来描绘的,米开朗基罗还把自己的脸画在受难者手持的人皮上。米开朗基罗正是以这种幽默的方式将仇敌绘入画中!

《最后的审判》尺寸巨大,占满了西斯廷大教堂祭台后方的整面墙壁,描绘有四百多个人物。他们都是以历史和现实中的人物为原型的。

壁画上的耶稣,是个壮年英雄的模样,神态威严,高举右臂宣告审判开始。在他右侧的圣母玛利亚,蜷缩着,用手拽紧头巾和外衣,不敢正视这场悲剧。在他左侧,彼得拿着城门钥匙正要交给耶稣。

背负十字架的安德烈、拿着一束箭的殉道者塞巴斯提安、手持车轮的加德林、带着铁栅栏的劳伦蒂,都在画面上得到了展现。特别是十二门徒之一的巴多罗买,手提着一张从他人身上扒下来的人皮,更让人惊恐。这张人皮的脸就是米开朗基罗自己被扭曲了的脸。和巴多罗买对应的,是左手持小梯子的亚当,后面围红头巾的女人是夏娃。在这些使徒的下面,是一些被打入地狱的罪人,有的在下降,有的因为生前行善,正在渐渐上升。而在画面的右下角,是长着驴耳朵、被大蛇缠身、周围还有一群魔鬼的判官米诺斯。这就是暗指教皇的司礼官,即那个曾在教皇面前攻击米开朗基罗的比阿乔·切萨纳。

小知识

　　公元 1546 年,司礼官比阿乔·切萨纳在新教皇面前搬弄是非说:"在一个神圣的地方,画这么多裸体,太不适宜了。这件作品绝对不适用于教堂,倒是可以挂在澡堂或酒店里。"于是,新教皇下令让另一个叫丹尼埃·达·伏尔泰亨的画家,给壁画上所有裸体的下身添画了些布条。

　　于是,后人就给这位画家取了一个绰号,称他为"穿裤子的画家"。

5 为信仰而死

圣彼得受钉刑

上帝之子耶稣降临人间后，为了让更多的人信仰上帝，敬畏上帝，他不断展现神迹，收拢信徒，创立了教团。

然而，耶稣的作为令当时的上层统治者深感不安，经过长期观察，他们发现，耶稣传教的对象大部分为下层的穷苦人民，这些人多数对上层统治者抱有敌视态度，再加上耶稣在信徒中独尊的地位，这样严重威胁了自己的统治。

于是，统治者们收买了耶稣的门徒——犹大，将耶稣处死，以为这样就可以高枕无忧了。

可是他们没有想到，耶稣早已经将信仰的种子埋下，只等它将来生根发芽，开花结果了。

悔过的犹大送还银币

《圣彼得受钉刑》/米开朗基罗

耶稣升天后，他的门徒们继续以布道传教为己任，只不过由于当权者的禁令，他们从公开传教改为地下传教。

彼得看着手中耶稣受难前托付给自己的那把天国的钥匙，感慨万千。

自从耶稣升天后，统治者恐于基督教强大的影响力，明里暗里都在打压基督教的发展。基督徒流了不少血，传教方式也从以往的公开传教变成了现在的地下传教，但这一切都是值得的！

彼得握紧了手中的钥匙，闭上眼睛，虔诚地祈祷着。

突然，屋子外面传来一阵凌乱的脚步声，房门被猛地推开了。

彼得从虔诚祈祷的状态中被惊醒，他皱紧了眉头，看着气喘吁吁、满头大汗的基督徒，心中生出了一丝不祥的预感。

他用略显紧张的声音问道："怎么了？发生什么事了？"

"尼禄说前两天罗马城大火是我们放的，他已经下令，要四处捕杀我们！"来者脸色惊恐地说道。

彼得闻言脸色大变。

尼禄这个名字，对彼得来说一点都不陌生，他是这个强盛帝国的最高统治者，是一个可怕的帝王。

关于尼禄的流言很多，有的说他残暴，有的说他荒淫，还有的说他昏庸，总之结合市面上各种流言来分析，尼禄不是什么好人，前段时间罗马城内的一场大火就是他授意手下人放的。

别看彼得是个教徒，但是政治智慧一点也不低，他略微一想，便明白这是尼禄开始找人背黑锅了。

基督徒们蜂拥而入，他们围着彼得纷纷说道：

"彼得大人，您快走吧！"

"是啊，彼得大人！这里太危险了！你快离开这里吧！"

"没错，彼得大人！尼禄要杀我们就让他杀吧！但是您可不能死啊！"

彼得听着基督徒们的话，眼眶不禁湿润了，这些都是上帝的子民，是手无寸铁的羔羊啊！自己怎么能够在这个时候离开他们呢？

基督徒们见彼得拒绝了他们的建议，纷纷以死相逼，摆出一副你不走我们就死在你面前的架势，无奈，彼得只得一人独自逃离。

正当彼得失魂落魄地离开罗马时，他恍惚间似乎看到前方迎面走来了耶稣，彼得揉揉眼睛，仔细一看，果然是升天已久的耶稣。

彼得老泪纵横地跪在耶稣面前道："主啊！你要到哪里去？"

耶稣淡淡地看了彼得一眼说道："彼得，你抛弃了上帝的子民，我的羔羊，如今我只好回到罗马再被钉一次十字架。"

彼得闻言浑身战栗，如遭雷击。

良久，彼得捶胸顿足，号啕大哭，对着耶稣跪拜，然后起身转头回到了罗马。

没多久，彼得被逮捕并判处了和耶稣一样被钉在十字架上的刑罚。

审判官询问即将被处刑的彼得："你还有什么遗言吗？"

彼得说："请把我倒钉在十字架上吧！我不配拥有和主耶稣一样的死法，拜托了！"

主耶稣升天后六十七年，圣彼得殉道。

壁画《圣彼得受钉刑》现保存于梵蒂冈巴奥林纳小教堂。

在画面中央，圣彼得须发皆白，几近赤裸，受到了和耶稣一样的刑罚，手脚全部被长铁钉牢牢地钉在即将被竖起的十字架上。与耶稣不同的是，他被倒钉在十字架上。在圣彼得周围站满了围观行刑的人以及看守的士兵，士兵的表情冷酷，而围观的人的脸上也满是令人心悸的冷漠。

米开朗基罗崇尚人体的力与美，因此他的作品人物从来都是以"健壮"著

圣彼得和保罗

称，这幅壁画也不例外。他用自己的画笔，将圣彼得殉道的情景渲染出了悲壮的气氛，将一名殉道者的风采完美地展现在了世人的面前。

小知识

米开朗基罗最后的两幅壁画作品，应该是公元 1550 年绘于梵蒂冈巴奥林纳小教堂的《保罗归宗》和《圣彼得受钉刑》。其构图处理仍然是人物众多的场景展示，表现的焦点还是集中在"归宗"和"殉难"事件最敏感的瞬间——上帝让保罗从马上跌落，人们把彼得在十字架上竖起。

6 注定的背叛
最后的晚餐

　　上帝高居于天，人与神的界限已被标注出来，为了不让凡间的人们忘记自己的威严与荣光，它特意派遣圣子耶稣前往人间组建教派，宣扬上帝的至高无上。

　　圣子耶稣下界转生，在纯洁善良的圣母玛利亚腹中孕育，降生于伯利恒的一间马棚中。

　　耶稣长大后，他重新领悟到上帝赋予自己的任务，决心走遍天下布施传道，向世人宣扬上帝的伟大。

　　在耶稣的布道过程中，有十二个最虔诚的门徒，他们信仰上帝，尊奉耶稣为师，一同在宣扬上帝荣光的道路上努力着。

　　然而，天有不测风云，仇恨和背叛的种子在内部萌芽了。

　　事情还要追溯到耶稣一行人最后一次前往耶路撒冷去度逾越节的时候。

《最后的晚餐》/达·芬奇

　　逾越节前一天晚上，耶稣将自己的十二个门徒叫到一起，举行了一次不算丰盛但是很温馨的聚餐，毕竟快乐是可以传染的，独乐乐不如众乐乐。

　　十二门徒在宴席间推杯换盏，天南海北地聊着，气氛看起来活跃极了。

"如果一直这样下去该有多好啊!"耶稣看着眼前其乐融融的情景想道。

"但这是不可能的。"耶稣叹了一口气。他早就预知了接下来注定的背叛。

这时候,耶稣身边的门徒约翰听到老师叹气的声音,心中一紧,连忙恭敬地询问道:"老师,您这是怎么了?"

似乎是听到了这边的问话,一时间喧嚣的声音全都消失了,所有门徒都站起来关切地望着坐在中间的耶稣。因为他们知道耶稣是圣子,也就是上帝的儿子,他做的每一件事都有着自己的寓意,而在当下这么愉快的时候,老师却忧伤地叹了一口气,这岂不代表着马上要发生什么大事了?

看着面前一张张熟悉的面孔,他们脸上关心的表情看起来都是那么真实,而掩藏在其中的恶意也是那么明显,耶稣的内心变得更加忧伤了,但是他什么也没有说,只是表情立即从伤感恢复成古井无波。

他平淡地说道:"你们且坐下来,我有些话要对你们说。"

见众人都坐下了,耶稣淡然地说道:"你们之中将有人背叛我。"

一石激起千层浪!

门徒们听罢,大吃一惊,面面相觑,互相以目光询问:这个人是谁呢?

只有犹大心知肚明,默不作声。

犹大的异常表现引起了人们的注意,大家将目光都投向了他那里。

犹大低头吃饭,装作若无其事的样子。

门徒约翰在耶稣身旁,问道:"老师,这个出卖您的人是谁呢?"

耶稣低声对约翰说道:"我给谁饼,就是谁。"

说罢,耶稣将饼递给犹大,犹大吃了饼后,魔鬼进入了他的心里面,他变得恶毒异常。

耶稣对犹大说道:"快点做你要做的事情吧!"

于是,犹大走了出去。

在场的门徒除了约翰,谁也不知道是怎么回事。他们还以为犹大拿着钱袋,出去买明天过节用的东西,或者是周济穷人去了。

犹大出去后,耶稣对其他十一名门徒说道:"我和你们在一起的时间不多了,我将要离开你们,去一个你们永远也找不到的地方。我给你们一个新命令,要牢牢记住:我怎样爱你们,你们也要怎样相爱。"

就这样,耶稣最后的晚餐结束了。他们走进安静的夜色里,一直走到客西马尼园,耶稣开始虔诚地祷告。

这时候,犹大带着一批人走了进来,他们手拿灯笼和刀剑绳索。犹大走到耶稣面前,和他亲吻。士兵们一拥而上,将耶稣拿住。

原来，一心想将耶稣置于死地的法利赛人和祭司长，在逾越节前秘密制订了抓捕耶稣的计划，但是害怕士兵们在抓捕耶稣的时候认错人，让耶稣逃掉。于是，他们买通了贪财的犹大，犹大从祭司长那里得到了三十块银钱。犹大说："逾越节前一天，十二位门徒要和耶稣一起共进晚餐；晚餐后，耶稣必定到客西马尼园祷告。到时候，那个和我接吻的人就是耶稣，你们直接抓捕就是了。"

耶稣在客西马尼园

在今天意大利米兰的圣玛丽亚感恩教堂里，就有描绘犹大贪图赏金出卖恩师的宗教故事壁画——《最后的晚餐》。

这幅壁画长 910 厘米，宽 480 厘米，是文艺复兴时期伟大的画家达·芬奇的代表作之一。

在画面中，达·芬奇没有像其他画家一样在耶稣头顶画上光环，而是将其画在背景中的亮窗前，让窗外的光线充当圣人的光环。

而十二门徒每个人的表情、眼神以及动作都各有特色，有的向老师表白自己的忠诚；有的大感困惑，要追查谁是叛徒；有的向长者询问；等等。

在耶稣右手边的是约翰，他似乎知道了事情的结局，静静低垂着头沉思着。约翰旁边的是脾气暴躁的彼得，他勃然大怒地站起来，弯身前倾向着约翰，左手搭在他的肩头，右手还紧握着一把刀，好像在说：要是我知道是谁，一定会杀死他。另外，也有学者觉得那只手不属于任何一个人，这也成了这幅画的一个疑点。

画面最左边一组三个人中，靠近彼得的是安德鲁，他张开双手，显得震惊而又沉着，似乎是要大家不要惊慌，他自己则严肃而冷静地凝视着基督；搂着安德鲁的是小雅各布，他紧张地望着基督；站在最外侧的是强壮的巴多罗买，他探身向前，像是要冲上前去。耶稣左手边的三个人中，腓力按捺不住地跳起来，带着疑问转向基督，想弄清到底是怎么回事，他用手捂着胸口，似乎在表白自己的忠诚可靠；大雅各布极度愤慨地摊开双手，身子因失去重心而稍微后仰，好像在表示：这简直不可思议。

在他们后面站着的是汤玛士，他尽量按捺住性子，向基督举着食指，好像是在说这怎么可能呢？最右边一组三个人中，马太双手伸向基督，脸却转向左边的达太，好像在询问有经验的老人；达太摊开双手，表示自己也正在纳闷；西门也正在苦苦思索。

从画面左边数过来第五个人就是犹大。图中十三个人只有犹大一人的脸在暗处,他心存恐惧地身体向后仰,手中紧紧抓住出卖耶稣得到的一袋金币。

达·芬奇以开创性的构图将所有门徒排成一列面对观者,每个人的神态、表情各异,仿佛一幕张力十足的戏剧。

小知识

关于犹大形象的塑造还有一段故事:达·芬奇为绘制犹大的容貌斟酌了好几天,迟迟没有动笔。当时,请达·芬奇作画是按时计酬的,这使得修道院院长十分恼火,不仅每天都来催促,还向出资的公爵打小报告。

达·芬奇对前来问话的公爵说:"我还剩下两个脑袋没有画完:一个是耶稣的脑袋,我不想在尘世间寻找他的模样;还缺的一个便是犹大的脑袋,我准备利用一下这位如此惹人讨厌,且不知轻重的院长的脑袋了。"

结果,达·芬奇真的让这位刻薄的院长当了犹大的模特儿,将他画进壁画之中。

7

两位大师共同完成的作品
基督受洗

《基督受洗》/韦罗基奥 & 达·芬奇

据《圣经》记载,约翰是耶稣的表兄,他深知自己肩负着为救世主耶稣开道的神圣使命,便在上帝的指引下,离开旷野,走到约旦河附近,为过往行人布道。

约旦河两岸土地肥沃,每天有农人在田地劳作;商人也在两岸穿梭往来。

约翰身穿骆驼毛织成的大衣,腰束皮带,神情悲悯,语调高亢,对着过往行人高声说道:"天国近了,你们应当悔改,赶快忏悔自己的罪恶吧!"

过往的行人耻笑他,认为他是个疯子:"这个年轻人,是从哪里来的,凭什么认为我们有罪!"

第二天,人们听见约翰依旧高声说着:"天国近了,你们应当悔改!"好奇的人们围拢过来,想听听约翰怎么说。渐渐地,人们开始信服了。几个月过去,约翰的名声广为传播,人们尊敬他、敬畏他,越来越多的人专程赶来聆听他的教诲。人们诚惶诚恐地匍匐在约翰面前,承认自己的罪恶,恳请约翰将罪恶洗去。

于是,约翰开始在约旦河旁边,为过往行人洗礼。

他对前来接受洗礼的人说道:"你们都是有罪的人,约旦河水能让你们摒弃自己的毒和恶。上帝能让亚伯拉罕的子孙延续,也能将罪恶的人灭绝。上帝锋利的斧头已经准备好了,那些结出罪恶之果的树木,必将被砍伐。我用水给你们施洗,叫你们悔改;那个在我之后来的,能力比我更大,我就是帮他提鞋也不配,他要用圣灵与火给你们施洗。"

"我们如何去除自己的罪恶呢?"

"心灵向善,虔诚做上帝喜欢的事。比如你有两件衣服,分一件给那些没有衣服的人。"

达·芬奇的名画《施洗者圣约翰》，现存于卢浮宫博物馆。有人认为画中那男女莫辨的圣约翰原型，可能是达·芬奇的助手兼男仆沙莱。

约翰提醒那些前来受洗的官吏，要勤政爱民，不要贪暴；他对税吏说："按照规定的税赋征收就行了，不要额外加税。"

耶稣得知约翰在约旦河旁施洗的事情，知道他的开路先锋出现了，就告别父母，离开了拿撒勒，走出了加利利，来到约旦河畔。

他对约翰说："请你为我洗礼吧！"

约翰见到耶稣，知道这就是他等待的救世主，立刻匍匐在地，说道："您是无罪圣洁的，我哪里有资格给您施洗，我还等着您给我施洗呢！"

耶稣说："照我的话做吧！ 这是我应当完成的礼仪。"

见耶稣语调温柔平静，却又肃穆威严，约翰不敢抗拒。

为耶稣施洗完毕后，远方厚重的天幕突然打开，天国的荣光照亮了约旦河畔，圣灵变成圣洁的白鸽，翩跹飞来，停在耶稣的肩上。

与此同时，耶和华那庄严肃穆的声音从远方传来："这是我的爱子，我所喜悦的。"

湿壁画《基督受洗》是意大利著名的雕塑家安德烈·德尔·韦罗基奥应瓦隆勃罗萨教团之邀，为该教团的一所寺院所画的，现藏于佛罗伦萨乌菲齐博物馆内。

画上的基督和施洗的约翰出自韦罗基奥之手，而最左面一位天使是韦罗基奥的学生达·芬奇画的，这个跪着的小天使，目光炯炯有神，它认真而又好奇地注视着眼前所发生的事件，显得活灵活现。韦罗基奥画人物精于写实，不仅神态逼真，而且人体的骨骼、肌肉、躯干和四肢都画得很准确，但是有个最大的缺点，就是显得呆板。达·芬奇描绘的那个天真无邪的天使模样，瞬间让画面灵动起来，难怪韦罗基奥看了自愧不如。

韦罗基奥的代表作《年轻的大卫》

8

天才笔下的天才集会

雅典学院

十五世纪的佛罗伦萨孕育了三位伟大的艺术家：米开朗基罗、达·芬奇和拉斐尔。其中，拉斐尔被称为"文艺复兴最后的巨匠"。

公元 1483 年，拉斐尔出生在意大利山区的乌尔宾诺小公园，他的父亲是当时小有名气的御用画家，也是拉斐尔艺术上的启蒙老师。

1499 年，拉斐尔来到裴路基亚城，师从佩鲁基诺，画艺突飞猛进，他从老师那里学到了色彩感觉与透视原理，绘画技巧相当成熟，甚至超过了老师。

三年后的一天，佩鲁基诺对他说："我不想让这小地方拖住你，你要到大师云集的佛罗伦萨去，你可以独立工作了。"

《雅典学院》/拉斐尔

于是，十九岁的拉斐尔经老师指导，跨进了佛罗伦萨的艺术圈。

在得到佛罗伦萨艺术圈的肯定后，他开始向往更高的艺术殿堂——罗马，他要向世人证明自己也可以在云集意大利最优秀艺术家的地方占有一席之地。

正巧，那时教皇尤利乌斯二世为了赞颂自己，巩固罗马教廷的地位，把最优秀的画家、雕刻家、建筑家都请到罗马来为他服务，其中最早受人瞩目的作品，莫过于米开朗基罗正在为他创作的西斯廷教堂天顶画。在建筑师布拉曼特推荐下，拉斐尔也被教皇召至罗马，制作梵蒂冈宫殿的壁画，其中以《雅典学院》最受世人推崇。

这也使得拉斐尔一跃成为当时最有名望的艺术巨匠，同时也成了红衣主教和上流社会的宠儿。

一向藐视权贵的米开朗基罗对此十分不满，有一次他在路上遇见了拉斐尔，就冷嘲热讽地说："你倒是很像一位带领千军万马的大将军！"

拉斐尔回应道："阁下形孤影单，独来独往，倒像一个去行刑的刽子手。"

可见，拉斐尔当时所受的恩宠无人可比，就连米开朗基罗都对他充满了妒意。

法国画家安格尔画的《拉斐尔与弗纳利娜》

拉斐尔（1483—1520），全名为拉法埃洛·圣乔奥，意大利著名画家，也是"文艺复兴后三杰"中最年轻的一位，代表了文艺复兴时期艺术家从事理想美的事业所能达到的巅峰。

但随着幸运之神的脚步，死神也来了。

拉斐尔是个风流才子，即便是他和枢机主教伯纳多·佗维的侄女玛丽亚订了婚，但还是常常暗中和好几位情人秘密幽会。

一天，拉斐尔经过一家面包店，他透过低矮的围墙，往庭院深处望去，见一位美丽的少女正坐在喷泉旁，将白嫩的美脚泡在清凉的水里，若有所思地想着心事。

少女慧黠的眼眸和纯真的神态，让拉斐尔情不自禁地爱上她。这个少女就是面包师的女儿——弗纳利娜。

拉斐尔为了她，不惜将婚礼一延再延，未婚妻玛丽亚因一再被拒绝，竟然心碎而死。

然而，上天并不祝福拉斐尔的这段爱情。

一次，拉斐尔和弗纳利娜私会之后，发了高烧，医生以为是中暑了就帮他放血，谁知反而使他奄奄一息。

临死前，拉斐尔立下遗嘱，留给弗纳利娜一份财产让她度过余生。

公元1520年4月6日，拉斐尔离开了人世，年仅三十七岁。

这一天，也是他的生日。巧合的是，耶稣受难也是这一天。

相传，梵蒂冈宫殿在他死时竟然出现裂痕。

弗纳利娜伤心欲绝，最后以拉斐尔的未亡人身份当了修女。

在《雅典学院》的画面上，拉斐尔把古希腊历史上的著名哲学家和思想家聚于一堂。

《西斯廷圣母》/拉斐尔

上层的人物以哲学家柏拉图（左）及其弟子亚里士多德（右）为中心。在这二人的两侧有许多重要历史人物：左边穿白衣、两臂交叉的青年是马其顿王亚历山大，穿绿袍转身向左扳手指的是唯心主义哲学家苏格拉底，斜躺在台阶上的半裸着的老人是犬儒学派哲学家狄奥吉尼。

下一层的人物分为左右两组，在左边一组中，站着伸头向左看的老者是著名的阿拉伯学者阿威洛依，在他左前方蹲着看书的秃顶老人是哲学家毕达哥拉斯，在他身后的白衣少年是当时教皇的侄子、有名的艺术爱好者乌尔宾诺公爵。右边一组的主要人物是科学家阿基米德，他正弯腰和四个青年演算几何题。右边尽头手持天体模型者是天文学家托勒密，以及其他一些人物。

在构图上，拉斐尔还巧妙地利用建筑的特点，把画面上背景，建筑物的透视和前面真实建筑物的半圆拱门连接起来，扩大了壁画的空间效果，使建筑物显得更加宽敞、壮丽。

小知识

拉斐尔有"圣母画家"的美誉，他在三十七年的短暂一生中留下了五十幅圣母画像。他所描绘的圣母，不仅表现了"上帝之母"的光辉形象，还流露出人类母亲的平凡之美。他三十二岁时创作的《西斯廷圣母》是"圣母像"中的代表作，以甜美、悠然的抒情风格名闻遐迩。

9 七弦琴弹奏的忧伤

帕那苏斯山

在古今传世的画作中,有许多是以神话传说为背景或者内容的。当传说中的人物被大师们赋予了新的生命,当美好曲折的神话故事与现实碰撞出火花,带给观众的视觉冲击是无尽的。

拉斐尔所作、位于梵蒂冈博物馆签字大厅的一幅门厅顶部的壁画《帕那苏斯山》,把古今大诗人都集合在帕那苏斯山,而在山顶之上,被缪斯女神围绕着的,是天神阿波罗。

《帕那苏斯山》/拉斐尔

阿波罗的来头可是很大。它是主神宙斯与暗夜女神勒托所生的儿子,是男性美的典型代表,俊美耀眼如同太阳,任何语言不足以形容它的千万分之一。它也是奥林匹斯诸神之中最多才多艺的神祇:它所弹奏的七弦琴可以与缪斯的歌声相媲美,指尖流淌出的旋律如展翅欲飞的蝴蝶,扑闪着灵动的翅膀,又好像塞外悠远的天空,沉淀着清澄的光;它精通箭术,百发百中,从不射失;它医术高明,可以妙手回春;由于它聪明,通晓世事,还被视为预言之神。

如此才艺双全的天神,身边自然不乏追求者。与凡间的芸芸众生一样,阿波罗也迎来了自己的初恋,可是它的初恋却是苦涩的。

这一切都是小爱神厄洛斯搞的鬼。

厄洛斯射出了金色的爱情之箭,使阿波罗立刻陷入了爱河。随后,它又用铅制的钝箭射向河神的女儿达芙妮,被射中的达芙妮立刻变得十分厌恶爱情。

就这样,阿波罗对这个从未谋面的少女产生了强烈的爱情。它如影随形地追赶着达芙妮,并为此茶饭不思,神魂颠倒。

达芙妮恰恰相反,她将阿波罗视为洪水猛兽,为了躲避它的纠缠,四处躲藏。

公元十七世纪意大利最著名的雕刻家贝尼尼所创作的《阿波罗和达芙妮》

"快跑!快跑!千万不要被它追上!"心中的恐惧与厌恶让达芙妮不由自主地想远离它,逃避它。

"达芙妮!亲爱的,不要跑!等等我!"阿波罗在身后紧紧追赶。

为了阻止达芙妮的脚步,阿波罗用神力在她面前变出了荆棘,可是少女对此却全然不顾。

阿波罗并不死心,它拿起七弦琴弹奏出优美的曲调。达芙妮听到琴声,不知不觉地陶醉了,情不自禁地走向琴声的发出地。此时,躲在树后的阿波罗立刻停止了弹奏,走上前去要拥抱达芙妮。达芙妮看到又是阿波罗,转身就跑。

"你为什么如此残忍地将我拒绝在心门之外?"阿波罗绝望地呼喊着。

终于,他在河边拦住了达芙妮的去路。

"你还是放过我吧!求求你了!"眼看就到河边了,达芙妮距离自己的家只有一步之遥,可是阿波罗却截断了她唯一的希望。

"我不是你的仇人,更不是无理取闹的莽汉,你为什么要躲着我呢?我是奥林匹斯山上最耀眼的神祇,多少美丽的女神对我含泪苦恋,可是你为什么不肯用爱来滋润我干枯的心田呢?"阿波罗恨不得把心都掏出来给她看。

"我不爱你!"达芙妮几乎尖叫着说出了这句话。

阿波罗的心被狠狠刺痛了。"不可能!你怎么可能不爱我!我可是众神之王最骄傲的儿子,太阳神阿波罗啊!我绝不会让爱情的悲剧发生在我们的身上,我要用火热的爱融化你的心。求求你,嫁给我吧!"它冲动地抓住达芙妮的手,单膝跪地,流着热泪说:"我司掌医药,熟悉百草的疗效。可是美丽的仙女啊,悲哀的是我的病痛只有你才能够治愈!"就在阿波罗的手触碰到达芙妮肌肤的一瞬间,她发出恐惧的呼声,变成了一棵月桂树,深深地扎入了泥土中。

直到今天在帕那苏斯山上,阿波罗还在用七弦琴弹奏它的悲伤。

风流才子拉斐尔,也许最懂阿波罗的心思,将这一刻永远定格在画面里。

帕那苏斯山是希腊神话中光明之神阿波罗和文艺女神缪斯的住处,是诗人的家。

画面中,阿波罗坐在帕那苏斯山上的月桂树丛下奏乐,身边环绕着九位缪斯女神和古今最杰出的诗人。九位缪斯女神是九类艺术的化身:欧特碧(音乐)、卡莉欧碧(史诗)、克莉奥(历史)、埃拉托(抒情诗)、墨尔波墨(悲剧)、波莉海妮娅(圣歌)、特尔西科瑞(舞蹈)、塔利娅(喜剧)、乌拉妮娅(天文)。值得一提的是,画面中诗人荷马像阿波罗一样作为主角出现,他的两侧是但丁和维吉尔,这展现了画家的人本主义思想:人不再匍匐于神的脚下,而是与神平等对话,分庭抗礼。

荷马和他的向导

小知识

壁画里阿波罗左侧的四位缪斯,拉斐尔是以在 Cortile del Belvedere 新发现的古代阿里阿德涅的雕塑为模特儿来描绘其中的一位的。而诗人荷马,拉斐尔也是以一个刚发现不久的古代雕塑为模特儿来描绘其脸部的。

10 象牙美女的爱情

嘉拉提亚的凯旋

塞浦路斯国王皮格马利翁是美男子,也是雕刻家。

许多年轻漂亮的姑娘都向他敞开了心扉,但皮格马利翁都看不上眼。在现实中得不到满足,他便用雕刻来弥补缺憾。

皮格马利翁选择玲珑剔透的象牙来展现少女完美的身躯,雕像完成之后,任何女人看到了都自叹不如,连嫉妒的力气都没有。

从此,皮格马利翁每天与他的雕像相伴,如痴如醉,时间久了,他开始无法自拔,爱上了这象牙雕就的女人。

《嘉拉提亚的凯旋》/拉斐尔

他把全部的精力、全部的热情、全部的爱恋都赋予了这座雕像,给塑像穿上紫色的长袍,还给它取了一个美丽的名字叫嘉拉提亚。

皮格马利翁对这尊雕像爱得如醉如痴,每天含情脉脉地注视着她,并不时地去拥抱亲吻。他给雕像献上漂亮的花环,以此表达自己的爱慕之情。他是多么希望嘉拉提亚能够成为自己的妻子啊!但是它始终是一尊冰冷的雕像。

绝望中,皮格马利翁来到爱神阿佛洛狄忒的神殿寻求帮助。他献上丰盛的祭品,并且深情地祈祷说:"伟大善良的女神,请赐予我一个如嘉拉提亚一样美丽的女子作为妻子吧!"

爱神被皮格马利翁的诚意和痴心打动了,就答应了他的请求。

当皮格马利翁像往常一样回到家里,径直走向雕像去拥抱它的时候,他突然发现原来冷冰冰的雕像突然有了温度,它的身体变得那么温暖,而且就像拥有生命的女人一样柔软。

就在皮格马利翁欣喜异常地凝视它的时候,雕像开始有了变化。它的脸颊开始呈现出微弱的血色,它的眼睛释放出光芒,它的唇轻轻开启,露出甜蜜的微笑。皮格马利翁这才知道爱神将他喜爱的象牙雕像变成了真实的女人。

但苏醒的嘉拉提亚却将皮格马利翁视为父亲,众多的追求者又互起争斗,甚至为看嘉拉提亚一眼而大打出手。

天性善良的嘉拉提亚为此哭瞎了眼睛,她觉得自己根本不应当来到这个世上,最终在一个漆黑的夜晚投河自尽了。

后来,嘉拉提亚被称为"浪花女神"。

这件壁画作品又被称为《凯旋的礼赞》,是拉斐尔为富豪吉基的别墅所画的壁画。作品取材于古希腊的神话,描绘的是海神嘉拉提亚驾驭着贝壳船凯旋的

皮格马利翁与嘉拉提亚

场景。在画面上,拉斐尔天才的技法与思维想象力得到了完美体现。

有人认为,这个看似欢乐的场景,其实暗喻画家长期被教廷禁锢的灵魂的宣泄。

小知识

拉斐尔画完《嘉拉提亚的凯旋》之后,有个官员看傻了,就问他:"世上哪里有如许美丽的模特儿?"拉斐尔答说:"我并不模仿任何一个具体的模特儿,而是遵循着心中已有的'某个理念'。"

11 圣彼得大教堂前的教宗祈祷

波尔戈的火灾

梵蒂冈是教宗的驻地，也是世界六分之一人口的信仰中心，充满了神圣的气息。

说起梵蒂冈，又不能不提到一座举世瞩目的大教堂——圣彼得大教堂。

当年，耶稣的门徒彼得被暴君尼禄杀害，埋葬在梵蒂冈的小山上，人们为了纪念他，就在他的坟墓上建了一座圣彼得大教堂。

直到公元九世纪，圣彼得大教堂还是木质结构的巴西利加式建筑，前面是拥挤的住宅区，是无数平民的安身之所。

一天，住宅区突然发生了火灾，顷刻间，人们乱成了一团，以为世界末日来到，呼喊着求救，并试图逃离。

《波尔戈的火灾》/拉斐尔

一些女人表现得异常勇敢，有的躬身保护着孩子，有的提罐顶缸地运水灭火，俨然是亚马孙女英雄的风范。在人群中，一个儿子背着父亲走出大火，一个丈夫从墙上接过婴儿，最显眼的是一个赤身裸体的壮汉——标准米开朗基罗风格的男性人体，正翻墙逃生。

不远处，在一幢古典建筑的露台上，教宗利奥四世正庄严地用手画着十字——神奇的是，大火瞬间扑灭了。

这样一幅灾难降临人世，导致民众恐惧狂乱的画面，被后世的一位天使般温柔的画家定格在梵蒂冈教宗房间的壁画上。

这幅壁画就是《波尔戈的火灾》，而画家则是被教宗利奥十世所宠信的拉斐尔。

圣彼得堡教堂存在着发生火灾的隐患，这成了住宅区最终消失的最大理由，同时这也促成了今天大教堂前圆形广场的诞生。

圣彼得

教宗利奥十世与两位红衣主教

也许是怕遭遇火灾，也许是为了歌功颂德，木质结构的圣彼得堡教堂也被推倒了。

公元 1506 年，教皇尤利乌斯二世对新教堂的建设投入了大量的人力、物力，发誓要建造一座最宏伟壮观的大教堂。

整个欧洲的能工巧匠都希望成为大教堂的总工程师，最终，建筑师布拉曼特的设计被选中，他也因此成为教堂的首位建造者。

布拉曼特自己也没想到，圣彼得大教堂会建造很长的时间，而他并非唯一建造者。

当他离开后，艺术大师拉斐尔来了，米开朗基罗来了，德拉·波尔塔来了，卡洛·马泰尔也来了……

公元 1626 年 11 月 18 日，一脸

肃穆的教宗乌尔班八世主持落成典礼。此时距离教堂初建之时，已经过去了整整一百六十年。

拉斐尔为梵冈蒂宫第三厅创作的壁画《波尔戈的火灾》，是用来宣扬教宗利奥四世用祈祷消灭了火灾这一奇迹的。

可是在当时，西方宗教改革如火如荼，教宗利奥十世被马丁·路德搞得焦头烂额，不管画多少十字都无法扑灭这场信仰的大火了。也许是基于自己的无能为力，利奥十世才同意让拉斐尔在自己的房间绘制了这样一幅世界末日、大难临头的画面。

在画面构图上，拉斐尔笔下的人物造型不再是秀美、典雅、和谐、明朗的，而是像米开朗基罗的作品那样雄伟、健壮，充满了力量感，但又没有米开朗基罗那近乎生硬、粗暴乃至愤怒和狂野的画面风格。

拉斐尔作画，既追求个人的独特风格，又能讨教皇百姓欢心，可谓面面俱到。但他的画绝少探究人生的苦痛与信念，而是竭力塑造人生的情欲和欢乐、美的创造和拥有。《波尔戈的火灾》是他少有的描写苦难和歌颂普通人英勇无畏、见义勇为的画作。

小知识

圣彼得大教堂，其标准名为圣伯多禄大教堂，世界五大教堂之首（其余四座教堂分别为：意大利米兰大教堂、意大利佛罗伦萨大教堂、西班牙塞维利亚大教堂、英国圣保罗大教堂）。整栋建筑呈现出一个希腊十字架的结构，是现在世界上最大的教堂，总面积23 000平方米，主体建筑高45.4米，长约210米，最多可容纳近六万人同时祈祷。

中世纪这一名词指的是欧洲的一个历史时代,大致为西罗马帝国灭亡(五世纪)到大航海时代开启(十四世纪中叶)这段时间,这个时期可谓是欧洲历史最为黑暗、最为蒙昧的时代,同时也是宗教权力达到顶峰的时期。

中世纪时,宗教权力凌驾于世俗权力之上,教皇地位远高于国王,甚至还有"教皇国"的存在。

"教皇国"有自己的暴力机器——军队,也有着自己的法律法规,臭名昭著的宗教裁判所就是这一时期的产物,而它的诞生与一位教皇有着紧密的关系。

他就是格列高利九世,十三世纪权力达到顶峰的教皇之一。

格列高利九世年轻有为,精通教会法和神学,青年时期就出任枢机主教一职,人到中年更是成为至高无上的教皇。

然而,这时的他并没有注意到,前任教皇洪诺留三世不光留给他一个至尊的位置,也给他留下了一个强大的敌人——腓特烈二世。

公元 1227 年某日深夜,神圣罗马帝国皇宫内,大殿里烛火闪烁,巨大的王位上端坐着一个坚毅的身影,神圣罗马帝国的统治者——腓特烈二世,他拿着一张写满了文字的报告,脸色阴沉地看了一遍又一遍,然后,他垂下双手,双目微闭,仔细地思考着什么。

《格列高利九世批准教令》/拉斐尔

一时间,大殿里安静得只有烛火灯芯燃烧时的"噼啪"声。

"陛下……"一旁站在阴影里的内侍见腓特烈二世坐在王位上久久不语,好似睡着了一般,便战战兢兢地出了声。

"嗯?"仿佛野兽的嘶吼自腓特烈二世的喉咙间发出。他睁开微闭的双目,一抬手将手中的报告伸到烛火上。看着燃烧着逐渐化为灰烬的报告,腓特烈二世的脸色变得好看了些。

"让底下人准备一下，"腓特烈二世冷冷地说道，"洪诺留三世死了，新教皇是格列高利九世，帝国的好日子到尽头了！"

听到腓特烈口中教皇的名讳，内侍身形一颤，随即低下头来应道："是，陛下！"

看着内侍慌忙走出大殿的身影，腓特烈二世冷哼了一声，自语道："格列高利九世，真是个麻烦的对手！"

腓特烈二世已经能察觉到，在暗中，一张巨大的网已经向自己和自己的帝国张开。

宗教裁判所

此时，被腓特烈二世暗中仇视的格列高利九世正端坐在自己的房间，借着明亮的灯光，严肃地翻阅着腓特烈二世的过往记录。

"神圣罗马帝国皇帝、西西里国国王……哦哦，不管看了多少次，还真是了不起啊！"一边审阅着，格列高利九世还一边喃喃自语。

良久，格列高利九世合上了厚厚的文件记录，他摩挲着不知翻阅了多少次的资料，叹息着说道："英诺森三世、洪诺留三世，二位前辈姑息养奸，留下的毒草，我一定会连根拔起！"这样说着，格列高利九世的眼中闪烁着令人生畏的寒光。

不久，格列高利九世宣布开始进行第五次十字军东征，同时他不断催促腓特烈二世派兵协助。在不断地催促下，腓特烈二世终于出兵，却又因为鼠疫而被迫撤回，格列高利九世对腓特烈二世的表现十分不满，强烈谴责他的不作为。

腓特烈二世对教皇的指责也很不满,自己的军队碰上要命的鼠疫了,不退兵难道还想让我的士兵们早升天国不成?

就这样,教廷和腓特烈二世的蜜月期正式结束,双方的矛盾公开化,已然有撕破脸的势头。

一心维护教廷权威的格列高利面对腓特烈二世的不顺从很恼火,索性一不做二不休,在他继任教皇的当年宣布开除腓特烈二世教籍。

教皇的打脸行为让腓特烈二世大为恼火,他无视教令率军进攻圣地。在那里,他和伊斯兰的苏丹进行了谈判。苏丹同意把耶路撒冷交给腓特烈二世,腓特烈也允许穆斯林来这儿朝圣,穆斯林和基督教徒再次共享耶路撒冷圣城。谁也没有想到,腓特烈二世经过一场谈判,就可以从"异教徒"手里将圣地耶路撒冷夺回来。对此,教皇格列高利九世无可奈何,只得承认腓特烈二世的成就,取消了处罚。但是,腓特烈二世又因其他事情不断冒犯教皇的权威,致使教皇在1227至1250年间一共四次将其逐出教门,矛盾激化时甚至兵戎相见。

就这样,双方一边打着嘴仗,一边各出阴招试探,如此下去过了十几年,最终,腓特烈二世技高一筹,胜了教廷,而格列高利九世也在失利之后抱憾去世。

拉斐尔所创作的壁画《格列高利九世批准教令》取材于教皇格列高利九世在位期间下令教会法学家莱蒙编纂整理教会法典,即《教皇教令集》的典故。该壁画位于梵蒂冈博物馆的拉斐尔画室南面的墙上。

《教皇教令集》于公元1234年颁行,其内容以会议决议和教皇手谕为依据,共五卷,而拉斐尔所描绘的正是格列高利九世日常对教令进行审阅批准的情景。

画面中,身着华服的教皇端坐于王位,神情肃穆,仿佛在说着什么;在他的面前是一名下跪的男子,表情虔诚,微仰着头,一边聆听着教皇的教诲,一边向前递出教令,等待教皇的批准;两边则是数名教廷的神职人员恭敬地候在一旁。

小知识

拉斐尔和教皇的关系十分融洽。他与尤利乌斯二世一向处得很好,而随后的利奥十世也非常喜欢他,特地赐给他一顶红衣主教的帽子。在拉斐尔死后,教皇还坚持把他葬在万神殿,这是绝无仅有的殊荣。

13 天使降临

解救圣彼得

耶稣升天后,使徒们传播福音,吸引了越来越多的人信仰上帝,接受教化和洗礼。

随着人数的增多,他们成立了教会,作为信徒们的组织机构。

彼得是耶稣的大弟子,十二使徒之一,原是一个捕鱼人,后来追随耶稣,在耶稣升天五旬节降下圣灵后,开始广传福音,先是犹太人,然后是外邦人。

《解救圣彼得》/拉斐尔

在使徒司提反殉道后,许多信徒到安提阿避难。在那里,外邦基督信徒,建立了第一个以外邦人为主的教会。

从那时起,信徒开始被称为基督徒。

希律王迫害基督信徒,杀死了使徒约翰的哥哥雅各布,并派兵四处抓捕彼得。

除酵节的前几天,希律王从该撒利亚的官邸赶到耶路撒冷准备过节。他得知包括彼得在内的好多教徒都在耶路撒冷,就派人大肆搜捕,并将彼得抓住关进大牢。

教会为了营救彼得，除了四处奔走外，还每天为他祷告。

希律王派出士兵轮班在监牢看守，每班四个人，只等逾越节一过，就将彼得交给犹太人处置。

在逾越节的前一夜，希律王害怕基督徒来救彼得，加强了看守，命人将彼得用铁链锁住，让他睡在两个士兵当中，门外另派两个士兵看守。

半夜时分，牢里牢外的士兵都沉沉入睡了。天使从天而降，来到彼得身旁。它身上散发的荣光，令大牢里面充满了荣耀的光芒。

天使伸手将彼得拍醒，轻声说："快点起来，随我走。"

彼得坐起身，身上铁链随即脱落。

天使让彼得穿上鞋子，披上外衣跟它走出牢房。

彼得听从天使的话，跟着天使走出牢房。

此时，他不知道这个天使是真的，还是自己看到的异象。

彼得随着天使过了第一层监牢，来到第二层监牢面前，监牢门自动打开。他们来到临街的铁门，那扇门也自动开了。

他们出来，走过一条街，天使便离开彼得而去。

彼得这才醒悟过来：原来是上帝遣派使者前来救我，让我逃脱希律王的毒手！

彼得走进一位教徒家里，看见许多人正聚集在一起为自己祈祷。

教徒们看到彼得大吃一惊，问："你是彼得的天使吗？"

原来，信徒们相信上帝的每一个子民，都有天使在守护，天使和被守护者的面貌一样。

彼得说道："我不是天使，我是彼得。"接着，他给众人讲述了逃狱的经过。

稍微休息了一下，彼得说道："天亮之前，希律王恐怕要全城搜捕，我不宜久留。"说完，就到别处躲藏了。

天还未亮的时候，看守彼得的士兵换岗，发现彼得不见了，惊慌万分，连忙禀告希律王。

希律王大怒，杀了看守牢狱的士兵，然后命人全城搜捕。

折腾到天亮，却一无所获。

壁画《解救圣彼得》位于梵蒂冈博物馆拉斐尔画室的艾里奥多罗室中，这是一间教皇的私人接见室，壁画题材为十诫故事和中世纪历史。

本壁画由三个连环画面组成：左面画的是前来巡逻的监狱长一手持火炬，一手指着牢房的方向，责骂值班打瞌睡的士兵；中间画的是天使轻声呼唤熟睡的圣彼得，室内的两个士兵还在打瞌睡；右面的是天使牵着圣彼得的手小心翼翼地走下台阶,士兵在打瞌睡浑然不觉。此壁画精彩的部分是对天使光辉的色彩运用,透过火光、月光和天使之光的交叉应用,渲染了监狱的森严和夜间的恐怖,极具戏剧感染力。在这个被门框切割出来的画面中,拉斐尔利用了阶梯和石墙将这主题分成三个故事情节,展现了他对空间绝妙的掌控力。

小知识

　　拉斐尔潜心研究各画派大师的艺术特点,并认真领悟,博采众长,尤其是达·芬奇的构图技法和米开朗基罗的人体表现及雄强风格,最后形成了其独具古典精神的秀美、圆润、柔和的风格,成为和达·芬奇、米开朗基罗鼎足而立的艺术大师。

在很久以前，曾经有一个名为以色列王国的国家，它是犹太人建立的，在统治这个国家的历任国王中，最为杰出的当属所罗门。

所罗门公平公正，拥有着常人所没有的大智慧。

他登基后，和以色列最大的邻国埃及的法老的女儿结亲，这样，以色列边疆安定，和邻国关系和睦。

为求风调雨顺、百姓富足，所罗门动身前往基遍的祭坛，给上帝燔祭。

当时，以色列最大的祭坛设在基遍。因为没有给上帝修建圣殿，所罗门按照大卫的律例，在祭坛烧香献祭。所罗门为上帝献上了一千头牛作为燔祭，献祭完毕后，所罗门在基遍过夜。

当晚上帝现身，对所罗门说道："你有什么愿望，我可以满足你。"

所罗门说："全能的上帝让我蒙恩，做了以色列人的国王。但是我年幼无知，以色列人才济济，我凭借什么统领他们呢？我希望上帝赐给我智慧，让我能分辨是非，认清忠奸，以便更好地治理国家。"

《所罗门王的判决》/拉斐尔

上帝听了十分高兴："你不为自己求财求富，也不求自己健康长寿，一心为了治理国家，那我就赐给你无可比拟的智慧。同时，我还让你富足、尊荣，你将成为以色列众王中最聪明、最富足、最尊贵的人。"

所罗门得到上帝的应许，高兴万分。返回耶路撒冷后，再次在约柜面前给上帝献祭。

时隔不久，耶路撒冷发生了一起难断的疑案：两个妓女住在同一个房间，她们先后各生了一个孩子。一天晚上，一个妓女翻身的时候，将自己的孩子压死了。于是，她将自己死去的孩子偷偷抱出房门扔了出去，将另一个妓女的孩子抱到自己的

床上。

第二天一早，两个妓女开始了争吵，都说孩子是自己的。

有人出面调解，但是调解不清，于是两人打起了官司。

受理此案的官员，对案件束手无策，便一级一级上报，最后到了所罗门这里。

上帝赐予所罗门无上的智慧

所罗门让人带着两个妓女和孩子前来见他。

在所罗门面前，两人仍争吵不休：

"活孩子是我的，死孩子是你的！"

"不！她说的是假话！死去的才是她的儿子。"

"活着的是我的儿子！我的儿子——"

所罗门问："你们都说这个孩子是自己的，可有什么凭据？"

两个妓女面面相觑，拿不出凭据来。

在所罗门的那个时代，医学上当然还未发展到做 DNA 亲子鉴定的水平，而同时，本案又丝毫没有其他的人证、物证可供参考。只见所罗门沉思良久，突然睁开眼睛，发出一个简短的命令："拿剑来！"

所罗门对两个妓女说道："既然没有凭据，那我就将孩子劈开，一人一半领回去，这样谁也不吃亏，你们看怎样？"说完，他命令士兵将孩子放在桌案上，要将孩子劈成两半。一个妓女面露不忍之色，请求所罗门刀下留情；而另一个妓女号啕大哭，奔过来扑到桌案前，用身子护住了孩子。

所罗门微微一笑："好了，案子了结了。"他指着扑在桌案上的妓女说道："孩子是你的，你领走吧！只有孩子的亲生母亲，才肯面对刀剑，舍身保护自己的儿子。"

所罗门智断疑案的事情，迅速传开了。人们纷纷叹服所罗门的智慧，对他更加敬仰。

现保存于梵蒂冈签字大厅天花板的壁画《所罗门王的判决》是伟大艺术家拉斐尔根据古代流传下来的所罗门智断疑案的故事所创作的。

在画面中可以看到高高端坐在王位上，须发皆白的所罗门王；跪伏在地伤心哭泣的母亲；站起身来，脸色焦急试图阻拦的母亲；全副武装甲胄在身，一手持利器，一手抓着婴儿的士兵。这些人物模样生动，一目了然。

拉斐尔一如既往地展现自己的绘画风格，画风秀美、圆润、柔和，却又独具古典主义精神。

所罗门和示巴女王

圣子耶稣接受上帝的派遣下界创立人间教派，并在游历的过程中积极向大众宣扬上帝的荣光，不知不觉间拥有了大量的信徒。

一天，耶稣带着众门徒从撒该家里出来，前往耶路撒冷，此时距离逾越节还有五天。

行至半路的时候，耶稣对众门徒说："到了耶路撒冷，我会被交给祭司长定为死罪，还要被交给外邦人，受到戏弄、鞭打，被钉在十字架上，但三天之后我会复活。"

西庇太儿子的母亲与她两个儿子雅各布和约翰，正巧也在耶稣身边，她上前请求说："愿您叫我这两个儿子在你国里，一个坐在你右边，一个坐在你左边。"

《基督进入耶路撒冷城》/乔托

耶稣问雅各布和约翰："我将面对的苦难，你们也能面对，也能承受吗？"

两人说："我们能承受。"

耶稣说："那么，我所经历的苦难，你们必要经历和忍受。但是到了天国，你们是坐在我的左边还是右边，那不是我所能决定的，这要看天父的安排。天父为谁预备的，就赐给谁。"

其余的十个门徒听见，认为雅各布和约翰两人争取高位，心中大为不满。

耶稣教训他们说："你们不要因此而生气。在天国里面，地位最高的是仆人。权柄不是用来炫耀地位和尊荣的，而是服侍上帝和万民的。"

一行人来到耶路撒冷附近的橄榄山时，停了下来。

耶稣对两个门徒说道："你们继续往前走，一直走到对面的村子去，那时你们会在村口看到一头驴子拴在那里，那是一匹从未有人骑过的驴子，你们将它牵回来。"

两个门徒恭敬地听着耶稣的教诲，其中一个问道："如果村子里的人不让我们牵走驴子呢？"

耶稣说："如果有人问你,你就说它的主人要用它,这样他一定会让你将驴子牵走,而且不会有人再去阻拦你们了。"

听完耶稣的旨意,两个门徒半信半疑地向前走去。

在来到对面的村子后,他们一眼就看到拴在村口的驴子,这下子,他们心中的疑惑一下子消去了大半,同时对耶稣更加敬仰,心中想着:真不愧是神子啊!

这样想着,两个门徒走到驴子近前,弯下腰,正打算解开缰绳的时候,村子里有人见了大喊道:"你们在做什么? 打算偷驴子不成?"

两个门徒被这声大喝吓了一跳,之后他们想起耶稣的话,就平稳下心情,心平气和地对着村民施礼道:"这头驴子的主人需要它,我们要将它带去。"

耶稣与四位福音传播者

村民听到这话,果然没有起疑,而是挥了挥手,让他们将驴子牵走了。

两个门徒将驴子牵到了耶稣面前,耶稣赞赏地看了他们一眼,然后将自己的衣服搭在驴背上,骑上了驴子,一边接受着沿途信众的万般敬仰,一边向着耶路撒冷前进。

当耶稣骑着驴子,进入耶路撒冷时,好多人站立在街道两旁欢呼迎接。虔诚的信徒们将自己的衣服放在路面上,然后将砍下来的棕榈树枝铺满了街道。一刹那,棕榈树的清香,飘满了整个耶路撒冷。

人们高声呼喊着:"和散那(注:'和散那'原有'求救'的意思,在此乃称颂的话)归于大卫的子孙! 奉主名来的,是应当称颂的! 高高在上和散那!"

欢呼声惊动了整个耶路撒冷,人们相互询问:"这个人是谁?"

知情的人说道:"这是先知耶稣。"

人们闻听赞叹地说道:"奉上帝的命令降临的王是应当称颂的,在天上有和平,在至高之处有荣光。"

就这样,耶稣带着门徒,骑着驴,踏着棕榈树枝,在百姓们的欢呼声中,走进了耶路撒冷。

壁画《基督进入耶路撒冷》位于帕多瓦的斯克罗威尼小教堂南壁中段,是文艺复兴时期著名的艺术家乔托的代表作之一。在壁画左侧,可以看到打头阵的是骑在驴背上的耶稣,只见他一脸温和地注视着对面,而在其身后则站立着数量众多的门徒;在壁画右侧的是等候在耶路撒冷城门前的犹太人,他们态度恭谨,表情激动,一脸恭敬地迎接耶稣的降临。

从构图上看,场面处理得虽然比较呆板,然而画家突出了人物之间的和谐联系,以表现耶稣对信徒的慈爱,信徒对耶稣的崇敬、期盼和坚信他能拯救人类的信念。

小知识

乔托·迪·邦多纳(1266—1337),佛罗伦萨画派的创始人,著名的建筑师,意大利文艺复兴时期的开创者,被誉为"欧洲绘画之父"。他所画的宗教壁画含着温柔与眼泪的情绪,展现了仁慈博爱的教义。

治病救人显神迹

耶稣使拉撒路复活

伯大尼有一家三姐弟,姐姐马利亚和妹妹马大、弟弟拉撒路,他们既是耶稣的忠实信徒,又是耶稣的好朋友。

耶稣每到伯大尼,都住在马利亚家里。

这天,有人找到了在外地传道的耶稣说:"给您带来一个不好的消息,拉撒路病了,很严重,请您回去帮他瞧瞧。"

耶稣对来人说道:"我抽不开身,还得在这里待两天。不过我会回去的,你转告拉撒路,他很快就会好起来的。"

听了耶稣的话,来人回去了。

耶稣转身对着站在自己身后的门徒们说:"两天后再动身回伯大尼,是为了让上帝和他的儿子得到荣耀。"

门徒们都不明白这是怎么回事,但也不敢深问。

两天过去了,耶稣对众门徒说道:"我们返回吧!"

《耶稣使拉撒路复活》/乔托

耶稣在马大与马利亚家

那时候,法利赛人正在寻隙迫害耶稣,门徒们说:"法利赛人近来要拘捕您,您还要回去吗?"

"我们的朋友拉撒路睡着了,我要回去叫醒他。"耶稣说道。

门徒误会了耶稣的意思,说道:"他睡着了,病应该快痊愈了吧!"

"拉撒路已经去世了。他受了上帝的荣耀，所以我替他欢喜，也让你们相信。"耶稣说完，带着众门徒动身赶往伯大尼。

来到马利亚家门前，围观的人纷纷说道："你怎么现在才来，还说是拉撒路的好朋友呢！他已经去世四天，葬在坟墓里了。"

马大听闻耶稣来了，赶紧出门迎接，说道："我的主呀，您要早点回来，我的兄弟就不会死了，他已经去世四天了。不过直到现在，我也依旧相信，无论您向上帝祈求什么，上帝都会让您如愿的。"

耶稣说："你的兄弟必定死而复生。"

马大听了耶稣的话，带着信任的语气说道："是的，我知道我弟弟在末日复活的时候，一定能起死回生！"

"复活在我，生命也在我！信我的人，虽然死了，也必复活。你相信我说的吗？"耶稣问道。

马大见耶稣的话这么坚定，打消了所有的疑虑："我的主啊，我相信您是基督，是上帝之子！"

这时候马大和耶稣走进屋子，马利亚看到耶稣，匍匐在耶稣脚下，说道："我的主啊，您要在，我兄弟就不会死了，他已经去世四天了！"说完，马利亚嚎啕大哭，众乡亲也忍不住纷纷哭泣。

耶稣见状，悲从中来，也忍不住流下了眼泪。

乡亲们见状说道："你看他对拉撒路的感情多深呀！"也有人说道："他能让瞎子看见东西，难道不能让拉撒路不死吗？"

耶稣让马利亚带领着来到拉撒路坟墓前，坟墓是一个洞，用巨石挡着。耶稣吩咐身边的人将石头挪开，马大说道："我的主啊，我弟弟死了已经四天了，现在天气这么热，尸体恐怕都臭了。"

耶稣说道："我不是和你说过吗，只要你相信，必定能看到上帝的荣耀。"

墓穴的石头挪开后，耶稣双眼望着天空祈祷："天父啊，我感激您，我知道您经常聆听我的祈求。今天我再次祈求您，让我身边的这些人相信，我是您从天国差遣来的圣子。"

祈祷完毕后，耶稣高声说道："拉撒路出来！"

很快，拉撒路就从坟墓中走了出来，手脚还裹着布，脸上包着头巾。围观的人见到如此神奇的事情，纷纷跪伏在耶稣面前，更加相信他就是降临世间的救世主。

在画面左侧，身穿长袍的耶稣一脸祥和，目光炯炯有神，伸出单手指着对面，似乎是在做着什么；在他身后是几位门徒；在画面右侧是身上仍包裹着来不及褪下的裹尸布、刚刚复活的拉撒路，脸上还带着些许迷茫，仿佛还未从永久的沉睡中醒过来,许多人围在他的身边表示欢喜;在地上跪伏的则是向耶稣表示谢意的马利亚和马大姐妹。

乔托在创作《耶稣使拉撒路复活》的时候,已经突破拜占庭风格的窠臼,把神的世界导向人间,在绘画的题材真实生命中注入生活的血液,尽管并不完全,但在当时历史的背景之下认识乔托的画,会发现他突破了很多禁区。就如同十六世纪的著名传记作家瓦萨里在《著名画家、雕刻家和建筑师的传记》中所评价的那样:"乔托·迪·邦多纳成为一位师法自然的优秀画家,完全抛弃了粗陋的希腊风格,使得按实际生活描绘人物的现代风格得以复活,已经有两百多年没有人做这样的事了……"

小知识

拜占庭艺术指的是东罗马帝国的艺术。大体来说,所有拜占庭的艺术都充满了精神的象征主义,不容有写实主义的存在,它是五世纪到十五世纪中期在东罗马帝国发展起来的艺术风格和技巧。

耶稣带领众门徒来耶路撒冷过逾越节的时候，遭到了犹大最可耻的背叛。

面对这一切，耶稣很坦然地接受了，因为他深知自己被犹大出卖是注定的命运。

天色蒙蒙亮的时候，耶稣在众人的押解下来到总督府。

总督彼拉多的妻子听说要审问的人是耶稣，就对彼拉多说："夜里，上帝的儿子耶稣出现在我梦里了，我感到十分痛苦。耶稣是个义人，今天你千万不可难为他！"

《哀悼基督》/乔托

彼拉多走出来，问道："这个人犯了什么罪，为什么要控告他？"

"这个人蛊惑民众作乱，抵制纳税，自称君王、基督。"

面对指控，耶稣一句话也不辩解。

彼拉多感到奇怪："你是犹太人的王吗？"

耶稣说道："我是王，但不属于这个世界，我是天国降临的圣子，是基督。"

彼拉多对祭司长和长老们说道："我查不出这个人的罪恶，要不要释放他？"

在逾越节有个规矩，可以按照民意释放一个囚徒。

围观的犹太人，大多受到了祭司长和长老们的蛊惑，他们高喊："不能释放耶稣！"

但彼拉多不想惩罚耶稣，就找了个借口说："他是加利利人，应该交给希律王来审问。"

当时，希律王正好在耶路撒冷，于是，人们就押着耶稣来找希律王。

希律王很早就听闻了耶稣的声名，他让耶稣显露神迹，但耶稣一言不发。

恼羞成怒的希律王让士兵们戏弄侮辱耶稣，给他穿上华丽的衣服，又将他送到了彼拉多这里。

彼拉多对祭司长和围观的人说道："这个人并没有做什么该死的事,应该把他释放。"

围观的人高声呼喊："不能释放他,要把他钉死在十字架上!"

彼拉多想起了妻子的梦,再次要求释放耶稣,但民众坚决不同意。

彼拉多害怕人们借机暴乱,无奈之下让手下端来一盆水,在众人面前洗了手,说道："你们坚持要杀死他,罪责不在我。一切后果你们承担吧!"

就这样,耶稣被判处死刑。

在一顿鞭打之后,士兵们给他穿上紫袍,并将荆棘编制的冠冕戴在他的头上。荆棘的尖刺扎进耶稣的头皮,鲜血顺着发际流到脸上。

围观的人侮辱耶稣说："恭喜你呀,犹太人的国王。"

这还不算,人们还用芦苇轻佻地抽打耶稣的脑袋,用口水吐他。

戏弄完毕后,耶稣出了城门,士兵们随手抓住一个叫西门的人,让他帮助背负耶稣的十字架,来到一个名叫骷髅地的地方。

好多百姓跟着耶稣,他们都是得到过耶稣帮助的人,高声哀号。

耶稣劝慰他们："你们不要为我而哭泣了,还是为自己哭泣吧!"耶稣已经预言,在四十年后,耶路撒冷和圣殿,要被罗马人毁灭!

到了骷髅地,士兵让耶稣服用没药调制过的酒,这样可以减轻痛苦。

耶稣的五处伤口

耶稣说道："我不喝这酒,我要在清醒的时候,接受钉死的痛苦,为百姓赎罪!"

行刑的士兵们,将尖锐的钉子用锤子一下又一下地钉在耶稣的手脚上,鲜血顺着十字架滴落下来。

耶稣忍着痛楚给那些行刑的士兵祷告："上帝呀,饶恕他们吧,他们并不晓得自己的所作所为!"

耶稣的母亲玛利亚和圣徒约翰在人群中看到耶稣这样受苦,悲痛欲绝。

耶稣对母亲说："母亲,看你的儿子。"又对约翰说："兄弟,母亲今后就交给你赡养了!"

这时候,耶稣感到口渴。

他身边有一个罐子装满了醋(一种廉价的酒,是罗马士兵在等候被钉犯人死亡时喝的),有人将醋用海绵沾了沾,绑在牛膝草上,送到耶稣口中。耶稣品尝了醋,

耶稣前往受难之地

大叫一声，就死去了。

从正午到耶稣断气，天地一片黑暗，长达三个小时。

耶稣死后，圣殿的幔子裂为两半，大地震动，磐石开裂，守卫在耶稣身边的百夫长和士兵们见状，惊慌地跪伏在地喊道："他真的是上帝的儿子！"

《哀悼基督》长198厘米，宽183厘米，是乔托在1305年到1306年在阿雷那礼拜堂所创作的壁画之一，描绘的内容正是基督遗体即将下葬时的情景。

在画面上方，有许多来回盘旋的天使，它们面容悲伤，神色痛苦，似乎在为圣子的死亡进行悼念，画面下方则是表情各异、神色悲伤的圣徒，他们举止夸张，仿佛只有这样才能表达出他们内心激烈的情感，他们围在一起，簇拥着死亡的圣子与抱住他的圣母玛利亚。

整幅壁画依旧是乔托的作画风格，单独创作故事的核心画面，同时对于人物的塑造也把握得极为老到，构图方面突破了中世纪固有的平面而抽象化的方式，向人们展示了高明的透视法，这些无不让人惊叹其高明与伟大。

小知识

钉十字架是罗马人设立的一种残酷刑法。罪犯要按照既定路线，沿着大道自己背负沉重的十字架到刑场。十字架处死的方式分为两种，一种是用钉子将人的手脚钉在上面，另一种是用绳子捆绑。整个死亡过程十分缓慢，受刑者的身体重量会令他们呼吸困难，让他们在饱受苦楚之后死亡，所以这种刑法极其恐怖。

自耶稣之后，唯一被教会认可的官方圣痕所有者，只有圣方济各。

圣方济各于 1182 年 7 月 5 日生于意大利北方的亚西西小镇，他的父亲是个富有的布料商人，母亲是法国人。由于家境优渥，他年少时也曾过着挥金如土的花花公子生活，经常和纨绔子弟们交游玩乐，狂欢饮宴。

长大后，圣方济各染上疾病，并且在从军的时候被抓起来当了一年战俘。

这些生活剧变令圣方济各幡然悔悟，加上他在梦中和祈祷时得到了耶稣指示，便决心放弃世俗而皈依天主，热心从事祈祷和修理圣堂的工作。

从 1208 年起，圣方济各开始传道，他就像苦行僧那样光着脚穿着粗布长衣，靠乞讨维生，把全部的精力投入宣扬基督的荣光中。

这种献身精神感染了成千上万的人，这些人纷纷捐献了家产，一贫如洗地跟随圣方济各。

圣方济各称这些跟随者为"fratres minores"（拉丁语中"小兄弟"的意思），而这一团体也被称为"小兄弟会"。这种以基督为模式的生活方式，在当时那个极力

《圣方济各向小鸟讲经》/乔托

追求物质享受、漠视永生的时代，发挥了振聋发聩的作用。同时，圣方济各是一位很有魅力的演说家，充满热情喜乐，对基督的崇拜达到心醉神迷的狂喜地步。因此，跟随他的人越来越多，队伍也不断壮大。

圣方济各喜欢一切自然造物，森林、青山、溪水等自然环境以及生存在这片天地中的动物们，都是他所热爱的对象。

某一天，圣方济各与许多跟他志同道合的修士路过一片郁郁葱葱的森林，看到

圣方济各受五伤圣痕

眼前一片充满生命的绿色,圣方济各感到很欢喜,就对着身后的伙伴们提议道:"看!眼前这片森林多么富有生机,不如我们在这里休息一下吧!"

随行的人和圣方济各一样,都是喜爱自然造物的,更何况他们这些人一向以圣方济各马首是瞻,既然首领发话了,而且也没什么不对的,他们又有什么可反对的呢?

就这样,一行人在这片林海中休憩了一会儿。

忽然,盘坐在草地上的圣方济各指着一个方向对所有人说道:"你们看!"

修士们顺着圣方济各手指的方向看去,这才发现离此地不远处的树上有很多鸟,它们似乎也感觉到人们注视的目光,就"叽叽喳喳"地叫起来。

圣方济各站起身来,说:"你们先休息,我要去为鸟姐妹们传道。"只见他慢慢地走到树下,而鸟儿们则在树上警惕又好奇地看着下方这个奇怪的人,双方就这么一直对视着。

良久,鸟儿们渐渐放松了对圣方济各的警惕,有的甚至飞到他的肩膀上。

圣方济各温和地说道:"我的鸟姐妹,你们受助于上帝太多了,所以你们一定要随时随地感谢上帝,你们虽不知道如何缝纫或编织,但上帝给了你们一身漂亮的羽毛,让你们自由地在天空飞翔。河流和泉水给你们止渴,山谷给你们遮阴,高树给你们筑巢,不用耕种不用收割就能吃饱肚子。因此,你们要深深铭记上帝对你们的恩惠,永远赞美伟大的上帝!你们明白了吗?"

叽叽喳喳……叽叽喳喳……小鸟们像是听懂了一样,欢愉地回应着。

1224年9月17日,圣方济各在阿威尼山祈祷时,耶稣示现为他印上了自己的五伤:手足被铁钉穿透,肋旁有清晰的伤痕。这是耶稣对圣方济各最高的奖赏。两年之后,1226年10月3日晚,圣方济各离开了人世,升上了天国。

乔托可以说是圣方济各的崇拜者,在阿西西教堂中,他描绘圣方济各的壁画有二十八幅,其中就包括《圣方济各向小鸟讲经》。

这幅壁画,在内容上已打破拜占庭艺术的冷漠无情、呆板僵化的缺点,具有朴实与严肃的和谐美,构图上也摒弃了平板的铺陈,引进了透视绘画技法,极具立体感和真实感。画面中,圣方济各向一群欢跃的小鸟低头抚手,流露出仁慈之情。而画中的小鸟也人格化了,显示出了童心和对自然的热爱。

小 知 识

　　圣方济各比乔托出生早半个多世纪,一生的经历类似释迦牟尼。他创立新教派,以仁慈博爱为教义,提倡安贫乐道,赢得众多的信徒,死后被尊为圣人。

　　可以确定的是,乔托对这位圣人所倡导的新教义是欣赏的,所以才用他诗意的笔,把圣方济各一生事迹描绘得亲切感人。

　　现代美术史家贝朗逊曾这样评价乔托:"绘画之有热情的流露、生命的自白与神明的皈依者,自乔托始。"

19 神奇的孕育

金门相会

上帝在人间留下了很多神迹，本故事讲的是万千神迹中的一个。曾经有一个叫作若亚敬的人，很早就娶了妻子安妮，但直到头发花白，垂垂老矣，安妮也没能生出一个孩子。

若亚敬认为，自己眼看半截身子入土了还没有子嗣，多半是平日里自己作孽太多，应该去外面寻找信仰。

想到就做，第二天，他就辞别了安妮，独自一人在外面苦修，希望能够以此洗清自身的罪孽，顺便祈求上帝可怜自己这么大岁数，能给自己赐个子嗣。

在苦修的道路上，若亚敬算是吃尽了苦头，他离群索居，独自在深山老林中磨砺意志，洗涤罪恶。饿了吃些山间酸涩的野果，渴了喝口山间清冽的泉水，不知不觉，苦修了许多年。

上帝被若亚敬这种虔诚的行为所打动，决定满足他这个略显卑微渺小的愿望。

此时下界的若亚敬已经流浪到一个牧羊人的家门口，为了修行，他婉拒了牧羊人的邀请，选择在牧羊人的小屋外面入睡。

《金门相会》/乔托

在睡梦中，若亚敬梦见了一个天使从天而降，对他说："上帝感受到了你的虔诚，决定赐予你一个孩子，到耶路撒冷去吧，在那里，你会得偿所愿的！"

说完，天使就消失不见了。

若亚敬猛然惊醒，回忆起了梦中天使所说的话，立即决定动身前往耶路撒冷，因为他心里有种直觉：天使没有骗他。

若亚敬经过长途跋涉，终于来到了耶路撒冷的金门前，远远就看到站立在城门下的安妮。

太久没见面的两人都很激动，紧紧拥吻在一起。

激情消退，冷静下来的若亚敬开始询问安妮来这里的原因，而妻子面对丈夫的疑问，老老实实讲述了缘由。

原来，在家中苦苦守候丈夫回归的安妮在若亚敬入梦的同时，也接到了来自天使的讯息，天使对她说："你要前往耶路撒冷的金门与你丈夫相会，在你们拥吻之后就会诞生后代。"

若亚敬之梦

果不其然，在这次金门相会之后，年事已高却长期未孕的安妮就怀孕并生下了玛丽亚，也就是后来的圣母。

位于今天意大利帕多瓦的阿雷那教堂的湿壁画《金门相会》，取材于《圣经》中若亚敬求子的典故，而壁画所描绘的正是若亚敬与妻子安妮拥吻获得上帝赐女的一幕。

整幅画，乔托只用了寥寥几个物象，就将故事情节交代得很清楚。

画面中，牧羊人、带着圣光的若亚敬和安妮、一群穿着简朴却颜色各异的女性信徒，以及整个故事的核心——金门，构成了整幅壁画。乔托很好地讲述了一个故事，同时他赋予了壁画中人物一种真实感，画中人物的举手投足，他们颈部肌肤的皱褶和身上自然垂着的长袍，都像真人一样，一种肃穆的气氛和神圣之感扑面而来，充分表达了乔托想要描绘出的那种信徒对上帝的虔诚和上帝对信徒的人文关怀。此外，只画了一半的牧羊人，则表现出了画家的在画面以外，还有另外一半的空间正延续着的技法。

小知识

乔托是第一个以自然的色调和戏剧性的人物造型，来描绘装饰性宗教画的画家，达·芬奇推崇他是"凌驾过去几个世纪的众多画家中最杰出的人物"。意大利佛罗伦萨的圣玛丽亚大教堂就是由他负责建造的。

20 丑男娶花枝

《春》中美神的爱情传奇

从海中诞生的维纳斯，最初为丰收女神，众神都倾心于它美丽的容貌和惹火的身材，就连众神之王朱庇特也不例外。

朱庇特遭到维纳斯的拒绝，不由得火冒三丈："难道众神之王就配不上你吗？那好吧，既然你的眼光如此高，那么我要将你嫁给最丑陋的神！"言罢，朱庇特将伏尔甘叫来，说："我将最美的女神维纳斯嫁给你，亲爱的孩子。"伏尔甘是天后朱诺的亲生儿子，因为天生瘸腿，面貌丑陋，自小就被母亲抛弃到人间。

伏尔甘被逐到人间后便不肯回去了，它迷恋上人间美丽的风景，在人间将自己的光和热发挥得淋漓尽致。它学会了打造武器，因为技术高超在人间盛名远播，连众神之王朱庇特也知道它的大名。朱庇特派酒神将伏尔甘灌醉背回天上，给伏尔甘安排了铁匠一职，负责为众神打造武器和艺术品。

伏尔甘听到朱庇特要将爱与

《春》/桑德罗·波提切利

维纳斯诞生

美的女神维纳斯嫁给自己，惊讶地张大嘴巴，盯着朱庇特发呆。

"孩子，你不用这样，这是你父神的旨意，无论你答不答应，父神都会将它嫁与你。择日迎娶吧，孩子。"朱庇特微笑着对伏尔甘说道。

伏尔甘从惊愕中回过神来，对朱庇特拜了又拜，嘴上说着："伟大的父神，孩儿谢过您的恩赐！"言罢，伏尔甘带着朱庇特赏赐的珠宝

喜滋滋地回家准备迎娶新娘。

话说维纳斯听到朱庇特荒唐的神谕后,叹了口气,说道:"这是赤裸裸的报复,母神是不会原谅你的!"

"别管母神会不会原谅我,总之,我的旨意不容任何人的亵渎。明天,伏尔甘,我亲爱的孩子,将驾驶着四匹金马拉着的战车来迎娶你,到时候你要打扮得好看点,毕竟我作为你父神,也希望你能高兴地出嫁。"朱庇特高高地坐在王位上幸灾乐祸地说道。

"你,可恶!"维纳斯一气之下转身就走。

维纳斯在火神的锻铁工厂

朱庇特的神谕不容违抗,这点维纳斯十分清楚,当年泰坦巨人一族因为违抗朱庇特的旨意,就被它放逐到炼狱中接受永久的折磨。

维纳斯回到自己的小屋内,伤心地哭了起来。

第二天,火神伏尔甘驾驶着四匹金马拉着的战车来到维纳斯的小屋,一把将它从屋子里抱出来,来到朱庇特的神殿,在父神面前正式结为夫妇。

就这样,最美的女神维纳斯嫁给了最丑的火神伏尔甘。

《春》是波提切利于1481年至1482年间创作的木板壁画,现存于佛罗伦萨乌菲齐博物馆。

壁画中间是维纳斯,也许是因为不如意的婚姻,它并没有显现出欢乐的情绪。相反,倒是美惠三女神被描绘得富有生气,它们在森林边,沐浴在阳光里,携起手来翩翩起舞。画面右边,风神抓住了森林女神克洛丽斯,并强暴了它,而克洛丽斯又化身成了花神芙劳拉,所以画面中的两位女性实际上是一个人。画面最左边采摘树上果子的是墨丘利,这位众神的使者在这里是报春的象征。此外,在维纳斯的头上,还飞翔着被蒙住双眼的小爱神丘比特,它正朝着左边的人准备把金箭射出。地面上长满了鲜花,不同季节的五百朵花分属一百七十个品种,代表了不同的寓意。这一切,都是波提切利对美好生活的向往的写照。

　　整幅画虽然洋溢着春天的诗情画意,却难掩淡淡的忧伤,这成为波提切利绘画作品独有的风格。

　　据说,波提切利为了画出近乎完美的维纳斯,找来了佛罗伦萨城中享有盛名的交际花莫内西塔。从此,莫内西塔成了波提切利的第一女主角,不管是维纳斯像、圣母像还是寓意画,都是以她为原型。

小知识

　　桑德罗·波提切利(1445—1510):意大利肖像画的先驱者,十五世纪末佛罗伦萨的著名画家,原名亚里山德罗·菲力佩皮,"桑德罗·波提切利"是他的绰号、艺名,意为"小桶"。他的作品突破了精准的自然比例,却获得了一个无限娇柔、优美和谐的完美化身。《春》和《维纳斯的诞生》是他一生中最著名的两幅画作。

在历史上,再强大的国家也不会永远保持强盛,总有一天会衰落下去。

在埃及人的兵锋之下,以色列人除了死去的,活着的人全都被驱逐出了自己的故乡,被掳掠到埃及本土,成为可怜的亡国奴。

此后四百年间,以色列人不断繁衍,达到了两百万人。

埃及法老对以色列人人口的急剧增长感到恐惧,加上以色列人凭借着自己的聪明能干,累积了大量财富,也招致了他的嫉妒,他开始残酷地奴役以色列人,让他们干最苦最累的工作。

不仅如此,他还下令给民众:"凡是以色列人所生的男孩,全部丢到河里面淹死;女孩可以保留性命。"

有一对犹太夫妇,生了一个男孩,模样十分俊美。他们将男孩放在家里藏匿了三个月,由于惧怕法老的命令,就找来一个蒲草箱,抹上石漆和石油,将男孩放进箱子里面,扔进了河边的芦苇丛。

男孩的姐姐舍不得弟弟,远远观望。

《摩西的早年历练》/桑德罗·波提切利

恰好,法老的女儿在宫女们的簇拥下来到河边洗澡,看见箱子里的男孩十分可爱,就决定收养他。

男孩的姐姐见状,就对公主说:"这个可怜的孩子最好找一个奶妈,我帮您请一个好吗?"

得到公主应允后,男孩的姐姐就将母亲叫来,做了男孩的奶妈。接着,公主将男孩带入宫中,认作自己的儿子,还给他取了一个名字"摩西",意思是"因我把他从水里拉出来"。

看着摩西一天天长大成人,奶妈开始为摩西讲解他的身世,以及以色列人的历史。摩西在长大后，十分怜惜自己的同胞，经常凭借自己王子的身份为他们做些事情。

一天，摩西又来到了以色列人工作的地方，来看望他的兄弟们。可是刚刚走到跟前，他就被眼前的一幕吓呆了。

摩西被埃及公主救起

只见一个埃及督工正在对着一名以色列奴隶拳打脚踢，不时还拿起腰间的鞭子狠狠抽打，一边打还一边骂着："你这个低贱的下等人，居然还敢偷懒，打死你！"

下等人！

摩西红着眼睛，紧紧盯着眼前那个施暴的埃及督工，他紧紧握着拳头，连手指甲戳入手心都毫无知觉。

"下等人"这个词语深深戳痛了摩西的心灵，没错，表面上他是公主的养子，但实际上他的血管里流着和眼前这个埃及督工口中的"下等人"一样的血！

摩西的内心在深深地纠结着，他知道如果杀了这个人，恐怕自己的真实身份就会暴露，可是当他的眼光扫到那个可怜的以色列人身上，他终于忍无可忍了。

摩西横下心来，抽出刀杀死了督工。

随后，他逃到米甸，娶了那里祭司的女儿，以放牧维生。

一天，摩西赶着羊群前往野外放羊，不知不觉来到一个奇怪的地方。

他发现前方一片燃着火焰的荆棘突兀地横在自己面前，挡住了去路。

奇怪的是，荆棘上的火焰烧得正烈，但是荆棘却没有丝毫变化。

正当他想跨过荆棘的时候，就听见里面传出一个声音道："摩西，你不能继续前进了！"

"是谁?"摩西大惊失色地问道。

"我是这个世界的创造者,是你的神! 你所踩踏的土地是真正的圣地,你要脱下鞋子!"那个声音说道。

摩西闻言大吃一惊,赶紧脱掉鞋子,然后将脸蒙上,因为他怕看见神的容颜。

那声音说道:"我是耶和华,听到子民的祷告,感受到他们在埃及所蒙受的苦难,因此我需要你带领他们离开埃及,寻找一块肥沃的土地生存!"

"为什么找我?"摩西声音颤抖着说道。

"因为这是命运,只有你才能做到!"

就这样,摩西返回埃及,决心带领以色列人离开这个伤心地,前往流淌着奶和蜜的迦南。

壁画《摩西的早年历练》,主要描绘了摩西打杀埃及督工、逃往米甸、帮助叶特罗女儿、遇见上帝并接受任务去解救以色列人等情节的故事。

摩西的故事在西方绘画中并不少见,但与那些描写摩西的伟大与完美无缺的绘画作品相比,波提切利的这幅《摩西的早年历练》则是充满了世俗意味,洋溢着人文主义色彩。这里面的摩西走下了神坛,会愤怒、会恐惧,以人的方式生存着。

这幅壁画现保存于今天梵蒂冈西斯廷大教堂。

小知识

犹太教认为,摩西是先知中最伟大的一个,他是犹太人中最高的领袖,是战士、政治家、诗人、道德家、史家、希伯来人的立法者。在摩西的带领下,希伯来人摆脱了被奴役的悲惨生活,学会遵守十诫,并成为历史上首个尊奉单一神宗教的民族。

22 叛乱的代价

可拉的惩罚

在人类历史上，有着这样一个民族，他们远离故土，长年流离失所，但是悠久的岁月并没有磨灭他们回归故土的信念，回家这两个字对他们来说简直是最神圣的字眼。

他们就是以色列人。

《可拉的惩罚》/桑德罗·波提切利

在很久以前，以色列人的国家被强大的埃及所灭亡，埃及的统治者法老将这些国破家亡的以色列人全部掳到埃及境内，以重兵看管，并将他们当成了廉价的苦力、不，应该说是奴隶才对。

以色列人就在这种悲惨的境地下度过了很长一段时间，最后他们实在无法忍受埃及统治者的侮辱与欺凌，就向仁慈且伟大的上帝祈祷：无所不能的主啊，请拯救我们吧！

仁慈的上帝响应了他们，并与以色列人中的圣者签订契约，成为以色列人的守护神。

后来，在摩西的领导下，以色列人逃离了埃及。

可是在逃离埃及之后，以色列人陷入了一段长久的流浪生涯，因为他们没有办法回归故土，也找不到适合自己生存的地方。

天地之大，何处是我家？

希望的尽头就是绝望，在沙漠中长久辗转的以色列人开始人心涣散，这是身为圣者的摩西也无法控制的事情。

人心散了，队伍就不好带了。

因为无法带领子民进入属于自己的乐土，摩西的威信一落千丈，越来越多的人对他与祭司的领导阶层心怀不满，这也让野心家看到了上位的机会。

以色列人中的利未人，原本是最为忠诚的，这时也产生了不满情绪，他们觊觎祭司亚伦的职位，企图取而代之。

利未人可拉，纠集了族内两百五十个人，结成可拉党，聚集在摩西帐篷面前准备发难。

在帐篷中的摩西和亚伦听到外面的骚动，直接走了出来，面对着可拉等人，摩西沉声说道：“你们有什么事吗？”

所有人被摩西的威严惊骇得倒退了一步，唯独可拉不退反进道：“我们自然是有的，我们想问，都是上帝的子民，凭什么你们可以擅自专权，凌驾于我们之上呢？”

一旁的人听到可拉的质问，纷纷鼓掌叫好，大大称善。

摩西和亚伦对视一眼，都从彼此的眼中看到担心，他们预料到会有人闹事，却没想到来得这么快。

摩西安抚道：“大家听我说，亚伦身为祭司，这是上帝选定的，你们如今大吵大闹，为的是什么？难道你们还想当祭司不成？”

王侯将相，宁有种乎？

摩西的安抚非但没有发挥作用，反倒刺激了这群患“红眼病”的人，他们跃跃欲试，打算杀死亚伦。

摩西见状心中大为光火，他脸色铁青地大声呵斥道：“放肆！可拉，明天你和你的同伙拿着香炉到这里，既然你们质疑亚伦担任祭祀的合法性，那么我们一切都交给上帝来决定！”

可拉阴狠地望着摩西与亚伦，什么话也没说，带领众人转身离开。

可拉等人内心忌惮上帝的威力，停止了进攻。

第二天,他们人人手捧香炉等待上帝的裁判。

很快,上帝出现了,对摩西说道:"你们离这些叛乱党人远一些,我要将他们灭绝!"

摩西和亚伦苦苦求情,上帝不理不睬:"你立刻带人离开这些叛乱党人居住的帐篷,我要降灾祸给他们!"摩西无奈,只得带人远远走开。

这时,一声沉闷的巨响从地下发出,可拉党人居住的帐篷所在的地面开裂,一些可拉党人和他们所有的财产全部落入地缝。

其余的可拉党人见状,惊慌失措,纷纷逃跑。上帝发出一团火焰,火焰追逐着逃跑的可拉党人,把他们都烧死了。

全体以色列会众(参加宗教组织的人)见状,蜂拥到摩西和亚伦的帐篷前,责问道:"你们为什么要杀死可拉家族的人!"摩西和亚伦见状仓皇逃到会幕里面,才躲过劫难。

上帝见状,命令摩西和亚伦速速逃走,它给这些叛乱者降下瘟疫,瘟疫立刻在百姓中传播,一万四千七百人在这场瘟疫中死亡。

这场叛乱最终被平息了。

摩西感到有必要向以色列人说清楚:亚伦的祭司职位,不是因为自己亲属关系授予的,而是上帝委派的。

于是,摩西按照上帝的吩咐,让以色列十二支派的领袖,每人手持法杖来到帐篷中。

第二天,奇迹出现了,十二个法杖中,只有亚伦的法杖上面盛开了一朵花,最后结出了一颗熟杏。

以色列人见状,终于明白亚伦的祭司之职是上帝赐予的,因此消除了不满之心。

而亚伦开花的法杖被留在法柜里面,世代警示那些背叛者的子孙。

位于梵蒂冈西斯廷大教堂内的壁画——《可拉的惩罚》,长 570 厘米,宽 348.5 厘米,创作于 1482 年,出自文艺复兴时期著名画家桑德罗·波提切利之手。

壁画取材于《圣经》中所记载的可拉一党反叛摩西的故事,描绘的正是上帝降下瘟疫惩罚可拉一党的画面。

画面建筑的前方描绘的是反叛的可拉党人,此时的他们已经遭受上帝的惩罚,一个个神色痛苦,哀号不止,脸色狰狞,有的人甚至满地打滚,只求减轻痛苦;画面左侧隐蔽的一角的台阶上,站立着摩西和亚伦,他们仿佛不忍见到眼前惨烈的一幕而转过了头。

桑德罗·波提切利借鉴《圣经》故事，发挥自己的想象，使用灵巧的画笔，透过可拉党人的痛苦，摩西等人的不忍，将上帝的神威展现得淋漓尽致，使人明白上帝不只是仁慈善良，更是杀伐果断的，令人们更加敬畏上帝，信仰上帝。

小知识

　　在基督教信仰中，杏属于贵重的果实，白色杏花代表圣洁。上帝的神迹，让充满罪恶的百姓心生恐惧，充满了敬畏之心。

耶稣接受魔鬼的考验

　　耶稣接受完约翰的洗礼后,在圣父的指引下来到了旷野。

　　他行走在荆棘丛中,衣服都被刮破了。这时候,乌云压顶,狂风吹起沙粒打在他脸上,一道闪电划过,霹雳在他头顶炸响,紧接着暴雨如注,耶稣在旷野中,没有避雨之所。

　　大雨整整下了一夜,清晨,雨停了,一阵冷风吹过,耶稣感觉寒凉刺骨。他四下望去,旷野中除了黄沙荆棘,就是乱石杂草。看着茫茫无际的荒野,他不知道该往哪个方向走。这时,太阳升了起来,慢慢地将他身上的衣服烤干。中午时分,闷热的风吹来,扬起的灰尘让他备感难受,砾石杂草在烈日的炙烤下更加刺眼,耶稣寻不见一个阴凉的地方,他只能不停地奔走。白天,毒蛇从他身边爬过;夜间,野兽鬼火般的眼睛,在远处窥视着他,发出饥饿贪婪的吼叫。

《耶稣接受魔鬼的考验》/桑德罗·波提切利

　　就这样,耶稣在惶恐和困苦中度过了四十天,没喝一滴水,没吃一口饭,他感到饥渴难耐,只是每天虔诚祷告,从不间断。

　　四十天过后,魔鬼来到耶稣身边,说道:"你饿吗?"

"我饿!"耶稣说。

"你是上帝的儿子,为什么不把这荒草变成美酒、把砾石变成美食享用呢?"魔鬼诱惑道。

耶稣说:"我信奉上帝,上帝将我放到这没有水没有食物的地方,我怎么能自作主张,滥用法力呢? 这岂不是对上帝不信任,违背旨意了吗? 经书上记载,'人活着,不单靠食物,还要靠神口里所说出的一切话'。"

魔鬼见耶稣这么坚决,就对耶稣说:"我们到另一个地方去吧!"于是,魔鬼携着耶稣腾空而起,来到耶路撒冷,停在了圣殿的顶部。

"如果你是上帝的儿子,就请你从这里跳下去,你一定不会受到伤害。经书上记载,'主要为你吩咐它的使者,用手托着你,免得你的脚碰在石头上'。"魔鬼挑衅地对耶稣说。

耶稣说:"我怎么能对上帝起疑心,去试探它呢? 经书上写着,不可试你的神。"

魔鬼带着耶稣来到最高的山峰上,俯瞰着世间的每一个国家,魔鬼将万国的荣华和富丽,指给耶稣看。

"你看这世界上,有享不尽的荣华富贵,有用不完的金钱,有使不尽的权力。这都是世人梦寐以求的呀! 只要得到其中的万分之一,就富甲天下了。 只要你愿意跪拜在我脚下,我将这一切都给你。"魔鬼继续诱惑耶稣。

"你退下吧! 魔鬼。我只信奉上帝,跪拜上帝,怎么可以拜你呢!"耶稣冷冷地说道。

黔驴技穷的魔鬼,悄悄远去,隐没在云层中。

刹那间,天空变得明澈清凉,微风裹着花香缓缓而来,天使从空中降下,将耶稣环绕。

这是上帝在考验耶稣,虔诚而又坚定的耶稣,没有辜负上帝的期望。

壁画《耶稣接受魔鬼的考验》是画家波提切利为西斯廷大教堂一侧壁画《基督传》所做的一幅,主要有三个画面:

右上方,魔鬼领耶稣上了高山,把天下万国都指给他看,对他说:"这一切权柄、荣华,我都要给你,因为这原是交付我的,我愿意给谁就给谁。你若在我面前下拜,这都要归你。"耶稣说:"经书上说,'当拜主你的神,单要侍奉它'。"

上部中央,魔鬼又带他到耶路撒冷去,叫他站在殿顶上,对他说:"你若是神的儿子,可以从这里跳下去;因为经上说,'主要为你吩咐它的使者保护你。它们要用手托着你,免得你的脚碰在石头上'。"

耶稣对它说:"经上说'不可试探主你的神'。"魔鬼用完了各种试探,暂时离开耶稣。

壁画前部中央,是一位祭司和一个被治愈了的麻风病人,这讲述了耶稣治好十个麻风病人的故事。

基督和撒旦

小知识

　　魔鬼是灵界恶魔的领袖,在《圣经》中常常被称为"那试探的人"。自人类始祖现世以来,它就不断地引诱人们去犯罪,背叛上帝。魔鬼控制着世世代代的罪恶,又被称为"世界之王"。它对抗上帝和信奉上帝的人,也被称为"撒旦",意思是"抵挡者"。

无上的权柄

基督将钥匙交给圣彼得

　　圣子耶稣降临人间,成为上帝在人世间的代言人,他在地上行走,到处行善,彰显神迹。他以无所不能的神力令眼盲的人重见光明;跛足的人能够行走;先天失聪的人能够听到声音;身患重病的人能够痊愈;甚至令陷入长眠的人复活。这让耶稣的名望越来越大,许多人都拜在他的门下,甘愿受其教导和驱使。

　　但是,在越来越多的人相信耶稣以及神迹存在的同时,也有许多人对此表示质疑,比如法利赛人和撒都该人,他们都怀疑神迹的真实性。

　　"神迹? 那是什么?"

　　"神迹? 你在和我开玩笑吗?"

　　"我不会相信没有发生在自己眼前的事!"

　　然而,身边相信耶稣的声音越来越多,这些表示质疑的人也开始动摇了,他们变得半信半疑,开始四处打听行善者究竟是谁,是否真的有神迹的存在。

《耶稣将钥匙交给圣彼得》/彼得罗·佩鲁吉诺

　　此时的耶稣正和他的门徒们前往该撒利亚腓立比的村庄。

　　路上,门徒们听到了流传于各处的种种流言,他们望着耶稣欲言又止。

　　耶稣似乎察觉到了,便走到一块磐石前,坐了上去,然后用温和的目光望着所有门徒,柔声说道:"有什么问题就问吧!我会为你们解答的。"

门徒们你看看我,我看看你,谁也不敢第一个上前提出疑问。

耶稣微笑着看着门徒们窘迫的表现,没有打断他们私底下的小动作。

这时,一个门徒走上前来,对着耶稣施礼道:"大人,我不太理解,您为什么不向那些质疑神迹,怀疑您身份的法利赛人和撒都该人展现神迹,用事实堵住他们提出疑问的嘴巴呢?"

耶稣微笑着说道:"我不这么做,其实是有缘由的,你们想知道吗?"

"这……"

门徒们心里嘀咕道:"大人真是幽默,我们要是知道的话,还会向您请教吗?"

耶稣说:"我不肯向这些握有实权的犹太人展现神迹,是因为他们绝大多数人都将与我为敌。"

此言一出,门徒们集体沉默。

良久,耶稣又说道:"人们说我是谁?"

门徒们闻言纷纷上前发言。

"有人说您是施洗的约翰!"

"有人说您是众先知中的一位!"

"有人说您是伊莱贾!"

众口不一,莫衷一是。

接着,耶稣又问他们:"你们说我是谁?"

众门徒哑然,一时间不知道该怎么回答。

这时,门徒中的彼得站出来恭敬地说道:"您是基督,是上帝之子!"

耶稣闻言点点头,从磐石上站了起来,从怀中掏出一把奇异的钥匙,对着彼得说:"跪下。"

彼得见状连忙跪下,双手高举过头顶,听从耶稣的教诲。

耶稣朗声说道:"彼得,你是有慧根的,我将创建上帝的教会,把它建立在这磐石之上,它至高无上,即便是阴间的权柄也胜不过它!我打算将这天国的钥匙交给你,从此,只要是你在地上所捆绑的,即便是在天国也要捆绑;凡是你要释放的,在天国也会得到释放!"

耶稣以一副立遗嘱的口气将话说完后,就将那把代表无上权柄的钥匙放到了彼得高举的手上。

彼得接过钥匙,忽然想起耶稣方才那仿佛托付后事的语气,也顾不上双膝的麻木,激动地问:"大人! 您这是……"

耶稣用深邃的眸子看了彼得一眼,笑着说:"我这次前往耶路撒冷,必定会受到许多迫害，被长老、文士、祭司长弃绝，之后会死。"看着大惊失色的门徒们，耶稣继续说道："不过三天后，我会复活。"门徒们闻言这才松了一口气。

耶稣转而又说道："我不允许你们对别人说，我是耶稣！这是天数，也是命运！"
门徒们闻言连忙恭敬地答道："是。"

意大利画家彼得罗·佩鲁吉诺创作于西斯廷教堂内祭坛右侧的壁画《耶稣将钥匙交给圣彼得》取材于《圣经》故事，描绘的正是耶稣在众门徒的面前将天国的钥匙交给圣彼得的一幕。

画面背景是一座巨大的广场，一座教堂和两座凯旋门矗立在广场之上，画面前方两侧描绘的是神情各异的耶稣众门徒，画面的中心描绘的是神态威严的耶稣做出将天国的钥匙交出去的动作，他的面前则跪伏着表情恭谨、小心翼翼的圣彼得。

有趣的是，距离壁画中部最近的人物，穿的是与耶稣和圣彼得同时代的服装，而那些较远的人物，则穿着与佩鲁吉诺同时代的服装。这无非是要提示：在时间上，久远的人物和同时代的人一样可以靠近耶稣和圣彼得。这样象征性处理，是一种人文主义精神的反映。

小知识

彼得罗·佩鲁吉诺（约 1446/1450—1523）：文艺复兴时期意大利画家，他的学生众多，其中最著名的是拉斐尔。

他所创作的一些作品大都是以圣经为题材的内容，人物内心的丰富情感透过线条的勾勒表现出来。代表作有《圣母子，在施洗者圣约翰与圣塞巴斯蒂安之间（局部）》《基督受洗》《弗朗西斯科·德勒·奥佩勒的肖像》等。

公元 334 年的某一天，上帝派一名天使下凡，命令它前往人间考验凡人的善心。

天使听了上帝的旨意，表面欣然领旨的同时，心中却在唉声叹气，它想着伟大的上帝为什么不将考验的方法说详细一些呢？那样的话，自己也就不至于在这里伤脑筋，想着采取什么方式去考验那些凡人了。

最终，天使考虑到此时是寒冷的冬天，简直是滴水成冰，就变成了一个衣不蔽体的乞丐，来到一座繁华的城市中，坐在城门附近。

"在寒冷的冬天，一个穷得穿不起衣服的乞丐，应该能最大限度地引起凡人的同情心吧！"天使这样想道。

《放弃武装》/西蒙·马丁尼

然而，令它失望的是，无论自己怎样"可怜"地向来往的人们乞讨，都得不到任何人的怜悯，甚至这些人都没有多看自己一眼。

天使感觉心中有几分不解和气愤，心想："我都这副模样了，为什么还得不到人们的怜悯呢？难道所有凡人都是没有善心的吗？"

就在这时，它听到城门外传来了一阵马蹄声。

只见一名年轻的骑士腰间挎着长剑，跨着一匹高头大马，走进城来。

似乎感受到有人在注视自己，这名年轻的骑士跳下马来，看了天使化身的乞丐一眼，随后皱起了眉头。

"哦？对我的存在感觉到厌恶了吗？"天使这样想道。

此时，它已经对凡人的本性感到失望透顶，每一次都是用极大的恶意来猜测对方的心思。

这个年轻的骑士名字叫马丁，他看着在寒风下瑟瑟发抖的乞丐，抽出了腰间的长剑。

天使的瞳孔猛然间收缩了一下："难道他要杀了我？"

只见马丁抽出长剑，将自己的斗篷割成两半，将其中的一半交给了天使扮成的乞丐，对着他点了点头，也没有说话，直接转身离开了。

"看来他是个善人呢！"天使眼神柔和地望着马丁离开的背影，若有所思。

圣马丁这一举动不仅遭到同伴的讥笑，还受到长官的惩罚：由于毁坏军事装备，他必须接受三天的拘禁。

当天夜里，马丁做了一个神奇的梦，他梦见了天使与圣子耶稣。只见那名天使指着马丁对耶稣说道："就是这位马丁给我的半边斗篷。"

"这位天使大人，我什么时候给您半边斗篷的啊？"马丁疑惑地问道。

这时，天使摇身一变，变成了一个披着半边斗篷的乞丐，笑着说："我就是白天的那个乞丐。"

圣马丁割开他的斗篷

马丁见状恍然大悟。

这时，圣子耶稣对着马丁说："你不应该在军队里，应该为神服务！"说完，天使和耶稣就消失不见了，马丁也从睡梦中惊醒。

醒来后，马丁想起了梦中的天使以及圣子耶稣所说的话，觉得这是神明给他最明确的指示。

于是，他在心中暗暗地做了一个决定。

拘禁结束后，马丁接受了洗礼，成为一名基督徒，同时向长官提出了退役的请求，并对极力挽留自己的长官说："抱歉，我受到上帝的感召，应该为神明服务！为上帝付出一切！"

在这之后，离开军队的马丁成了一名伟大的传教士，足迹遍布了整个欧洲。

壁画《放弃武装》是文艺复兴时期意大利著名画家西蒙·马丁尼于1315年所创作的作品，长265厘米，宽235厘米，上面所描绘的正是圣马丁宣布放弃武装、弃戎从神的一幕。

画面中，在守备森严的军营里，圣马丁神态坚毅，表情决绝，身披教士服向长官

宣布自己将要退出军队，从事神职；而他的长官则是神色惊愕，面带惋惜，伸出手打算挽留。

西蒙·马丁尼对人物的刻画入木三分、非常生动，对于构图的把握也是恰到好处，绘画的整体风格十分柔和。

这幅壁画现收藏于意大利的圣弗朗西斯科教堂。

小知识

西蒙·马丁尼(1284—1344)：意大利画家，锡耶纳画派的代表人物，对推进哥特式风格的绘画发展贡献良多。

曾经是骑士出身的马丁因为赠予天使半截斗篷,而与基督结下了牢不可破的缘分。在之后的睡梦中,他感受到圣子耶稣的召唤,便脱下军装,穿上了修士服,成为一名虔诚的、优秀的传教士。

马丁为了宣扬上帝的荣光,游历天下,足迹几乎遍布欧洲。

一日,马丁来到了德国的一座小城市特利尔。

这时天色已晚,马丁打算在当地找一所教堂,借宿一晚。

这就像中国古代的苦行僧在外修行时,如果碰到天黑无法赶路的时候,他们总会去寻找当地的寺庙,敲开门向寺庙的住持请求挂单借住一晚。

寻觅了好久,马丁终于找到了一所偏僻的小教堂,在他迈开步子打算进去的时候,远处突然传来一个声音高喊道:"马丁大师!请等一等!"

马丁听到声音一愣,他想了想,自己在这里应该没有什么认识的人,然后好奇地顺着声音传来的方向望去,只见一个衣着简朴的中年人向着马丁气喘吁吁地跑了过来。

《圣马丁入葬》/西蒙·马丁尼

这是一张不认识的面孔。

马丁看了第一眼就可以确定,他并不认识眼前这个人,但是这人却能一口叫出自己的名字,马丁感到很好奇。

只见那中年人一溜烟跑到马丁跟前,还没等马丁开口,就张嘴请求道:"马丁先生,请救救我的女儿吧!"他的声音带着明显的哭腔。

马丁一怔,看着中年人说道:"你不要着急,先跟我说一下详细情况。"

中年人闻言点点头,然后就竹筒倒豆子一般,把事情的始末说了个一清二楚。

原来，眼前这名中年人在这座小城还算是个有头有脸人物，他人到中年，膝下只有一个女儿，因此对她十分宠爱。尤其自己女儿温柔可人，活泼可爱，这在中年人看来就更惹人疼了。可是就在前一段时间，他的宝贝女儿忽然身患重病，四肢僵硬，无法动弹，找了许多医生都对此表示无能为力，现在女儿只剩下一口气，他已经绝望地打算为女儿办丧事了。

中年人表示自己早就听说马丁在各地展示的神迹，因此，听说马丁进城的消息，他立刻赶了过来，想请马丁出手救人。

听完了中年人的话，马丁眉头皱得更深了，他治病救人的神迹都是当初耶稣在梦中所赐予的，面对这种需要动用神力的方式，马丁犹豫了。

中年人似乎看出马丁的犹豫，向他苦苦地哀求。

终于，马丁被中年人的真诚所打动，跟随他去了他家。

当马丁看到中年人女儿的时候，他才发现，小女孩的病明显比中年人说的要更严重，再不救治的话，恐怕撑不过今晚。

"幸好！幸好！"马丁心中不断感叹着小女孩的幸运，要是自己没来这座城市，或者自己没有答应中年人的请求，那么这个可怜的小女孩就要夭折了。

马丁叹了口气，低下头来默默为瘫痪的小女孩祈祷，然后将一旁的香油喂给她。

神奇的事情发生了，小女孩在尝到香油的一瞬间居然可以说话了，马丁再用手触碰了小女孩瘫痪的四肢，小女孩便可直接下床，来回走动了。

《受胎告知》/西蒙·马丁尼

所有人都瞠目结舌地看着眼前的一切，不住地感叹道：这真是神迹啊！

《圣马丁入葬》是画家西蒙·马丁尼的作品，画家透过自己丰富的想象力，重现了当时为圣马丁举行葬礼的情景。

画面中人物角色众多，模样各异，有教徒、有主教；有贵族、有平民；有老人、有孩子。不同身份、不同阶层、不同年龄的人齐聚一堂，全都在西蒙·马丁尼的笔下被描绘出来。这些人虽然相貌不同、身份不同，但却都有着难以自抑的悲伤。

画面中央是被人们所包围着的、躺在蓝色木床上面的、安详逝去的圣马丁。

西蒙·马丁尼让社会不同阶层的人全部出现在这场圣徒的葬礼上，以自己的方式向那位令人尊敬的圣马丁表达了最大的敬意。这也是一名画家能够做到的最合适的方式。

小知识

　　锡耶纳画派，是意大利十四世纪文艺复兴时期的美术流派之一。杜乔·迪博宁塞纳是奠基人，其注重抒情、人物秀丽多姿、用色精细的画风，奠定了锡耶纳画派的特色。西蒙·马丁尼是后继者，代表作《受胎告知》。锡耶纳画派曾经一度与佛罗伦萨画派分庭抗礼，但到十五世纪时随着锡耶纳城的衰落，其画派也一蹶不振。

27 面带微笑的殉道者

殉难前的圣雅各布

圣雅各布是耶稣十二门徒中第一个为了上帝与主耶稣而殉道的门徒,根据《圣经》记载,圣雅各布是西庇太的儿子,是耶稣的另一个门徒约翰的哥哥,在当时被称为"大雅各布"。

相传,这位大雅各布受到主耶稣的召唤时,与彼得一起见证了耶稣施展的神迹。于是,他抛弃了自己的一切,孑然一身跟随耶稣,成了耶稣的门徒。

一天,耶稣和门徒们来到了一处村庄,见到天色不早,再往前走可能就没有歇脚的地方了,大雅各布就对耶稣说,不如留在村子里借宿一晚。

《殉难前的圣雅各布》/安德烈亚·曼特尼亚

耶稣摇着头说道:"不行的,这里的村民不欢迎我们。"

门徒们不信,自己一行人又不是什么穷凶极恶之徒,就借宿一晚,照道理不可能不受欢迎,大雅各布更是笃信自己的想法,直接进了村子,试图和村民进行沟通。

但是,一切如耶稣说的那样,村民们压根儿就不欢迎外来者,大雅各布这种生面孔一进村庄就被赶了出来。

感觉受到侮辱的大雅各布面红耳赤,大吵大嚷,要和村民们讲理,但村民们完全没有搭理他,将其赶出去之后,便回到各自的家中休息去了。

气愤难平的大雅各布走到耶稣面前,生气地说道:"这群无知小民,居然如此怠慢大人您,我看您应该降下天火,就像上古先知伊莱贾惩戒轻慢先知的人一样来惩罚他们!"

耶稣闻言摆摆手,不仅没有听取大雅各布的意见,还在之后为大雅各布取了个"半尼其"的外号,意思是雷之子,用来形容大雅各布急躁的性格。之后在追随耶稣长久的修行过程中,大雅各布逐渐改掉了自己暴躁易怒的性格,变得宽容温和,而后在与主第一次相遇后的第十七个年头成为教会的首领。

然而,不幸很快就来了。

在耶稣升天数十年后的一个五旬节,圣灵降临。

门徒们以及许多信徒都目睹了这一神迹的发生,门徒们兴奋着,信徒们雀跃着,不信的人们惊讶着。

身为教会首领的大雅各布激动万分,他登上高台,对着所有目睹圣灵降临奇迹的人大声说道:"这是真正的神迹,请不要怀疑,请相信我们! 神迹显现,信众相爱! 大家加入我们吧!"

"神迹显现,信众相爱!"

"神迹显现,信众相爱!"

"神迹显现,信众相爱!"

大雅各布话音刚落,台下的所有人全都激动地高呼了起来。

大雅各布以及教会的异动并没有瞒过当权者,希律王亚基帕一世对教会举动感到空前愤怒,他认为基督教的影响力越来越大,再显现几次神迹,恐怕这个国家就不是自己的了。

感觉到自己统治受到威胁的亚基帕一世下令迫害教会,逮捕了大雅各布,宣布了他的死刑。

行刑当日,大雅各布既没有悲哀绝望,也没有痛哭流涕,而是微笑着走上了刑场,对即将发生的一切坦然面对。

监督行刑的审判官发现大雅各布与众不同,忍不住问道:"我见证了许多人受刑,他们在面对死亡的时候没有一个像你这样镇定自若,请告诉我,这是为什么呢?"

大雅各布看着审判官,微笑着说道:"因为我坚信我主耶稣一直在我身边,我就算是死了,也只不过是早登天国,回归主的怀抱。我的所作所为,都是为了主的荣光!"

大雅各布视死如归、毫无畏惧的态度深深震撼了审判官。

审判官沉默良久,从座位上走了下来,一边走一边脱掉了代表职位的衣服,他跪在大雅各布身边大声说道:"动手吧! 我也是一名基督徒!"全场哗然。

审判官"背叛"的举动令亚基帕一世愤怒到了极点,他嘶吼着说道:"杀了他! 杀了他们两个!"

无名的审判官和大雅各布跪伏在一起,他对着大雅各布说道:"请您赦免我吧!"

大雅各布凝视了他一眼，点了点头说道："荣耀归于您！"

这时，刽子手举起了手中的斧头……

湿壁画《殉难前的圣雅各布》取材于《圣经》中圣雅各布殉道的故事，描绘了耶稣门徒圣雅各布慷慨就义的悲壮一幕。

画面中，圣雅各布跪伏着身躯，两手被紧紧束缚在身后，头部从枷锁中伸了出来，一副待宰羔羊的姿态；在他的上方，是一名身着灰袍的刽子手，脸色狰狞，咬牙切齿，两手举过头顶，做出向下劈砍的姿势，在他的双手中，是一把行刑用的斧头。

圣雅各布的周围站满了全副武装的士兵，他们目光讥诮地看着处在下方的圣雅各布，在远处是三名衣着光鲜的围观女士，在她们身后则是一座华丽的建筑，一切都是显得那么讽刺与悲凉。

安德烈亚·曼特尼亚在《殉难前的圣雅各布》中采取了颇为独特的绘画角度，画的视点很低，从观者仰视的角度构成全景，从而加强了画面的戏剧性效果。

小知识

　　安德烈亚·曼特尼亚(1431—1506)：意大利帕多瓦派文艺复兴画家，人文主义者。他热衷于描绘古罗马的建筑和雕像，并从古代的历史神话和文学中汲取创作的养料。在壁画领域，他创造了用透视法控制总体的空间幻境，开创了延续三个多世纪的天顶画装饰画风。著名作品有《画之屋》、《凯撒的胜利》、《哀悼耶稣》等。

28 孔雀美丽尾巴的传说

婚礼堂上的小天使和孔雀

伊娥是彼拉斯齐人的国王伊那科斯的女儿,她长得如花似玉,连众神之王宙斯也为她的美貌深深倾倒。

一天,伊娥在草地上牧羊,不巧被宙斯发现了。宙斯立刻化身为英俊的男子来到凡间,用甜美的语言引诱伊娥:"美丽的姑娘,人间所有的男子都配不上你,你只适宜做万神之王的妻子。天太热了,为什么要让你娇嫩的脸庞遭受烈日的曝晒呢?我就是宙斯,快把你的手递给我,让我们一起到树荫下歇息去吧!"

伊娥听了这位不速之客的话感到非常害怕,飞快地跑开了。宙斯见状立即施展法力,使整个大地陷入一片黑暗之中。

就这样,伊娥落入了宙斯之手。

赫拉发现了丈夫的不忠,便立刻降到大地上,命令云层散开。

宙斯对赫拉嫉妒心的畏惧,超过了对伊娥的爱,为了掩盖自己偷情的行为,将伊娥变成了一头雪白的小母牛。

当赫拉询问小母牛的来历时,宙斯发誓它以前从未见过这只小生灵,只是凑巧碰到而已。

《婚礼堂上的小天使和孔雀》/安德烈亚·曼特尼亚

这样的谎话赫拉根本连一个字也不相信。她表面上相信了自己的丈夫,内心却打定了主意,要给这头小母牛一点颜色看看。

赫拉装作很喜欢的样子,请求丈夫将小母牛送给她做礼物。

宙斯大为纠结,面露难色。

赫拉看到宙斯不情愿的样子,就话里有话地说:"一只小小的母牛而已,难道还舍不得?"

赫拉发现宙斯和变成牛的伊娥

　　宙斯很沮丧,但是不同意的话,自己偷情的事情就会立刻露馅。于是,它强装笑脸将小母牛送给了妻子。

　　为了防止小母牛变回人形,赫拉招来阿耳戈斯,让它日夜看守着变成小母牛的伊娥。

　　这是个绝妙的安排,因为阿耳戈斯有一百只眼睛,睡觉的时候一些眼睛睁开,一些眼睛闭起来。

　　宙斯不能忍受伊娥长期遭受折磨,就找它的儿子,众神的信使赫耳墨斯,要求它想办法从阿耳戈斯手中将伊娥救出来。

　　赫耳墨斯是诸神之中最聪明的,它化装成一个牧羊人,腋下夹着一根催人昏睡的笛子来到放牧小母牛的草地上。

　　它一边走一边吹出优美的笛声。

　　阿耳戈斯听到笛音,从坐着的石头上站起来向下呼喊:"吹笛子的朋友,这里可以遮阳,对牧人正合适。"

　　赫耳墨斯正想接近它,听到邀请立刻爬上山坡坐在了阿耳戈斯的身边。

　　两人坐在一起天南海北地攀谈起来,越聊越投机,不知不觉白天快过去了。

　　接着,赫耳墨斯开始不停地吹笛子,并且尽可能地使曲调单调,让人犯困。阿耳戈斯连连打了几个哈欠，一百只眼睛充满了睡意。

这时，赫耳墨斯迅速抽出利剑，砍下了它的头颅。

阿耳戈斯死后，天后赫拉将它的眼睛取下来，安在了孔雀的尾巴上。

这就是孔雀漂亮尾巴的由来。

但伊娥并没有因此获得自由，她直到流落到埃及，才最终恢复人形。

公元 1460 年，安德烈亚·曼特尼亚为曼图亚公爵府画了一套《婚礼堂》壁画，并在天花板上画了一座阳台，阳台上有一圈栏杆，八个小天使和一只孔雀，就靠在这个栏杆上，女人们靠在木桶旁边，面带微笑地从栏杆上探身俯视室内。

这是文艺复兴时代第一个完全有"仰角透视"幻觉的装饰画，这种技法使这座拱顶宛如一个敞开的天窗，而屋顶和四面墙上的画景也连为了一体。毫无疑问，画家的才华的确出众。

这幅《婚礼堂上的小天使和孔雀》壁画现藏于曼图亚公爵府。

小知识

画家曼特尼亚是帕多瓦画派的杰出代表，他的特点是，人物带有一种古典雕刻般的轮廓，很有气场，而且喜欢表现英雄般的人物气概，作品有令人肃然起敬的气势。瓦萨利曾评论说："曼特尼亚的作品，线条是那么锋利，似乎比较接近石头雕像，而不像人类肉体的线条。"

纳税银

　　上帝将创立人间教派的伟大任务交给了自己的儿子，也就是圣子耶稣，让他前往人间执行这个任务。

　　耶稣在接受命令后，立即选择了投胎转世，而大天使加百列则将圣子转世的消息带给了上帝选择的圣母——玛利亚，一个纯洁善良的女孩。

　　就这样，耶稣降生在伯利恒的一间马棚中。

　　耶稣一诞生就惊动了栖息于人间的许多大贤，引来了传说中的东方三博士的朝拜。

　　耶稣长大后，感悟到上帝给予自己的使命，便决心游走天下，向世人宣传上帝的荣光。

《纳税银》/马萨乔

　　在耶稣的布道途中，有许多人选择了尊奉上帝，成为圣子耶稣的门徒。

　　这天，耶稣与他的门徒们踏上了罗马帝国的土地，在路过一个关卡的时候，收税的官兵拦住了他们。

　　收税官踱步来到耶稣等人跟前，上下地打量着耶稣等人的穿着，发现这一行人穿着普通，甚至有些破烂，除了打头阵的一个人，其余的每个人的脸上都写满了疲倦，风尘仆仆的模样一下子就能让人明白他们是从远方徒步走来的旅人。

经过仔细打量后，收税官感觉耶稣一行人不像是什么大富大贵之人，应该是些穷鬼，换句话说，没有什么油水可捞。他的脸色当时就变得难看起来，脸上写满了鄙视、嘲讽。

收税官高昂着头颅，语气中透着几分不耐烦地对着耶稣一行人说道："你们，要缴税！"

耶稣还未答话，他身后的一名门徒问道："收税？什么税？"

听到这话，收税官更不耐烦了，他嚷道："什么税？自然是人头税了，律法规定，行人过关，按人头收税！"

门徒们听了之后面面相觑，他们跟随耶稣宣扬上帝的荣光，一路上都是喝泉水吃野果，日子过得清苦，身上哪里有缴税的钱呢？

收税官见这群人交头接耳的样子，更坚信了他们是穷鬼，他恶声恶气地吼道："没钱过什么关，趁早滚蛋！"

这时，耶稣不慌不忙地问身后的门徒彼得说："你说我是谁？"

彼得一愣，心想自己老师这是怎么了，连自己是谁都不清楚了？当然这些话彼得也只敢在心里嘀咕，表面上却十分恭敬地回答道："您是上帝的儿子，圣子耶稣。"

耶稣听了，笑着说道："没错，既然我是上帝的儿子，自然是不能缴税的，可是我们不缴税又过不了眼前这道关卡，你觉得我该怎么办呢？"

彼得迟疑着答道："弟子不知。"

耶稣说："既然如此，你去那边的池塘里捞鱼，那鱼的嘴里衔着一个银币可以当税银。"

彼得闻言半信半疑地前去捞鱼，等他捞上鱼一看，在鱼嘴里果然有一个银币。

就这样，耶稣将银币交给了收税官，一行人通过了关卡。

壁画《纳税银》取材于《圣经·马太福音》中耶稣面对纳税官刁难施展神迹的宗教故事，它是十五世纪文艺复兴时期著名画家马萨乔的得意之作，现藏于卡尔米内圣母大殿的布兰卡契小堂。

画面中头顶圣光的门徒们围成一个半圆，簇拥着耶稣，在他们面前，一名身穿红袍的纳税官正手舞足蹈地说着什么，而耶稣则伸出一只手，指点着彼得去池塘的鱼嘴中获取银币；在画面左后方，描绘的是头顶圣光的彼得蹲在池塘边，从捞出的鱼中拿银币；然后画面一转，在最右侧描绘的则是彼得将银币交给纳税官的情景。

马萨乔在自己的作品中经常应用透视法以及明暗法,将一段故事分割成三个部分,同时又将其放置于同一画面,这一技巧的完美应用,令整幅画都变得鲜明生动起来。

小知识

马萨乔(1401—1428):原名托马索·迪乔瓦尼·迪西莫内·圭迪,意大利文艺复兴绘画的奠基人,被称为"现实主义开荒者"。他的壁画是人文主义最早的里程碑,他是最早在画面上自由地运用远近法(透视法)来处理三度空间关系的优秀画家,他的绘画技法成为西欧美术发展的基础。

加利利拿撒勒城的玛利亚只是一名普通的少女，她从未想过自己会成为什么大人物，甚至留名青史，这些虚名对她这么个普通的少女来说简直太遥远了，她平生最大的愿望就是嫁给一位老实本分的男人，平凡度过这一生。

就在前不久，她与同城的一名叫作约瑟的青年订婚了。

《天使报佳音》/弗拉·安基利科

一天，天使加百列奉上帝之命，告诉玛利亚她即将怀孕生子的消息。

天使说道："你儿子耶稣，将要成为一个至高无上的人物，上帝会将先祖大卫的位子传给他。他统领的国家，将延续不绝没有穷尽。"

玛利亚听后诚惶诚恐："我相信全能的上帝，可是我尚未和丈夫同房，怎么能怀孕生子呢？"

天使说道："圣灵将要降临到你身上，所以上帝会庇护你。因为你所生的孩子是圣者，是上帝的儿子。你亲戚以利沙伯，也就是祭司撒迦利亚的妻子，年迈体衰，一直没有孩子，六个月前也怀孕了。上帝说的话，都会应验的。"

玛利亚原本就是一个对上帝虔诚的人，听了天使的话，更加顺服上帝的旨意。

玛利亚的未婚夫约瑟，是一个老实本分的木匠。当他得知玛利亚怀孕的事情后，既惊讶又气愤。惊讶的是，他和玛利亚两小无猜，青梅竹马，他知道她不是那种轻浮孟浪的人，怎么会突然怀孕了呢？气愤的是，玛利亚怀孕的事实就摆在他眼前，他感到巨大的耻辱。思前想后，善良的约瑟决定维护玛利亚的名誉，不事张扬地和她退婚。

约瑟的心事让上帝知道了，当天晚上它派出天使晓谕约瑟："大卫的子孙约瑟，关于你未婚妻怀孕的事情，请你不要多想，这全是上帝的旨意，她将要生一个儿子，取名叫耶稣。你只管将玛利亚迎娶过来，你的儿子耶稣，要将百姓从罪恶中救赎出来。"

约瑟原本是一个虔诚信仰上帝的义人，听了天使的话，他即刻将玛利亚迎娶了过来，只是没有同房。

约瑟小心侍奉玛利亚，一点也不敢懈怠。

安基利科是一位天使般的修道士，他用毕生的精力描绘着宗教世界里的理想化之美。本幅壁画名叫《天使报佳音》，也可译作《天使报喜》《圣告图》《受胎告知》，以文艺复兴时期新的透视法和静谧的画面，来表现圣母玛利亚被告知身怀神子后的情形。

画面中，一身粉色长袍、背后生有彩色羽翼的天使神色恭敬地屈膝向着面前的女性诉说着什么；画面右侧，一位身穿蓝色长袍的美丽女子在倾听着天使的话语，脸上虽然一片沉静，但抱紧的双手却表现出她内心的不平静。

从画面复杂的背景以及坚实的画风，可以看出安基利科的绘画技巧非常高超，并且他十分善于利用复杂的场景布局和组成的概念，来揭示壁画想要表达出来的宗教中庄严肃穆的内涵。

小知识

弗拉·安基利科（1387—1455）：意大利画家，多明我会的修士，他既采用了马萨乔的光线和明暗透视的新手法，又保持了宗教艺术的传统特色。1440年左右，他在佛罗伦斯圣马可修道院墙壁上完成的一系列壁画，可说是他的代表作。

罗马政府为了更好地控制税源,进行第一次大规模的人口普查。

接到命令后,约瑟带着即将生产的玛利亚,前往伯利恒申报户口。

伯利恒的客栈住满了客人,他们只好在客栈的马厩里面将就一宿。

半夜时分,玛利亚腹中疼痛,眼看就要临盆了。

突然,一道神圣的光辉笼罩住了马厩,打着喷嚏、甩着蹄子的马,睁大了眼睛安静了下来,静待万王之王的降生。

耶稣降生后,玛利亚用破布将圣婴裹住,放在马槽中。

在伯利恒的乡间野外,一群牧羊人在看护着他们的羊群。这时候天使降临,辉煌的荣光照亮了四周,牧羊人感到十分害怕。天使说道:"我是在给你们报告喜讯,你们不要害怕。在伯利恒,诞生了你们的救世主。那个婴孩,用布包裹的,躺在马槽里面。"天使说完,一列天兵降临,高唱赞美诗:

《东方三博士观拜》/伯纳迪诺·卢伊尼

"在至高之处,荣耀归于神,在地上平安,归于它所喜悦的人。"

好奇的牧羊人,在伯利恒的马厩中找到了约瑟夫妇,看到了在马槽里的圣婴。他们将天使的话四处传开了。玛利亚亲耳所闻,亲眼所见,更加相信这是上帝的旨意。

有三个博士从东方来到了耶路撒冷,他们说:"将会成为犹太人之王的婴儿刚刚在那里诞生了。我们在东方看见了代表他诞生的明星,特地来拜见他。"

希律王听到这样的说法,心中不安,耶路撒冷城中的人,也因此觉得不安。希律王召集了祭司长和民间的文士,问他们说:"基督会生在什么地方呢?"

西方壁画大师的作品 **91**

佛罗伦萨画家贝诺佐·戈佐利所画的壁画《礼拜基督降生的三贤人仪仗》，以美第奇家族父子三人来代替东方三博士，目的想借此展现佛罗伦斯城中权贵们出巡或节日游行的奢侈排场，带有一定的社会现实意义。

这些人回答说：“在犹太的伯利恒。因为有先知曾经说过，犹大地的伯利恒啊，你在犹大诸城中，并不是最小的那个。因为将来从你这里将会诞生一位君主，统治我以色列的人民。”

于是，希律王偷偷召来了那几个博士，细细询问他们，那颗明星是什么时候出现的。然后他派遣他们前往伯利恒，对他们说：“你们去仔细寻访那小孩子。如果找到了，就来报信，我也好去拜会他。”

这几个人听了希律王的话，就前往伯利恒去了。他们在东方天空看到的那颗明星，就在他们的前头行进，一直行进到那小孩子所在的地方，就在他头顶上停住了。博士们看到那颗明星，非常欢喜，他们照着星星的指点，进了屋子，看到了小孩子和他的母亲玛利亚。他们俯伏跪拜那小孩子，然后打开宝盒，拿出了黄金、乳香和没药，作为礼物献给了耶稣。

后来，博士们因为在梦中接到了上帝的指示，知道希律王想要杀害这孩子，所以并未回去见他，而是从别的路回家。他们走后，加百列在梦中向约瑟显灵，让他带着孩子和玛利亚逃往埃及，以躲避希律王，直到希律王死了之后再回来。

伯纳迪诺·卢伊尼的壁画《东方三博士觐拜》是根据《圣经》中耶稣诞生的内容创作的，现收藏于卢浮宫。

画面中，画家将前来朝拜的东方三博士虔诚、惊喜的表情表现得淋漓尽致。怀抱着圣子耶稣的圣母玛利亚显得十分慈祥、端庄；圣子耶稣立于圣母的腿上，伸出手指仿佛在说什么，显示出了不可思议的神奇；约瑟将目光望向远处，那里是长长的朝圣队伍，由远及近，错落有致。

这些人物无论从透视角度，还是从人体结构看，都具有相当高超的水准，伯纳迪诺·卢伊尼在画中对于各种艺术手法的运用可以说是极富创造性的。

小知识

伯纳迪诺·卢伊尼（约 1480/1482—1532）：意大利画家，他的作品风格受到了达·芬奇的极大的影响，曾经还和达·芬奇一起工作过。他擅长创作一些年轻女性的模样，所描绘的女性的眼睛都是长而纤细的，这点在他的很多作品中都有所展现。代表作有《逃往埃及途中休息（局部）》《女士画像》等。

被哺乳的罗慕路斯和雷穆斯

这是被母狼哺育的两个孩子的故事,他们的名字分别叫罗慕路斯和雷穆斯。

事情还得从十几年前说起,当时的拉丁姆国人人追逐金钱与权力,甚至不惜毁灭亲情来成全自己。

《被哺乳的罗慕路斯和雷穆斯》/洛多维科·卡拉奇

这让全社会都变得动荡与不安,黑暗逐渐笼罩这个城市。

老国王离开人世以后,他的大儿子努弥托耳接过了王位,二儿子阿摩利乌斯继承了巨额的财富。

按道理故事到这里就应该结束了,毕竟兄友弟恭,一片和谐。

然而努弥托耳却没有想到,阿摩利乌斯在继承了财富后,又将贪婪的目光瞄向了王位。

阿摩利乌斯一面用金钱招兵买马，一面继续和努弥托耳玩着"兄友弟恭"的亲情游戏。

羽翼丰满之时，阿摩利乌斯悍然发动了叛变，轻而易举从努弥托耳手中夺取了国家政权，并且为了消除后患，他一不做二不休，将努弥托耳的儿子全杀光了。正当他想对努弥托耳唯一的女儿西尔维娅下手时，他最疼爱的女儿安托向他求情，请求他放过西尔维娅。

阿摩利乌斯一心软，让人把侄女西尔维娅送进维斯塔神殿做祭司，而做祭司的人是一辈子都不可以结婚的，这样一来，阿摩利乌斯也就不用担心哥哥会有什么后人来找自己报仇了。

可是事与愿违，神祇偏偏安排西尔维娅生下了一对双胞胎兄弟。

一天，西尔维娅去台伯河边打水，遇到了英俊的战神马尔斯。

马尔斯主动上前和西尔维娅打招呼："你好，姑娘，我在这里等你很久了。"

西尔维娅看着眼前这位高大英俊的青年，尴尬得有些不知所措，她问马尔斯："你为什么要等我呢？我只是一个祭司，能帮你什么呢？"

"呵呵，姑娘，我是战神马尔斯，是上天安排我迎娶你做妻子。"马尔斯热情地对她说。

西尔维娅眼睛一亮："我早已厌倦了做祭司的生活，现在的国王非常残暴，他害死了我的哥哥，把我的父亲驱逐到很远的山林中，把我关在维斯塔神殿，终生守护贞洁。想起这些，我就难过。"

"从今天开始，你就结束了以前的生活，我们可以自由自在地生活在一起了。"战神安慰西尔维娅。

一年之后，西尔维娅生了一对双胞胎儿子，而此时战神却一去不复返，只剩西尔维娅和两个幼小的孩子。

无奈之下，她带着孩子回到了维斯塔神殿。

失踪了一年多的西尔维娅突然回来了，而且还带回了两个孩子，这让她的叔叔阿摩利乌斯勃然大怒，他立刻叫来西尔维娅询问情况。

西尔维娅对他说："这一年多来我一直与战神马尔斯在一起，请你相信我所说的话，这两个孩子是战神的后代，我没有半句谎言。"

蛮横无理的叔叔怎能听得进西尔维娅的话呢？在他看来，这不过是西尔维娅为保全孩子的生命而找的借口罢了。

"让马尔斯来搭救你吧！只要他来了，我就相信你说的话。"阿摩利乌斯在屋里转了一圈，突然低下头对跪在地上的西尔维娅说："如果你的战神不来，那我只能把你当成违反祭司规矩的罪人处死。"

不仅仅是阿摩利乌斯，所有的人都不相信西尔维娅所说的话。他们一边谩骂西尔维娅，一边将垃圾扔向她。

最后，凶狠的阿摩利乌斯下了一道命令："将这个不知羞耻的女人连同她的两个孽种扔进台伯河中喂鱼！"

士兵将装有婴儿的篮子放进台伯河，篮子瞬间就被冲远了。

漂到罗弥娜的圣树林附近，载有婴儿的篮子停住了。

由于饥饿，孩子们就在篮子中哭了起来。这时，一只母狼循着哭声寻了过来，它发现篮子中有两个幼小的婴儿，就叼起篮子把孩子带回了自己的山洞。

在母狼乳汁的喂养下，孩子们慢慢地长大了，可以到处摘野果子吃了，他们每天和狼生活在一起，从来都不知道自己的身世。

后来，孩子们被一名路过的牧人捡到并带回家收养，牧人还为他们取了名字——罗慕路斯和雷穆斯。

法尔内塞宫天顶画

罗慕路斯兄弟长大后，纠集了很多对阿摩利乌斯不满的士兵，攻入了王宫，将阿摩利乌斯杀死，报了血海深仇。

壁画《被哺乳的罗慕路斯和雷穆斯》是意大利巴洛克艺术的代表作，是著名画家阿戈斯蒂诺·卡拉奇根据古罗马缔造者罗慕路斯的传说所创作的珍贵艺术品。

画面中，一条清澈小溪正蜿蜒地流淌，远处的天空泛着铅灰色的阴霾，一头外貌凶恶、面容狰狞的母狼却正以一种温柔的目光低头注视着自己的身下；在母狼的身子下面，是一对可怜的双胞胎在津津有味地吸吮着母狼的乳汁，他们身下的木盆表示了自己弃婴的身份；在画面右下方，一只啄木鸟扇动着自己灰色的翅膀，温和地看着眼前的场景，像是在忠实地守护着这对可怜的双胞胎。

画家用黯淡却又醒目的色彩，纤细而又优美的线条，将作品中的淡淡温馨、温暖亲情描绘得淋漓尽致。

33 狂欢的神祇

酒神与阿里阿德涅的胜利

　　酒神狄俄倪索斯是众神之王宙斯和人界公主塞墨勒的儿子,在它出生以前,母亲塞墨勒就死于宙斯正妻——天后赫拉的暗算之下。当时,狄俄倪索斯还是一个不足月的胎儿,为了让胎儿能够活下去,宙斯将塞墨勒的子宫取下来缝合在自己的大腿中,直到狄俄倪索斯孕育成熟为止。

　　宙斯害怕将孩子留在身边会遭到枕边人赫拉的暗害,就将刚出生的狄俄倪索斯交给了塞墨勒的姐姐和她的丈夫来抚养,希望狄俄倪索斯能够在安全的环境下茁壮成长。

　　然而宙斯并没有料到,赫拉早已被嫉妒侵蚀了理智,她以神力令狄俄倪索斯的姨丈发了疯,最终逼迫塞墨勒的姐姐抱着狄俄倪索斯跳海自杀。幸运的是,还只是婴儿的狄俄倪索斯被海中仙女救起,捡回了一条命。宙斯得知了事情的经过,赶忙派人将狄俄倪索斯送交给了林中仙女抚养,这样才绝了赫拉恶毒的心思。

《酒神与阿里阿德涅的胜利》/安尼巴莱·卡拉奇

　　在山林神西勒诺斯的指导下,狄俄倪索斯学会了有关自然的所有秘密以及酒的历史。

当狄俄倪索斯长成一个精力旺盛的小伙子时，它经常乘坐一辆由黑豹拉的车子在山林中四处游荡。

狄俄倪索斯头戴葡萄枝和常春藤编成的花冠，手执缠着常春藤、顶端缀着松球的神杖端坐在车上，老迈的西勒诺斯、长着尾巴和山羊蹄子的塞提尔，以及山林水泽的仙女们，头戴花冠众星捧月般簇拥着这位英俊的神祇。

在长笛、芦笛和铙钹声中，喧哗的游行队伍在茫茫的群山中，在枝叶如盖的树林里，在青翠的草地上快乐地行进。有时候，狄俄倪索斯也会带着众人到世界各地旅行，所到之处，它都会向世人传

年轻的酒神

授种植葡萄和酿酒的技术，并要求人们建立神庙来供奉它。

有一天，狄俄倪索斯又驾车出游，突然看到了站在海边岩石上美丽的少女阿里阿德涅。阿里阿德涅是宙斯和欧罗巴的孙女，曾帮助雅典王的儿子忒修斯杀死牛怪米诺陶洛斯，并深深地爱上了忒修斯。但命运女神拒绝了他们的爱情，这使阿里阿德涅十分伤心，只能眼睁睁看着自己所爱的人远航离去。

正在痛苦之际，狄俄倪索斯满怀激情地来到阿里阿德涅身边，这是命运女神的安排，两个人相爱了。

壁画《酒神与阿里阿德涅的胜利》是博洛尼亚画派著名画家安尼巴莱·卡拉奇的作品，创作于 1597—1602 年，藏于意大利罗马华尼西宫殿。

画面中，英俊健壮的酒神狄俄倪索斯悠闲地坐在金色的宝车之中，神态潇洒又充满着威严。在它的周围簇拥着许多为了庆祝胜利而酩酊大醉，甚至狂乱起舞的人们，美丽的阿里阿德涅则坐在酒神的一旁微笑地看着面前的一切；画面上方，飞舞着几个幼小的天使，似乎连它们也在为胜利而欢呼雀跃。

安尼巴莱·卡拉奇给充满生机的古典神话世界，赋予一种优美、华丽、轻快、丰富，却又不乏和谐的风格，给予我们美丽的视觉享受。

34 三女神争宠
惹祸的金苹果

忒提斯是海神涅柔斯的女儿,众神之王宙斯将她嫁给了自己在凡间的孙子密尔弥冬王佩琉斯。

婚礼在皮利翁山顶上举行,缪斯女神唱起了《主婚词》,在座的每一位宾客都为这对新人献上了礼物。

就在众人沉浸在欢歌笑语中时,不和、嫉妒和仇恨女神厄里斯突然出现在婚宴上。她虽然没有受到邀请,但还是带来了一份最贵重的礼物——金苹果,并在上面刻下了一行字:"献给最美丽的女子。"

在参加婚宴的诸多女神中,天后赫拉、智慧女神雅典娜和爱与美女神阿佛洛狄忒,都不约而同地将手伸向了这个金灿灿的珍宝,都想占为己有,并为此互不相让。事情最后闹到了宙斯面前,她们请求众神之王给予评判。

《金苹果》/安尼巴莱·卡拉奇

宙斯感到十分为难:判给赫拉,别人就会指责它偏袒妻子;判给雅典娜,有人就会说到底是父女情深;判给阿佛洛狄忒,就会留下贪恋美色的话柄。为了推脱责任,宙斯将这个烫手山芋丢给了人类,叫它们去凡间找帕里斯评判。

帕里斯是特洛伊王子,在出生之前,他母亲赫卡柏曾做了一个非常奇怪的梦,梦到自己生下了一支火炬,将特洛伊城烧成了灰烬。赫卡柏非常恐惧,她将这个奇怪的梦告诉了丈夫,国王普里阿摩斯立即招来具有精湛释梦之术的长女卡珊德拉,让她来解释这个梦境。卡珊德拉预言继母将生下一个儿子,而这个孩子将会使特洛伊城毁灭。因此,她劝父亲一定要把这个孩子杀掉。

在帕里斯出生后,国王普里阿摩斯不忍心杀掉爱子,而是选择了让他自生自灭,命令仆人阿格拉俄斯将婴儿遗弃在爱达山上。令人意想不到的是,一只母熊发现了这个可怜的小婴儿,不但没有吃掉他,还担负起了母亲的职责。几天后,爱达山上守护羊群的牧人看见小男孩安然无恙地躺在草地上，就悄悄地把他带回家抚养，还给他取了一个名字叫作阿勒克珊德罗斯。

帕里斯慢慢地长大了，他强壮有力而相貌出众。

有一天，帕里斯独自一人在峡谷中放牧时，忽然看见赫尔墨斯引领三位美丽的女神向自己走来。帕里斯虽然不知道这些神灵前来的目的，但内心却感到了一阵惊悸。

众神的使者赫耳墨斯对他说："别害怕小伙子，我们来的目的是请你当裁判，选出三位女神中最漂亮一位。"

赫耳墨斯说完就飞上了天空，一眨眼不见了。帕里斯鼓起勇气抬起头来，发现面前的这三位女神都非常漂亮，很难分出高下。

为了让帕里斯选择自己，三位女神都尽力用诱人的条件来打动他。

天后赫拉手中拿着金苹果傲慢地对帕里斯说道："我是众神之王宙斯的妻子，如果你把它判给我的话，你就可以成为整个亚洲的君主，拥有无上的权力和财富。"

帕里斯的评判

赫拉刚说完，第二位女神就接着说道："我是智慧女神雅典娜，如果你选我，你就可以在战场上百战百胜，并成为凡间最有智慧的人。"

第三位女神，一直用她那双会说话的眼睛望着帕里斯。这时，她轻启朱唇，微笑着说："我是专司爱情的女神阿佛洛狄忒，如果你中意于我，你将成为无所不能的风流男子，可以得到世上最美的女人。"

阿佛洛狄忒束着腰带，洁白的长裙拖在地上，头戴金皇冠，瀑布般的长发撒在她优美的颈项以及白皙的胸脯上。此外，她纤巧的手指，白嫩的双足更为她的美增添了迷人的高贵和典雅。相较之下，她是那样的美丽而光彩照人。

此时此刻,战场上的胜利、无上的君权与温柔乡中的佳人比起来又能算得了什么呢？最终,帕里斯在富贵、荣誉和美女之间选择了后者,他把金苹果递到了阿佛洛狄忒的手中。

看到这种情形,赫拉和雅典娜都非常生气,她们恼怒地转过身去,发誓一定要报复这个不知道天高地厚的年轻人。就这样,不和女神厄里斯丢下的这颗金苹果,不仅成了天上三位女神之间不和的根源,而且也成了地上两个民族之间战争的起因。

后来,帕里斯在阿佛洛狄忒的帮助下从斯巴达拐走了美女海伦,从而引发了长达十年之久的特洛伊战争。在战争中,赫拉则动用特权,派人偷袭了战神阿瑞斯,戳伤了它的大腿根部,以阻止被阿佛洛狄忒引诱的阿瑞斯亲自出马参与作战;雅典娜则教斯巴达人用木马计攻陷了特洛伊城,希腊人把特洛伊城掠夺成空,烧成一片灰烬,海伦也被墨涅拉俄斯带回了希腊。

安尼巴莱·卡拉奇所创作的壁画《金苹果》,并没有出现天后赫拉、智慧女神雅典娜和爱与美女神阿佛洛狄忒,而是截取了一个片段,那就是众神的使者赫耳墨斯从天而降,把金苹果交到帕里斯手中。这样一来,不仅有了剧情发展的暗示,还留足了想象的空间。

此外,这幅作品不但有古典的美,也有独具匠心的光线处理,展现了作者高超的绘画水平。

小知识

　　金苹果最早出现,是在宙斯和赫拉的婚礼上。大地女神盖亚从西海岸带回一棵枝叶茂盛的大树给宙斯和赫拉作为结婚礼物,树上结满了金苹果。宙斯派夜神的四个女儿,称作赫斯佩里得斯姐妹,看守栽种金苹果的圣园。另外还有百头巨龙拉冬帮助它们看守。

火中涅槃
赫拉克勒斯升天图

在遥远的神话时代,人间有一个大英雄,名叫赫拉克勒斯,他是神明与人类的混血。

然而,就是这样一名出身高贵并且勇猛无双的大英雄,却有着一段极为灰暗的过去。

赫拉克勒斯曾经在天后赫拉的暗算下变成了一个可怕的疯子,在没有办法控制的狂暴中,他杀死了自己深爱的妻子与儿子。直到赫拉克勒斯娶了另一位妻子得伊阿尼拉,重获爱情滋润后才摆脱了阴影。

《赫拉克勒斯升天图》/弗朗索瓦·勒穆瓦讷

得伊阿尼拉貌美如花,在一次渡河时遭到了涅索斯的调戏,身为丈夫的赫拉克勒斯看到后怒不可遏,当即开弓放箭,射杀了涅索斯。

垂死的涅索斯为了报仇,欺骗得伊阿尼拉说:"我的血有着神奇的魔力,只要你将它涂抹在你丈夫的衣物上,他将永远不会爱上别人!"说完,涅索斯就死去了。

赫拉克勒斯并没有注意到涅索斯的小动作,这也意味着,赫拉克勒斯的丧钟即

西方壁画大师的作品　**103**

涅索斯抢走得伊阿尼拉

将被敲响。

赫拉克勒斯身为英雄的最后一次冒险是关于俄卡利亚国王女儿的事情。

在很久以前，国王欧律托斯曾经立下赌约，无论谁的箭术胜过了他和他的儿子，就可以迎娶他美丽的女儿。

大英雄赫拉克勒斯赢了这场赌约，欧律托斯却反悔了。

为了报复这个言而无信的国王，赫拉克勒斯组织了一支强大的军队向欧律托斯发起进攻，最终把欧律托斯及他三个儿子全部杀死，并俘虏了他的女儿伊娥勒。

赫拉克勒斯的妻子得伊阿尼拉每天都在家里期盼着丈夫归来。

一天，使者飞奔进宫报信说："夫人，您的丈夫赫拉克勒斯胜利了，他要在欧玻亚的刻奈翁半岛停留几天，向宙斯献祭完毕就会回来。"

得伊阿尼拉听后非常高兴，果然，过了片刻，赫拉克勒斯的手下利卡斯就带着很多俘虏来到了宫中。

他说："尊贵的夫人，这是我们抓获的俘虏，您的丈夫让我传话给你，说希望这些俘虏能得到你的善待，特别是这位女子。"他指着伊娥勒说。

"美丽的姑娘，看样子出身一定很高贵！利卡斯，知道她的父亲是谁吗？"

利卡斯躲躲闪闪地说："不知道。"

得伊阿尼拉感觉有些奇怪但也没说什么，就吩咐仆人把伊娥勒送进了内室。

这时，先回来的使者靠近得伊阿尼拉小声说："利卡斯骗了你，这个姑娘是欧律托斯的女儿伊娥勒。您的丈夫就是为了这个女子才去讨伐俄卡利亚的。"

得伊阿尼拉听后立即唤来利卡斯问个究竟，一开始利卡斯还缄口不言，后来得伊阿尼拉说即使这是事实她也不会责备这个女子的，因为这不是她的错，是她的美貌给她带来的祸患，毁了她的国家。

利卡斯见得伊阿尼拉很通情达理，就把真相告诉了她。

得伊阿尼拉听后十分悲伤，决定为丈夫献上一件礼物。

她把以前保存的涅索斯的血拿出来,用羊毛沾着涂在一件华贵的衣服上,交给利卡斯,让他给赫拉克勒斯送去,希望以此换回丈夫的忠诚。

　　当她回房后,无意中竟发现那羊毛在阳光下化成了灰烬,突然有了不祥的预感。

　　过了几天,得伊阿尼拉的长子许罗斯从父亲赫拉克勒斯那里回来,用一副仇视的面孔对她喊:"我没有你这样的母亲,真希望你从来就没来到这世界上,你可耻地杀死了一个人间最伟大的英雄!"

　　原来,赫拉克勒斯正在宰杀牲口准备献祭时,收到了得伊阿尼拉的礼物,并立刻把它穿上了。

　　刚开始时他还在安详地祷告,可是当祭坛上的火焰正旺时,他开始浑身冒出大滴大滴的汗珠,还颤抖个不停,如同被毒蛇啃咬一般。

　　他把愤怒都发泄在了利卡斯的身上,把他抓住狠狠地摔死在海边的岩石上,随后把尸体扔进大海。

　　最后,他对许罗斯喊道:"儿子,同情你的父亲吧!赶紧把我送回去,我不能身死他乡!"

　　得伊阿尼拉知道这些事情后,没做任何辩解就离开了儿子。

　　几个仆人趁机把爱情魔药的事告诉了许罗斯,他才知道自己错怪了母亲,便急忙去找母亲。但为时已晚,得伊阿尼拉已经死在了丈夫的床上,一把利剑横在她的胸口。

　　这时,赫拉克勒斯已进了宫,大喊:"儿子,你在哪啊?拔出你的宝剑,对准我的脖子,杀死我吧!帮我解脱你的母亲赐给我的痛苦!先杀死我,然后去惩罚你的母亲!"

　　许罗斯悲痛地告诉他母亲是无辜的,并且已经自尽时,赫拉克勒斯非常惊讶。

　　而后,他立即让儿子和伊娥勒结婚,并叫人把自己送到俄塔山的山顶,因为他得到神谕说自己必将死在俄塔山上。

　　赫拉克勒斯命人架起一堆木柴,把自己放上去,命人点火。

　　菲罗克忒忒斯实在看不下朋友痛苦的样子,就站出来去点火。赫拉克勒斯把自己宝贵的弓箭送给了他作为酬谢。

　　木柴被点燃的瞬间,天上电闪雷鸣,降下一朵祥云,将赫拉克勒斯送到了天国。

　　位于法国凡尔赛宫的天顶壁画《赫拉克勒斯升天图》是法国洛可可美术创始人之一,著名画家弗朗索瓦·勒穆瓦纳的杰作。它取材于古希腊神话传说中大英雄赫拉克勒斯的往事,描绘的是赫拉克勒斯根据神谕,死后登上圣山封神的一幕。

　　画面中的赫拉克勒斯屹立于圣山之巅,照耀着奥林匹斯神界洒下的神光,熠熠生辉,在他头顶天空上的云海则站满了众神,它们目睹着这名人间最伟大的英雄正式加入它们的行列,成为永生不死的神明。

小知识

　　弗朗索瓦·勒穆瓦纳(1688—1737):法国油画家,洛可可艺术的创始人之一。其绘画主要以神话题材为主,主要作品有:《赫克里斯和奥姆法拉》《窃取欧罗巴》《浴女》等。创作的特点是:追求轻佻的、多愁善感的形象,精巧的装饰趣味,明亮、华丽的色彩,轻松的节奏。

在古代欧洲有一位强大的领主，拥有广袤的封地、大量的封民以及强大的军队。

《圣乔治与公主》/比萨尼洛

他不仅事业有成，婚姻也十分和谐美满，在与妻子结婚不久，两人有了爱情的结晶——一位美丽的小公主。

小公主聪明伶俐，领主将她视为掌上明珠，简直是捧在手里怕冻着，含在嘴里怕化了，极为疼爱。

长大后，公主更是出落得沉鱼落雁，喜欢她的小伙子数不胜数，封地上所有人都对公主的美丽和善良交口称赞。

公主的名声在人们的口耳相传中传遍了整个欧罗巴大陆，甚至惊动了一只刚从沉睡中苏醒的恶龙。

这只刚刚从沉睡中苏醒的恶龙，正在无聊的时候，突然听到人类社会有一位堪比明珠的公主，感到很好奇，便想亲眼见证一下，这位公主是否真如传说中一般美丽。

于是，这只恶龙在领主城邦的郊外安了家，恶臭的气息污染了空气和水，大量的牲畜死亡。

为了表达自己对公主的爱意，它威胁领主将公主作为"祭品"献出来，否则就不客气了。

领主面对恶龙，整个人几乎都崩溃了，他深知即使自己的势力再强大，也无法对抗恶龙，于是，他悬赏天下，希望有英雄来拯救自己可怜的女儿。

就在这个时候，一个名叫圣乔治的骑士出现在了领主面前，他自称是上帝的骑士，因为怜悯领主的遭遇特来解救公主殿下。

圣乔治的出现让领主在黑暗中看到一丝曙光，或者说这个时候的他已经是死马当活马医，毕竟也没其他的办法了，不是吗？

圣乔治屠龙

圣乔治辞别领主后，顺着恶龙遗留的痕迹一路找到了它的巢穴。对勇者的讨伐，恶龙是不屑一顾的，毕竟白白送死的人这么多年它见多了。

就是因为恶龙如此轻视圣乔治，导致了自己最终的败亡。

圣乔治与恶龙经过一场惊心动魄的搏斗后，最终铲除了恶龙。

相传，恶龙流出的血在土地上汇成了一个十字，并长出了一朵玫瑰花。圣乔治将玫瑰花献给了公主，最终抱得美人归。

比萨尼洛在 1436 年所画的湿壁画《圣乔治与公主》，现存于意大利圣安纳塔西亚教堂。

这是一幅充满宗教意味的关于爱情的绘画，戎装的圣乔治望向别处，好像在回忆屠龙的过程，公主则含情脉脉地注视着圣乔治。远处十字架上的死尸和恶龙的巨大身影，显示了圣乔治战胜恶龙的过程十分艰险。画面以装饰性的构图和浓烈的暗色为主，这是古典精神的余韵。在画面中，人神的爱情被生活化，两人的表情显得专注而严肃。整幅画作呈现了画家的宫廷趣味及叙事的天赋。

37 十字架的神迹

君士坦丁之梦

公元 312 年 10 月 27 日的台伯河岸,米尔维安大桥上,一场罗马帝国的内战一触即发。

这场战争爆发得很突然,但是敌我双方都明白,仇恨的种子在很早以前就已经种下了。

在戴克里先统治时期,这位帝国皇帝的威严与权力达到了顶峰,然而他对于治理帝国庞大的疆域实在感到头痛,于是灵机一动,创立了一个"四帝共治制"的奇葩制度。

所谓"四帝共治"指的是,将庞大的罗马帝国分为东西两部分,然后各任命一名元首以及一位助手。

戴克里先想法是好的,可是他确实在低估了后继者的掌控力,以及人心的私欲。毕竟,不是所有人都能像戴克里先一般,说退位就退位的。

在戴克里先退位后,"四帝共治制"名存实亡,魑魅魍魉纷纷冒了出来,他们施展各种伎俩,上演着一幕又一幕荒诞剧,而国家也在他们的"演出"下陷入混乱,最多的时候,帝国内部居然冒出了六个"奥古斯都"(元首)。

帝国只有一个,统治者却出来了六个,这怎么办?

结果只有:开打!

而这场在台伯河岸发生的战斗也是基于此,身为敌对双方的君士坦丁和马克森提乌斯都是奥古斯都,两个人甚至还是远亲。

《君士坦丁之梦》/皮耶罗·德拉·弗朗西斯卡

但权柄更重要,于是一场关乎帝位和性命的战争开始了!

君士坦丁披着大氅,骑在马上,在侍卫的簇拥下,眯着眼看着米尔维安大桥对面人数众多的敌军。良久,他叹了一口气,好似对着侍卫,也似自言自语地说道:"值得吗?"

周围的侍卫们全都低下了头，没人回答君士坦丁的问题，一个个都装作没听到一般。

君士坦丁显然也没有指望有谁能回答自己的问题，在说完这句话后，他凝视了对岸一眼，调转马头，轻声道："回去吧！"说完，便一马当先地朝着自己的营帐赶回去。

君士坦丁没有想到的是，在河的对面，他对手的军营中，马克森提乌斯放下了手中握紧的长弓，脸上写满紧张的情绪。

当夜，月明星稀。军帐外，守备森严；军帐内，灯火摇曳。

君士坦丁躺在床上，恍惚间，觉得自己全身上下轻飘飘的，明明是躺在床上休息，却觉得自己似乎是飘在云端。

在半梦半醒间，君士坦丁听到有一个声音说道："你将会成为罗马帝国唯一的皇帝，成为这地上最伟大的王！"

君士坦丁忍不住张嘴问道："你是谁？"

那声音满带着威严说道："我是奉上帝神谕前来见你的天使！"

君士坦丁觉得自己此时应该吃惊或者表示尊敬，但他什么也没有做，只是喃喃地问道："至高无上的主需要我怎么做？"

天使说道："用代表基督教的十字架取代罗马军旗上的异教之鹰，你就会赢得这场战斗，成为唯一的皇帝！"说完，天使隐没不见，君士坦丁也沉沉睡去。

第二天，君士坦丁回想起了梦中的情景，立刻下令在军中竖起巨大的十字架。

紧接着，战斗打响了。

说来也奇怪，原本势均力敌的双方，在君士坦丁命人竖起十字架之后，居然呈现了一面倒的局面，君士坦丁的士兵们一个个有如神助，很快就将马克森提乌斯的军队打得落花流水。

马克森提乌斯在绝望之中，试图回到封地负隅顽抗，然而此时唯一的通路——米尔维安大桥上却挤满了溃兵。在推搡间，马克森提乌斯被挤下大桥，掉入河水里。

"救命！救救我！"

马克森提乌斯惊慌地向人求救，然而溃兵们正忙着逃命，并没有人搭理这位奥古斯都。

就这样，马克森提乌斯绝望地溺死在了台伯河中。

君士坦丁后来也如同上帝所言，成了罗马帝国唯一的皇帝。

《君士坦丁之梦》这幅壁画是画家弗朗西斯卡的代表作，图中描绘了君士坦丁大帝在和敌人激战的前夜，梦见一位天使向他显示十字架的场面。画面正中是敞

米尔维安大桥战役

开的帐篷，君士坦丁正躺在行军床上沉睡，贴身侍者坐在床边，两名士兵在旁边警戒，寂静的场面被左上方的闪光照亮，天使从天而降，手持十字架。由于光线和透视原因，天使被描绘得有些模糊不清，但更加突出了所要表现的细节，使人的视线集中在帐篷、侍者和君士坦丁身上。

弗朗西斯卡把画面中的光线和空间处理了，烘托出深夜的神秘气氛。

小知识

皮耶罗·德拉·弗朗西斯卡（约 1416—1492）：意大利文艺复兴时期著名的艺术家。他继承了马萨乔的风格，尤其对处理绘画的空间关系有其独到之处，并把光线的明暗和透视有机地组合成一幅完美的画面。代表作是《君士坦丁之梦》，此外，有壁画《发现真十字架》《示巴女王拜见所罗门王》，祭坛画《基督受洗》，以及一些肖像画。

38 与魔鬼作斗争
圣安东尼的奇迹

公元三世纪的西方世界,正是基督教默默发展信徒,暗中积蓄力量的时刻。

此时的基督教虽然达不到后来中世纪"地上神国"的统治力,但是也颇有规模,同时,这个时期基督教的"圣人"也是层出不穷,圣安东尼就是其中一个。

圣安东尼出生于埃及,生长在一个富有的基督教家庭,因为家庭的影响,年幼的圣安东尼不像其他孩子一般活泼爱动,而是个性安静恬淡。

那时的圣安东尼就已经和基督教接触颇多,经常跟随家人来到教堂做礼拜,同时聆听神父的教诲。

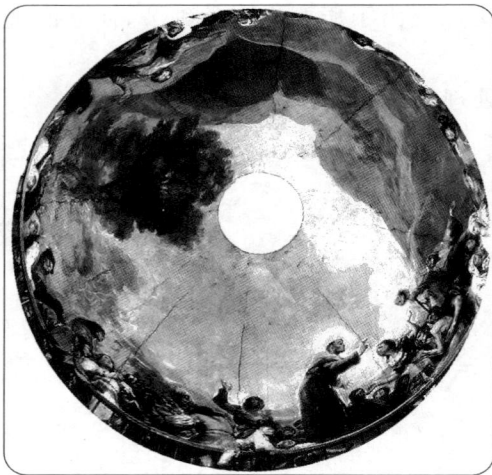

《圣安东尼的奇迹》/哥雅

圣安东尼重视基督教的行为在当时颇为稀奇,要知道当时的埃及处在一个很奇怪的阶段,那时年轻人普遍轻视信仰,甚至信仰缺失,因此圣安东尼在他们看来,完全就是不合群的存在。

在圣安东尼成年后不久,他的父母相继去世,临终前,他们将家里殷实的财富与唯一的女儿托付给了圣安东尼。

突如其来的重担令圣安东尼有些不知所措,他信仰基督教,在他看来,当初十三门徒抛家弃子,舍弃一切跟随耶稣,才是信仰坚定的象征,可是父母临终的托付令圣安东尼一时陷入迷惘之中。

一次,圣安东尼在教堂里反复琢磨着当初的使徒们是怀着怎样的心情抛弃一切跟随耶稣宣扬上帝的荣光时,忽然听到一旁有人高声读着福音书里的一段:"你若愿意做完全人,可去变卖你所有的,分给穷人,就必有财宝在天上;你还要来跟从我。"

这段话令陷入牛角尖的圣安东尼恍然大悟,他醒悟过来只有虔诚的信仰才是最重要的，于是他将全部财产变卖，接济穷人，并且将妹妹托付给了自己所信任的贞女们后，带着觉悟，义无反顾地开始了长时间的隐修生活。

圣安东尼所进行的隐修，顾名思义就是告别俗世的纷扰，隐居修行。

最初圣安东尼选择了在自己家乡附近隐修，这次隐修长达十五年，因为是第一次修行，所以期间，圣安东尼还会经常和周围的一些隐士探讨如何善度隐修的方法；之后在他三十几岁时，圣安东尼察觉如此的隐修对于自己境界提升实在有限，于是他背井离乡，横越尼罗河，来到了沙漠中的庇斯比尔山中，开始了漫长的自我修行与超越升华。

因为之前有过十五年的隐修经验，所以即便是在环境恶劣的沙漠中，圣安东尼的隐修生活也过得驾轻就熟。

圣安东尼战胜各种诱惑

圣安东尼住在庇斯比尔山中的一处荒废多年的军事堡垒中，每日礼拜祈祷，自我升华；渴了就喝几口泉水，饿了就啃几口面包。

因为沙漠气候恶劣，环境干燥，所以圣安东尼在选择食物时特意嘱咐朋友，每半年为自己送一次面包，因为面包相对于其他食物来说，不容易变质。

日复一日，年复一年，这样枯燥的生活，圣安东尼一直过了二十五年。

虽然这样的日子很清苦，但对圣安东尼来讲，实在算不了什么，在他看来，隐修就是为了提升自己的境界，升华自己的灵魂，至于口腹之欲，只要与神同在，自己有水和面包就足够了。

二十五年过去了，当初圣安东尼的朋友也已经是一位知天命年纪的老人了。

因为实在担心圣安东尼的身体状况，在二十五年之后，这位老人来到了圣安东尼的隐修处，破门而入。

然而令老人吃惊的是，经过二十五年隐修的圣安东尼并没像自己想的那样面容憔悴、病弱不堪，相反，圣安东尼的身体状况非常好，就连精神状态也是更加平静安详了。

圣安东尼说，二十五年中，他在长期的隐修生活中除了冥想之外，主要就是反思自己平生的罪孽,以及与内心的情欲和外来的魔鬼进行斗争。

圣安东尼的话令朋友啧啧惊奇,不禁大为叹服。

弗朗西斯科·德·哥雅的壁画《圣安东尼的奇迹》所描绘的正是圣安东尼战胜魔鬼之后布道的场景。

画面中场景光怪陆离,奇幻缥缈,圣安东尼坚守本心不动摇,不断升华着自己沉湎在俗世中的灵魂,提升着自己的境界,抗拒了来自魔鬼的诱惑。

天顶壁画营造了一种空灵的氛围,天井口正如一轮圆月,象征着基督教光明的信仰。

小知识

　　弗朗西斯科·德·哥雅(1746—1828):西班牙浪漫主义画派画家。他的画风奇异多变,从早期巴洛克式画风到后期类似表现主义的作品,一生总在改变,虽然他从没有建立自己的门派,但对后世的现实主义画派、浪漫主义画派和印象派都有很大的影响,是一位承前启后的过渡性人物。代表作有《裸体的玛哈》《着衣的玛哈》《阳伞》《巨人》等。

上帝注意到了亡国的以色列人所蒙受的苦难,动了恻隐之心。

于是上帝找到了流亡在外,拥有着以色列人和埃及王子双重身份的摩西,对摩西说道:"摩西,我看到了我的百姓们在埃及蒙受的苦难,也感受到了他们恨不得早日脱离苦海的焦灼,所以,我找到了你,让你回到埃及,将我的意思告诉法老,然后带领我的子民们逃离埃及!"

《穿越红海》/阿尼奥洛·布龙齐诺

摩西接受了上帝的命令,回到了阔别已久的埃及。

来到埃及后,一入眼满是蒙受痛苦、遭到欺辱的以色列人,摩西握紧了拳头,闭上了眼睛,心中暗暗发誓道:等着,我亲爱的兄弟们,马上你们就要自由了!

回到埃及的摩西通知了王宫的卫兵，声称自己是神明的使者，带来了神明的旨意，要求见法老。

自从当年摩西打杀埃及督工并逃跑后，法老已经从各种渠道得知了摩西的以色列人的身份，对他来说，摩西这个卑微的以色列人居然当了那么多年埃及王子，这是何等的耻辱啊！

法老召见了摩西，怒气冲天地问："你回来做什么？"

摩西道："尊敬的法老，今天我作为上帝的使者，带来它的口谕，要求你放了所有被囚禁在埃及境内的以色列人！"

"荒唐！"法老面带讥讽地说道，"你开什么玩笑？就算你是上帝的使者，这埃及也是我的国家，凭什么你空口白牙说放人我就放人？"

摩西道："这是上帝的旨意。"

"上帝的光还照耀不到埃及的土地上！"

法老强硬的态度惹恼了上帝，为了加以惩罚，上帝降下十场巨大的灾难：血水灾、青蛙灾、虱子灾、苍蝇灾、畜疫灾、泡疮灾、雹灾、蝗灾、黑暗灾以及长子灾。

这些灾难彻底击溃了法老刚毅的心，他连忙同意了上帝的要求，释放了所有在埃及的以色列人。

以色列人在埃及生活了四百三十年，由最初的七十多人，发展成为一个庞大的民族，光步行的男子，就有六十多万人。

以色列人祖先约瑟的灵车，行进在队伍最前面，灵车木棺中是约瑟的木乃伊，后面是浩浩荡荡的羊群和驼队。

整个队伍绵延几十里，十分壮观。

上帝在队伍的前面引领，白天它在半空的云中，夜间，它祭起一条通天火柱照亮黑夜。在上帝的指引下，以色列人日夜兼程，都想尽早走出埃及。

以色列人出走后，法老又心生悔意，他召集群臣说："以色列人给我们提供了廉价劳动力，我们可以随意役使。如今他们走了，谁来服侍我们呢？"

群臣献计道："现在趁他们还没有走远，我们派兵把他们追回来，照旧做我们的奴隶。"

法老听从了群臣的建议，亲自带领六百辆战车，急匆匆地追赶以色列人。

拖家带口的以色列人，在红海岸边行进缓慢，很快被法老的精兵追赶上了。

以色列人见埃及军队在漫天灰尘中席卷而来，感到十分害怕。

他们纷纷抱怨摩西说："我们在埃及生活了四百三十年，已经习惯了。我们宁愿回去继续做奴隶，也比在这里被杀死好得多！"

有的人话更加尖刻："埃及有的是坟墓，我们何必弃尸荒野呢？"

摩西看到人心浮动,安慰他们说:"你们不要害怕,我们是上帝的臣民,上帝不会袖手旁观的!"

夜幕降临了,突然从天空垂下漫天迷雾,构成了一道烟雾墙壁,横亘在埃及人和以色列人之间。

埃及人那边漆黑一片,以色列人这里光明如昼。

半夜时分,狂风骤起,刮退了红海海潮。

第二天,在上帝的授意下,摩西将手杖伸进红海,红海浪涛惊天动地,向两侧席卷。

一瞬间,一条旱道从红海劈出,旱道两侧的海涛,如墙壁般耸立。以色列人通过旱道,穿越红海走到对岸。

以色列人渡过了红海,上帝撤去了烟雾墙壁。

法老见状,暴跳如雷,率领士兵走进红海旱道,继续追赶。

这时,上帝从半空射下一道强光将埃及军队笼罩,埃及军队突然受到强光恐吓,陷入混乱之中。

对岸的摩西将手杖放入大海,海水渐渐合拢。惊恐的埃及军队四下乱窜,互相践踏,全部葬身海底。

以色列人见状,对上帝充满了敬畏之情。同时,他们也更加信服上帝的使者摩西了。

壁画《穿越红海》取材于《圣经》中摩西分海,带领以色列人获得自由的典故,是出生于十六世纪的意大利画家阿尼奥洛·布龙齐诺的代表作品之一。

画面被分割成两部分,画面左侧是跟随先知摩西穿越过红海、重获新生的以色列人,只见他们或站或坐,或倚或靠,有的正虔诚祈祷,有的正大口喘息,一副死里逃生的模样;再看画面右侧,原本被摩西分开的红海已然合拢,大海淹没了所有的埃及追兵,此时的海面上漂浮着各式各样的物体,有人,有马,有武器,有盾牌,有旗帜,总之一副凄惨模样。

因为担任过宫廷画师的缘故,阿尼奥洛·布龙齐诺让整个画面呈现出一种异样的华美艳丽。

小知识

阿尼奥洛·布龙齐诺(1503—1572):真名叫阿尼奥洛·迪·卡西莫,是来自佛罗伦萨的意大利矫饰主义画家,"布龙齐诺"这个绰号来自他古铜色的皮肤。他担任过宫廷画师,为了满足宫廷贵族的趣味,往往追求艳丽、华贵的效果,使整个画面呈现出富丽堂皇、珠光宝气的奢侈场景。

40 上帝传达的旨意
摩西领受十诫律法

以色列人出埃及三个月后,来到西奈山脚下的一块空地中,摩西决定在这里休整几日。

一天,上帝对摩西说:"三天之后我要和你立约,你我在西奈山上的对话,全体以色列人都能听见,这样能增加你的权威,百姓也会更加信任你。"

约定的日期到了,西奈山上雷声滚滚,阴云密布。

以色列人全体集中在山脚下,仰望高山,心里面充满了敬畏之情。

摩西登上了西奈山顶峰,上帝给他颁发了一系列戒律和法规,所有的以色列人都要遵守,当作他们的生活准则。

其中最重要的是十诫,具体内容如下:

第一条,崇拜唯一上帝耶和华而不可祭拜别神。

第二条,不可雕刻和敬拜偶像。

第三条,不可妄称上帝的名字。

第四条,以安息日为圣日。

《摩西领受十诫律法》/科西莫·罗赛利 & 皮耶罗·迪·科西莫

第五条，孝敬父母。

第六条，不可杀人。

第七条，不可奸淫。

第八条，不可偷窃。

第九条，不可作假见证陷害人。

第十条，不可贪恋他人的房屋，也不可贪恋他人的妻子、仆婢、牛驴和他一切所有的。

除此之外他们还订立了法典和教规，为上帝建造了圣所，制订了柜子、桌子、灯台、幕幔、幕板、祭坛、燃灯、圣衣、胸牌、外袍、祭司的衣冠、香坛、圣膏、圣香等物品的标准。

摩西受领了上帝的教诲，回到山下，将内容说给百姓们听，百姓们一起说道："我们必定认真遵守上帝的吩咐！"

上帝在颁布十诫后不久，再次在西奈山约见摩西。

这次与摩西同行的有七十名以色列长老，他们在山腰等候，摩西一个人上了山，在山上停留了四十个昼夜。上帝授予摩西两块石碑，上面镌刻着十条戒律，还教摩西如何设立祭坛，如何设立保存圣约的约柜。同时，上帝赐予亚伦最高祭司的称号，这个称号世代承袭，永远相传。

在山腰等待的长老们，又饿又累，困乏无比。他们左等右等，见摩西迟迟不下山，只好返回营地。摩西的哥哥亚伦，担心弟弟遭遇不测，寝食难安。

摩西离开了这么长时间，以色列人没有了头领，久而久之，就对上帝的信仰产生了怀疑，认为上帝和摩西抛弃了他们，决定重新供奉起他们在埃及所崇拜的神——牛神。

他们簇拥在亚伦帐篷前高声大喊："快点起来吧！摩西不知道出了什么事，我们重新制造一个神像，来保佑我们吧！"

面对人们的要求，亚伦左右为难。最后，他动摇了对上帝的信仰，答应了百姓的要求。他命人们将金首饰全部捐献出来，放进炉子里熔化，用金水浇铸成了一头金牛。狂热的人们，将金牛安放在营地中间，欢歌热舞。他们仿佛看见从远古就开始崇拜的神，又回到了他们身边。他们宰杀了一只牛犊，给神像献了燔祭，然后坐下来大吃大喝，狂欢庆典。只有利未人在一旁，带着惊惧的神情，看着眼前的一切。

上帝看到了以色列人的行为，告诉摩西快快下山。摩西回来，见此情景十分生气，将两块石碑摔得粉碎。他命人将金牛焚毁，磨成金粉，洒在水面上让人们喝下去。

面对摩西的痛斥，亚伦为自己辩解："我也是没办法的呀！这些人专门作恶，他们围在我的帐篷前面,逼迫我、围攻我,要我出面帮他们制造偶像,我不得不这样做啊!"

摩西对于以色列人的放肆,大为震怒。他举起手中的法杖,高声呼喝:"信奉上帝的人,都站到我这边来!"利未人全部聚集到摩西身边,摩西命令他们将那些反叛者全部处死。

于是,一场残酷的杀戮开始了。利未人手持刀剑,将那些崇拜偶像的同族人,无论老幼妇孺全部斩杀,一天之内,有三千名百姓被杀。一时间,草木含悲,风云变色,景象十分凄厉。

上帝在基督徒信仰中的唯一性,再次在这个故事中得到了展现。"严禁崇拜偶像",也是上帝十诫中的一条。摩西用三千名同族的血,惩罚了那些背叛者,用武力重新建立起了他权威的统治地位。

壁画《摩西领受十诫律法》,是十五世纪文艺复兴时期意大利著名画家科西莫·罗塞利与皮耶罗·迪·科西莫师徒二人的合作作品,取材于《圣经》的"摩西领受十诫律法",主要讲述摩西登山从上帝处取来约书和以色列人崇拜金牛被处罚的故事。

画面上方,西奈山顶,一身长袍的摩西正单膝跪地,虔诚的仰望着上空被天使环绕着的至高无上的上帝;画面中央,摩西站在山脚下,一手高举,一手低垂,两只手里都拿着石板,对以色列人崇拜金牛表现得十分气愤,而那石板上所镌刻的就是上帝和摩西定下的"十诫"律法。

科西莫·罗塞利与皮耶罗·迪·科西莫师徒二人平生所作多是以风景画、鲜花以及动物等为题材的作品,但对宗教画、祭坛画的题材也颇有涉猎,师徒二人都是佛罗伦萨画派的中坚人物,这不得不说是一段佳话。

小知识

科西莫·罗塞利(1439—1507):意大利文艺复兴时期的画家,主要活跃于出生地佛罗伦萨,也为西斯廷礼拜堂绘制作品。主要作品有《最后的晚餐》《荣耀中的圣母》《埋葬》《无辜者的大屠杀》等。

罗塞利的学生皮耶罗·迪·科西莫(1462—1521),也是很出色的画家。

时光飞逝，距离摩西将以色列人带离苦海已经过了数十年，如今摩西已经一百二十岁了。

摩西的前半生浮浮沉沉，当过地位高贵的埃及王子，也做过衣衫褴褛的牧羊人，他以为自己这一生就会这样潦草地过去，谁知道，他的人生在遇到上帝的时候发生了转折。

他被至高无上的上帝赋予了解放以色列人的伟大任务，带领他们找到新的"故乡"。

那一刻，摩西觉得自己的人生焕然一新，充满了新的光彩。

而摩西也很对得起上帝托付的重担，在上帝的支持下，很顺利地领导着以色列人逃离了埃及，代表全体以色列人和上帝定下了"十诫"律法，在尊奉上帝为唯一神后，他踏上了寻找富饶美丽、流满牛奶和蜜的"迦南之地"的旅程。

即便是有上帝的暗中庇佑，寻找"迦南"的旅途也不是一帆风顺的。

毕竟人心散了，队伍就不好带了。

在逃离埃及人的虐待后，许多以色列人在感激上帝和摩西之外，还对享受上帝宠爱的摩西产生了别样的心思。

《遗嘱与摩西之死》/路加·西诺雷利

为什么我不能代表大家和伟大的上帝沟通？摩西有什么资格？他只不过是个外来者！

有这样心思的人绝不在少数，比如可拉一党，他们就将自己不满的心思表达了出来，向摩西发难。

虽然事后可拉一党人遭到了上帝严厉的惩罚（或者说消灭），但是经历族人背叛的摩西还是消沉了一阵子，他有些想不通，大家的目标不是一致的吗？不都是为了找到"迦南"吗？

　　不过身为先知的摩西明白，自己绝不能倒在这里，他肩负的不光是上帝的神谕，还有千千万万以色列人对于"迦南"的渴望和向往。

　　摩西相信，事在人为，他们一定会找到"迦南"的！

　　正所谓，有志者事竟成，在不知经历了多少艰难困苦之后，摩西终于率领着以色列人找到了这传说中的"理想乡"——迦南！

　　此时的摩西已经一百二十岁了，眉毛和胡子都已经全白了，但是他没有在意，他在意的只是自己即将完成全族的梦想，一想到这，他觉得自己一下子回到了年轻的时候。

　　然而，怀着炽热梦想的摩西没有想到，残酷的现实即将到来。

　　上帝出现在以色列人面前，当众宣布了摩西的丰功伟绩，同时也公布了摩西即将死去的事实。

　　所有以色列人大惊失色，他们没有想到，众人即将到达那传说中的迦南，而伟大的先知却要死去了，他们一时无法接受这样的现实。

　　摩西得知自己注定无法进入迦南之地，而自己的生命，也快走到尽头了，便利用最后一年的时间，对身后事做了安排。

　　他将已经全部占领了的约旦河以东的土地，分派给流便、迦得两个支派和拿玛迦半个支派，指定了对上帝最为忠心、品格最好、最骁勇善战的约书亚，做自己的接班人。

　　根据四十年来的经验，摩西还对现行法典进行了修订和补充，增加了很多新内容。

　　一、摩西将六个城市命名为"逃城"，顾名思义就是逃亡者的城市。如果有人无意将人误杀，可以来到逃城避难，避免遭受报复。凡进入逃城接受庇护的，要经过长老的认定。一旦被确认是故意杀人，将会被驱逐出逃城，接受惩罚。

　　二、警惕异端邪教。

　　三、严厉处罚假先知。这些假先知鼓吹崇拜假神，致使百姓的信仰误入歧途，所以必须处死。

　　四、刑罚要公开公正。

　　五、制订豁免年。

　　每七年的最后一年为豁免年（安息年），所有欠下债务者都可以得到豁免。这是一种救济穷人的慷慨律法。同时提醒选民，要不遗余力地帮助兄弟；对奴仆也要豁免，到了豁免年奴仆可以自由离开。

　　六、必须遵守的三个节日。

逾越节与除酵节：逾越节纪念上帝带他们逃出埃及；除酵节提醒选民要远离罪恶，过圣洁的生活。

七七节：收割节，后来成为五旬节。以色列人在这个节日，要庆祝农作物的收成，将生产的东西敬献给上帝。

住棚节：表示一年农事结束，百姓要在树枝搭成的棚屋内住七日，是纪念他们在旷野流浪住帐篷的日子，同时对神赐下的丰收献上感恩。

七、册立君王。

摩西预知，以色列人进入迦南之后，会仿效其他国家册立君王。摩西指出了君王应有的品格：必须虔诚信仰上帝，是上帝的选民；不贪恋财物，不积蓄金银；不会带人民重返埃及；尊重律法，敬畏上帝。

八、勿取母鸟。一则显示慈悲之心，二则表示不可灭绝上帝赐予的动物，有鲜明的环保色彩。

为了防止内讧，他事先将迦南之地的土地分配给了十二个支派。利未人和祭司阶层的人，没有单独的领地，因为他们要在整个迦南担任神职。但是，摩西将四十个城市分派给他们使用，保障他们过上衣食无忧的体面生活。

摩西编了一首颂扬上帝的歌，让以色列人世代传唱。无论盛世还是乱世，这首歌都能给他们带来福祉和鼓舞。

摩西反复告诫以色列人，一定要遵守法律，把上帝的启示传给子孙后代。

随后，摩西登临尼波山，他目光茫然，神情肃穆，望着迦南——上帝应许之地，默默致意。

摩西，以色列人的伟大领袖，在他一百二十岁的时候与世长辞。临终前他口齿清晰，思维敏捷，耳不聋眼不花，无疾而终。谁也不知道他是如何死去的，葬在哪里。

壁画《遗嘱与摩西之死》是十五世纪意大利画家路加·西诺雷利的作品，取材于《圣经》中关于摩西之死的一系列故事。

画面中可以看到不同时段摩西所做的各种事情，画面左侧是摩西得知自己死期将至时，开始为自己指定的继承人约书亚开启灵智的情景；画面右侧表现的是寿命将尽的摩西向以色列人宣布自己的遗嘱以及其他决定的情景；壁画上方表现的则是摩西在上帝的伴随下，遥望迦南之地的情景；最后，画面左后方描绘的则是安葬摩西的场景。

路加·西诺雷利的作画风格深受当时流行的佛罗伦萨画派的影响，这在《遗嘱与摩西之死》中多有展现，而路加·西诺雷利在人体画艺术方面的研究更是对十六世纪的画家，包括米开朗基罗都产生了深远的影响。

42 圣教蒙尘

反基督教徒的传教

基督教在传播福音的一开始就受到了政府的取缔、迫害及民众的暴力对待,许多人为自己的信仰献出了生命。

《反基督教徒的传教》/路加·西诺雷利

古罗马皇帝尼禄故意在罗马城纵火,然后嫁祸于基督徒。后来,盖勒流也采取同样手段,在尼科米底亚皇宫制造火灾并诬蔑为基督徒所为,迫使当时的皇帝戴克里先狠下心迫害基督徒。

为了煽动民众的反基督教情绪,御用文人还编造了很多关于基督徒的谣言,诸如基督徒杀掉婴儿来祭神、狂饮、乱伦等,所有古罗马社会的恶行都被强加在基督徒身上。

司提反在教众的威望一直很高,他具有大信心、大智慧,是一名虔诚的基督徒,被上帝所信赖。他行走各地,行了很多神迹,救治了很多垂危的病人。许多人在他的影响之下皈依上帝。

因此,利百地拿会堂的几个人,和古利奈、亚历山太、基利家、亚西亚各处会堂的几个犹太教领袖,都起来和司提反辩论,企图寻衅迫害司提反。

但是司提反辩才卓越,而且还被圣灵所充满,这些人辩论不过他。

他们收买了几个证人制造伪证,诬陷司提反"不住地糟践圣所和律法",声称"这拿撒勒人耶稣要毁坏此地,也要改变摩西所教给我们的规条"。

司提反在犹太教公会里面受审,他表情平静,浑身散发着天使的荣光。面对众人的诬蔑,他知道自己必定要成为一名殉道者。

他神情自若,语言清晰地做了死前的最后一次演讲:"众位在座的。以色列人千百年来为什么屡遭灾难,难道不是因为屡次拂逆上帝的旨意吗?上帝三番两次恩宠以色列人,将流着牛奶和蜜的迦南之地赏赐给以色列人,又制定了摩西法律。可是,以色列人认同上帝的恩宠、遵守摩西法律了吗?上帝遣派圣子耶稣,前往世间作为人类的救世主,却被你们钉死在十字架上!有人控告我不遵守摩西法律,恰恰相反,违背摩西法律、犯下难以饶恕的罪行的人,正是这些高高在上的祭司和长老。你们必定会效仿你们的祖先,不,你们还要以比你们的祖先严重十倍的罪恶,去违反摩西法律!"

司提反的演讲,令在座的公会人员大为羞恼,他们通过决议,要将司提反处死。

在差役的推搡下,全身被捆绑的司提反被押解到荒郊野外,阴沉的云层透出一丝亮光,照射在司提反身上。

狂怒的公会人员,鼓动人们用石头砸死司提反。一块又一块的石头,砸在他身上,他高声呼喊:"求主耶稣接收我的灵魂!"又跪下大声为那些扔石头砸他的人祈祷:"主啊,不要将这罪归于他们!"说完就死去了。

司提反是《圣经》记载的第一个殉道者。他在临终的呼喊和语气,和耶稣在十字架上所说的十分相似。

在基督教建立初期,信徒们都以承受耶稣所遭遇过的苦难为荣。在遭受审判之前,司提反就做好了殉道的心理准备,预备要像耶稣一样受苦。在临终前,他像耶稣一样,祈求上帝赦免杀害他的人,这种宽容,只有依靠圣灵才能做到。

壁画《反基督教徒的传教》是画家路加·西诺雷利于1499至1504年间在奥威埃托教区主教堂内圣布里吉奥圣母小教堂所画的。

在画面中,画家给我们渲染出一个邪恶而神秘的氛围,在荒凉和血腥的背景中,虚假的先知在散布反对基督教的谎言。

他有基督的特性,但他其实是撒旦。从画面左边开始,是一场残酷的大屠杀,随后,一个年轻的女人将自己的身体卖给了一个老商人,然后出现了更多邪恶的男人。

在这个场景中,各式各样的恐怖和神奇的事件正在发生。而两个神职人员,正挤在一起,通过祷告抵挡魔鬼的诱惑。画面上空,假先知被天使抛下,表示神的愤怒和反基督教徒必将被毁灭的命运。

小知识

　　路加·西诺雷利的一生中创作出了很多的作品,其中最著名的、为世界所知的是他独创的透视前缩画法。后来很多的画家也相继模仿他的这一风格画法,但是都没有他成功。

丘比特和普赛克

在罗马神话的诸神中,有这样一位神明,就像月老一样,专为世间的男女送来爱恋,它就是我们最喜欢的小爱神——丘比特。

丘比特每天背着箭袋飞来飞去,一会儿把金色的箭射向这个人,一会儿又把铅色的箭射向那个人,导演了一幕幕爱情悲喜剧,不过它自己始终都是观众。

它没想到,有一天自己居然也成了爱情剧里的主角!

希腊有一个不知名的小城邦,城里到处都有爱与美之神维纳斯的庙宇。人们尊重它、热爱它,总是把最好的祭品献给它。可是最近几年来,情况似乎发生了变化。维纳斯的庙宇开始被冷落了,去献祭的人越来越少,后来简直是门可罗雀;供桌上到处是灰,地上的尘土也积了很厚,庙宇的墙角、屋檐也有了蜘蛛网。

维纳斯看到这种情况不由得大怒,就化身凡人到城中查访。

原来,这个小城邦的国王的小女儿普塞克长得倾国倾城,人们把她当作女神来崇拜,甚至把最好的东西献给她,仿佛她就是维纳斯。

《丘比特和普赛克》/爱德华·伯恩·琼斯 & 克莱因

维纳斯见状非常嫉妒,便命令丘比特去惩罚普塞克。

谁知,丘比特不小心被自己的金箭射中,深深爱上了普塞克。

为了接近普塞克,丘比特降下神谕,指示国王将小女儿放到悬崖上,让野兽吃掉。

这个消息让国王大惊失色,可是谁敢违抗神的旨意呢?

万般无奈,他只得把女儿送到了悬崖上,与女儿痛哭告别。

普赛克的婚礼

普塞克一个人在悬崖上等待野兽的降临，迎接命运残酷的安排。

可是过了许久都没有动静，她便睡着了。

当普塞克醒来时，发现自己在一座辉煌瑰丽的宫殿中，耳旁有一个声音在空中响起："美丽的公主，你喜欢这里吗？如果你愿意留下来，那么这里的一切都是你的。"

"你是谁？我为什么会在这里？"公主诧异地问道。

"如果你愿意做我的妻子，这就是你的新家，你将成为世界上最幸福的女人。"

听了这些话以后，普塞克觉得自己梦寐以求的爱情就在眼前，当即答应留下来做这个宫殿的女主人。

从此，普塞克幸福地生活在这里，白天，她的衣食住行都有人伺候，晚上，她的丈夫便来宫中陪伴她。只是有一点很遗憾，她见不到丈夫的面孔。

这样的日子虽然幸福，但是却很单调，时间一长，这位漂亮的公主不免想念她的家人。

这个想法让丘比特知道了，第二天就它接来了公主的两个姐姐。三姐妹一见面，自然有许多想念的话要倾诉，普塞克急于让姐姐们知道自己有多幸福，可是姐姐们更关心的是她的丈夫是什么样子。

普塞克在姐姐们的盘问之下，不得不告诉她们，自己从未见过丈夫的模样。

姐姐们想知道妹夫的模样，再加上普塞克自己也想知道心爱的人长得什么样，她们便想了一个主意，趁晚上丘比特睡熟的时候，点亮蜡烛悄悄观察它的模样。

在烛光的照耀下，普塞克看见自己的丈夫是如此英俊，不由得激动起来，竟抖落了手中的蜡烛油，滴到了丈夫的脸上。

丘比特被烫醒之后，怒于公主的失信，带上弓箭头也不回地飞走了。

普塞克万分懊恼自己的行为，她跋山涉水，开始了寻找丈夫的征程。

直到有一天，一个好心的人告诉她，她的丈夫就是维纳斯的儿子丘比特。于是，她找到了维纳斯的宫殿，可是维纳斯在此时仍然心怀嫉妒，她决定让普塞克吃一些苦头。

她让普塞克在一天之内将四百斤混在一起的大米、麦子和豆子分开，然后去凶暴的牧羊身上摘取金羊毛，最后从毒龙守护的冥河中汲取生命泉水。

结果，蚂蚁帮助普塞克在傍晚之前分好了四百斤谷物；河神帮助她采集了相当于一只羊产量的金羊毛；在西风之神的指点下，她平安地从冥河中汲取了生命之泉。

最后，维纳斯让普塞克去冥府向冥后索取一个盒子。

在返回的路上，普塞克好奇地打开了盒子，想看看里面是什么东西。

就在她打开盒子的一瞬间，就陷入了沉沉的睡眠。

这时候，丘比特出现了，看到为了寻找自己而陷入危险的普塞克，它所有的怒气都烟消云散了。

丘比特在普塞克的额头深深一吻，美丽的公主醒了，她看到自己日夜思念的丈夫，顿时把所有的思念化为拥抱，再也不愿和它分开了。

绿宫壁画《丘比特和普赛克》是画家爱德华·伯恩·琼斯和克莱因合作完成的，它取材于古希腊神话爱神丘比特与人类公主普赛克的爱情故事，而图中所描绘的正是丘比特寻找普赛克的一幕。

在画中，丘比特英俊潇洒，相貌伟岸，背生金色双翼，神明的身份显露无遗，它身体前倾，一手按着胸口，仿佛快要压抑不住胸中炽热的爱意一般；地面上躺着的则是人类公主普赛克，她貌美如花，身体轻柔，气质高贵，穿着一身半透明的白纱，朦胧而又艳丽，仰面沉沉地睡去了。

爱德华·伯恩·琼斯与克莱因的作品风格有着很多的共同之处，对线条的应用，双方都有古典主义的严谨构图和唯美主义的节奏感，对文学性题材的领悟和发挥也有很多相似点，因此两人才能够合作完成同一幅作品。

高雅的女神

文艺女神们在圣林中

在希腊神话中，有着各式各样的神明，随之也就出现了职能分工，而代表着诗歌、音乐以及舞蹈的、被传统吟游诗人所憧憬着的神明，即为文艺女神——缪斯。

文艺女神缪斯的身份颇为复杂，在不同版本的神话中，其出身也很不一样。

在最初的神话中，文艺女神缪斯并不是特指某一位神明，换一个通俗的说法，缪斯可以理解为一个神职。

最早的缪斯女神有三位，它们是古老的天空之神乌拉诺斯和大地母神盖亚所孕育的孩子，是古老的三位一体的诗歌女神；等到了后来，新的缪斯女神自神话中诞生，它们是神王宙斯与谟涅摩叙涅之女，共有九名。

《文艺女神们在圣林中》/夏凡纳

然而，最初的缪斯女神远远没有现在传说中那般文艺，它们在诞生不久，就一直被酒神狄俄倪索斯所领导。

狄俄倪索斯的神职是酒神，它的手下一个个嗜酒如命，缪斯女神也因此整日神志不清，疯疯癫癫，与其说是淑女，还不如说是疯女，而且还有着动不动将人撕扯粉碎的好杀本性，完全无法匹配它们文艺女神的神职。

这些狂乱的女神被狄俄倪索斯略带欣赏地称呼为缪萨革特斯。

然而，身为众神之王的宙斯将一切看在眼里，它觉得不能放任缪斯女神继续和狄俄倪索斯这么厮混下去了,要不然原本温文尔雅的文艺女神非得变成疯神不可!

这种原则性的大事,宙斯决定不能再这么姑息下去,于是它敕令缪斯女神离开狄俄倪索斯,归属优雅的太阳神阿波罗,希望阿波罗能对这些狂乱的女神进行"改造"。

实际上,阿波罗对于缪斯女神也感到了几分头痛,在优雅的太阳神眼中,癫狂的缪斯女神实在不符合它所期待的典雅气质。不过幸好,缪斯女神的可塑性极高,在阿波罗的调教下,它们终于摆脱了狄俄倪索斯的影响,成了名副其实的"文艺女神"。

改造完成的缪斯女神不复以往神志不清、癫狂的模样,变得温文尔雅、美丽大方、能歌善舞、多才多艺。

当然,这只是正常状态下的缪斯女神。

塞壬出身高贵,是河神埃克罗厄斯的女儿,善于唱歌,她甚至时常陶醉于自己动人的歌喉。

久而久之,塞壬滋生了自大的心态,认为自己的歌声是天下无双的,没有谁能够超越自己,于是她向艺术女神缪斯发出了挑战。

综观希腊神话,可以发现,奥林匹斯神系的神明一向都很小心眼,何况缪斯女神曾经是个狂气的神明呢!

缪斯女神对于塞壬狂妄的挑衅感到了愤怒,它们认为,神明高居于天,即便你塞壬出身不低,但是妄图挑战神明,这就是不恭敬了。

塞壬

基于此,缪斯女神决定给塞壬一点颜色看看。

在比赛当日,自我感觉良好的塞壬在缪斯女神面前一败涂地,以往的自尊和高傲伴随着自己的败北一起被粉碎。

强烈的失落感冲昏了塞壬的头脑,她开始谩骂且诅咒起了缪斯女神。

这种做法彻底激怒了缪斯女神,它们将塞壬变成了一个人面鸟身的女妖,让其永生只能躲藏在海峡处,用自己的歌声去诱惑路过的人。

位于里昂艺术宫的壁画《文艺女神们在圣林中》是十九世纪法国画家皮埃尔·皮维·德·夏凡纳的作品。

在画面中可以看到,文艺女神们姿态绰约,形态各异,站着的亭亭玉立,躺卧的舒适自如,明明是一些很简单的动作,却流露出一种别样的美感。画面色调明亮柔和,整个静态的环境显得更加安详,整体呈现出一种梦幻的、充满诗意的意境。

夏凡纳的作品通常会采用象征手法来传达对生活的寓意,《文艺女神们在圣林中》也不例外。夏凡纳将庄严优美的人物放置于静态的风景中,人物造型简单清晰,而宁静的气氛又烘托出了背景的神圣,所有的动作和姿态都有各自的含义,这些无不是对现实主义的否定。

小知识

　　皮埃尔·皮维·德·夏凡纳(1824—1898):法国象征派艺术家。1861年他的作品《战争》与《和平》出展沙龙时获得成功。此后夏凡纳主要从事壁画创作。在壁画创作中他大多采用象征手法,以表达生活的寓意。他为巴黎大学圆厅画的《文学、科学和艺术》、为里昂艺术宫画的《文艺女神们在圣林中》,以及受法国政府委托在巴黎先贤寺画的一系列壁画,确立了他作为象征主义大画家的地位。

皮埃尔·皮维·德·夏凡纳

45 颓废之都的"矛盾之花"

生命之树

十九世纪末的维也纳被称为颓废之都。

1889 年的冬天，奥地利唯一的王储——鲁道夫大公在别墅中开枪自杀。

这则消息传开，轰动整个奥地利。

从这则不祥的消息开始，原本作为艺术圣地的维也纳开始了自己的衰败。

底层贫民得不到救济；工人们加班工作，积劳成疾；上层社会却物欲横流，充斥着奢华的腐败与欲望的铜臭，整个维也纳似乎陷入了一种畸形的、变态的颓废之中。

在这种氛围笼罩下的维也纳，滋生出了妖异的花朵，那是一朵充满反差与矛盾的怪异之花。

《生命之树》/古斯塔夫·克林姆特

古斯塔夫·克林姆特出身于奥地利的一个普通的工匠家庭，他的父亲擅长的主要是金银雕刻兼铜版工艺，受父亲的影响，克林姆特长大后就进入奥地利工艺美术学校进行学习，毕业后主要从事壁画、壁饰的艺术创作。

克林姆特原本的人生轨迹或许就是这样一直工作下去，然后跻身资产阶级行列，甚至成为"新贵族"。

然而，这只是如果。

1892 年，克林姆特三十岁时，父亲与弟弟相继去世，这给克林姆特造成了巨大的打击。在经过一段时间的消沉后，他抛弃了原本的人生计划，开始了作为"艺术家"的崭新人生。

从这之后，克林姆特变得和以前不同起来：他时而温文尔雅，时而歇斯底里；时而古井无波，时而荒唐放荡，他成了矛盾的代名词，成了颓废之都的一朵矛盾之花。

在克林姆特的"艺术家"画室中，经常聚集着几十名美女模特儿，克林姆特在灵感缺乏时经常会与模特儿们一同玩乐。

显而易见，克林姆特这个阶段的绘画，也如同他的生活一般纸醉金迷，表面上富丽堂皇，内里却充斥着淫靡荒唐。

这些诡异的绘画令当时的人们对他的作品的评价两极分化，然而这样的评论并没有给当事人造成任何负担，克林姆特依旧我行我素，不断以糜烂颓废的笔触描绘着日趋腐烂的维也纳生活。

那么，像克林姆特这样的风流浪子，到底有没有自己的真爱呢？

艾米丽·弗罗格与阿尔玛·辛德勒，是与克林姆特的人生息息相关的两位女性的名字。

艾米丽在遇到克林姆特的时候，只有二十三岁，是克林姆特弟媳的妹妹。

两人偶然相识，却在日常的接触中逐渐相知、相恋。

艾米丽深深眷恋着克林姆特，克林姆特也对这个小姑娘爱意颇深，但相爱的两人始终没有选择结婚。

这是艾米丽的选择。

没有哪位女性不希望自己披上婚纱，和自己心爱的人在亲友的祝福下一起步入婚姻的殿堂，艾米丽也不例外，只不过她很了解克林姆特这个人，克林姆特骨子里就是一个向往自由、不受拘束的男人，结婚对他来说像是一种枷锁，对他的创作更是一种致命毒药。

所以，艾米丽不仅没有强迫克林姆特，还一直尽心地替克林姆特打理着杂务琐事，为的只是让克林姆特能够安心创作。

与艾米丽在一起惬意生活一直是克林姆特所期望的，但是与阿尔玛的相识却令他日趋平静的心又起波澜。

"上帝啊，这个女孩简直太迷人了！"

三十五岁的克林姆特在见到十七岁的阿尔玛时这样想道。

克林姆特与阿尔玛的相识于和艾米丽在一起之后，但是两人对于这段爱情都并未犹豫,就像飞蛾扑火一般跃入爱情的烈焰之中。

他们相互慰藉,充满热情,克林姆特在阿尔玛的身上又找到了更多的灵感。

不过,和艾米丽的终生相伴不一样,克林姆特与阿尔玛的爱情因为阿尔玛父母的反对无疾而终。但克林姆特却始终没有忘记这位小情人,在他后来的许多作品中,都有着阿尔玛妖娆的身影。

1918年,这位声名显赫而又颇受争议的大画家在维也纳永远地闭上了自己的眼睛。

《生命之树》是1909年克林姆特为布鲁塞尔斯托克莱特公寓的餐厅所创作的壁画,这是他为数不多、较受好评的作品之一。

因为出身擅长金银雕刻与铜板工艺的手工家庭,再加上所学是壁饰创作,克林姆特对于这种壁画的创作颇具水平。他在壁画中大胆而自由地运用各种平面的装饰纹样,使其形成了富有东方色彩和神秘意境的效果。画面具有强烈的装饰色彩,透出情欲和略带颓废的美。

小知识

古斯塔夫·克林姆特(1862—1918):奥地利表现主义画家,维也纳分离派的创导者。他的艺术深受荷兰象征主义画家图罗普、瑞士象征主义画家费迪南德·霍德勒和英国拉斐尔前派的奥布里·比亚兹莱等人的影响,同时吸收了拜占庭镶嵌画和东欧民族的装饰艺术的营养,使他的画具有"镶嵌风格"。后来由于他对色彩强烈、线条明快的中国画以及其他东方艺术发生兴趣,他的画风又发生新的变化。

古斯塔夫·克林姆特

太阳／晨曦

蒙克的家没有门牌，没有门铃，他还经常在门上贴着"蒙克不在"的纸条。

这位性格孤僻的画家，自从中年时患了精神分裂症之后，总觉得有人要陷害自己，于是把自己封闭起来，成为世界上最孤独的人。

在蒙克五岁那年，母亲不幸去世，他的父亲情绪敏感脆弱，无法接受妻子死亡的事实，在自我折磨的同时，还会暴戾地处罚孩子。

这成了蒙克幼年悲痛记忆的开端。

《晨曦》／爱德华·蒙克

十三岁那年，大他一岁的姐姐死于肺结核，妹妹也得了精神分裂，一连串的打击，让身体本来就不好的蒙克陷入了无边的黑暗中。

"疾病、疯狂和死亡，都是看守我们摇篮的黑色天使。"

二十岁时，蒙克迎来了自己的初恋，他爱上了小自己两岁的米里·贝雨克。

米里·贝雨克是一个结了两次婚的有夫之妇，蒙克这位没有恋爱经验的懵懂年轻人，转瞬间成为实践"自由恋爱"的开放女人的俘虏。

爱情的甜蜜自不必说，但爱一个人的痛苦和嫉妒让蒙克难以承受。

整整六年充满苦恼的初恋，由于蒙克留学巴黎而宣告结束。

留学生活结束以后，蒙克来到柏林，在这座大城市遇见了美丽的杜夏。

杜夏是个绝代佳人，也是一个交际花，所有的男人都希望这位有魅力的女人能做自己的恋人。

蒙克虽然一听到杜夏和其他男人谈笑的声音就感到苦恼，但他与别的男人有些不同，他只是在圈外悄悄注视着围绕杜夏的三角或四角关系。为了向这位女性表达爱意，蒙克以杜夏的模样完成《玛多娜》，但终生未曾脱手。

在蒙克三十九岁的时候，这年夏天他在阿斯嘎德斯特兰村的别墅迎来了一个名叫多拉的女人。

智慧和美貌并存的多拉，以那"令人迷惑的圣女般的目光"和"如同女神那样美丽的裸体和披散的头发"，强烈地吸引着蒙克。

而热衷于艺术的多拉，对画家蒙克也是一见钟情。

当时，蒙克除了多拉以外，还有其他恋人，而多拉希望蒙克专一，并提出结婚的请求。

可是蒙克对婚姻生活十分排斥，无情地拒绝了多拉。多拉无法控制独占的欲望，拔出了手枪，蒙克见状，冲上去想夺下枪，结果枪响了，打掉了蒙克左手中指的一截。

这一次枪击事故后，人们纷纷谴责蒙克逼得多拉走投无路，是个负心汉。蒙克开始自我封闭，终日借酒消愁，最后住进了精神病院。

当蒙克再次返回挪威时，他一边与所喜欢的模特儿共同生活，一边隐居画室，埋头创作。

蒙克换了好几个模特儿，最后和看起来像女儿一般美丽的模特儿比尔吉特结婚了。这时，他已经年过六旬。

但蒙克并不看好这段婚姻："老人爱恋年轻姑娘是常有的事；相反的年轻姑娘爱恋老人却几乎没有……"

蒙克与比尔吉特的恋爱和离别，使他对于在现实世界中获得"真正的爱"感到心灰意冷，他不再期盼得到女人的爱情，静静地走完了自己生命的最后一段旅程。

蒙克的作品大多都是表现出那种迷途的欲望深渊和无法逃脱的死亡阴影，但壁画《太阳》（又名《晨曦》），是他难得一见的风格明亮的作品。

1908 年，蒙克精神分裂了，从丹麦的哥本哈根接受治疗回到挪威后，他为奥斯陆大学演讲厅创作了这幅热力四射的巨大壁画。

画里不再是血光、阴影和痛苦，而是单纯的、太阳升起时的壮观和感动。开阔的山丘河面上，耀眼的太阳，仿佛伴随着雄壮的音乐缓缓上升，光线四射让人睁不开眼，有如绚烂的烟火猛然迸发。

爱德华·蒙克

小知识

爱德华·蒙克（1863—1944）：挪威表现主义画家和版画复制家，现代表现主义绘画的先驱。他的绘画带有强烈的主观性和悲伤压抑的情调，主要作品有《呐喊》《生命之舞》《卡尔约翰街的夜晚》。

1931年元旦，美国纽约，新社会研究学院。

约瑟夫·厄班站在寒风中瑟瑟发抖，他穿着厚厚的衣服，仍然感觉到寒冷的空气从他的衣领处灌了进来。

厄班打了个冷战，抱怨地嘟囔了一句："哦，真是见鬼的天气！"

他抬头看了看天，见铅灰色的云层布满了天空，凛冽的冷风不断刮过，眼看着一场风雪即将到来。

街上的行人全都面带菜色，他们裹紧了衣服，匆匆忙忙，没有谁停下脚步。在街道角落里隐约可以看到一些衣衫褴褛的流浪汉正盖着报纸，紧紧地蜷缩在垃圾桶后面，试图躲避渐起的寒风。

《今日美国》/托马斯·哈特·本顿

"该死的经济危机！该死的胡佛！"厄班看着街道上凄凉的景象忍不住咒骂道。

距离曾经的"黑色星期四"已经过了两年，美国的经济急剧地下滑并开始倒退，破产、失业、贫穷、饥饿、运动，这些是这两年出现频率最高的词汇。资本家因为经济危机破产，工人因为经济危机失业，普通家庭因为经济危机而贫穷，人们因为经济危机挨饿，社会因为经济危机而动荡。

美国政府在这场经济危机中遭遇了最严重的考验，鼓吹着自由放任主义的胡佛总统并没有挽救美国的经济，他的名声如同撒旦一样令人憎恶。

难道美国就这样走向衰落了吗？

许多悲观的人都这样问道。

"但愿美国能够脱离这次危机！"厄班不禁闭上眼在胸口画了个十字。

"嘿，朋友！做礼拜应该去教堂，不是吗？"突兀的发问令厄班吃了一惊，他睁开眼睛，看到近在眼前一张熟悉的面孔，他长出一口气。

"本顿，你这个家伙还真是和以前一样喜欢吓人一跳啊！"厄班的脸上绽放了热情洋溢的笑容，狠狠地熊抱了眼前这个调皮的家伙。

"嘿！朋友！你再这样下去，我恐怕会被你勒死的！"被称为本顿的男人夸张地说道。

"托马斯·哈特·本顿，画家，同时也是约瑟夫·厄班的老朋友。"本顿坐在新社会研究学院的屋子中自我介绍道。

坐在本顿对面的是厄班和一群戴着眼镜的董事会成员。

一名董事会成员说："本顿先生，您的事情我们已经听厄班先生说过了。"

"哦？是吗？那就好。"本顿耸了耸肩。

董事会成员继续说道："那么我们可以谈谈合作的事情了。"

本顿闻言坐正了身子，点点头，表示自己在听。

"是这样的，想必您应该也听厄班先生说过了，我们新社会研究学院是由厄班先生负责设计的，在三楼有着一间董事会大厅，我们一致认为那里需要壁画装饰，然后厄班先生向我们推荐了你。"

"好的，我明白了。"本顿正色道，"我和厄班是老朋友了，他很了解我，那么题材呢？"

"什么？"董事会成员一怔。

"当然是壁画的题材了，难不成你们打算让我自由发挥？"本顿闻言挑了挑眉。

"我们几个人商量过了，现在的美国正处于独立以来最大的经济危机中，希望您可以创作一些激励国民的壁画。"

本顿听后，自信地笑着说："好的，先生们，我的作品一定会让你们满意的！"

壁画《今日美国》是二十世纪美国画家托马斯·哈特·本顿于 1931 年为新社会研究学院创作的巨型壁画，共十幅。

可以看到，壁画中描绘了当时美国最发达的一些工业产业，例如建筑业、石油业、煤矿业等,还有灯红酒绿的生活。画面充满了律动、刻意扭曲的形象和灿烂的色彩,赢得了人们的喜爱。

根据本顿的描述,壁画是他在走遍美国之后的呕心沥血之作,它真实记录了经济危机之前的美国景象,与其说它是一幅壁画,不如说是一本忠实记录历史的纪实画,尤其是对研究美国二十世纪社会和文化的历史,具有很大的价值。

小知识

托马斯·哈特·本顿(1889—1975):美国画家,二十世纪三十年代地方主义运动的领导者。他的壁画和版画引起了先锋派和保守派的争议,但却赢得了大众的肯定。代表作有版画《收割麦子》、《七月的干草》和壁画《今日美国》。

托马斯·哈特·本顿

48 玉米人的创世神话

墨西哥的历史

相传,在远古的时候,天地一片混沌,大海处于中央,把天空和大地分隔成两个世界。

天神图佩乌、古柯曼提斯和沃拉冈生活在寂静黑暗的宇宙之心里,主宰着天地、生死、时间和一切生灵。

后来,众神创造了天地万物,并按照自己的想象,用湿土小心翼翼地捏出一些小泥人,想让他们成为万物之灵长。

可是,这些木讷的小泥人有一个致命缺陷——不能沾水,在水中会溶化破碎。

《墨西哥的历史》/迭戈·里维拉

接着,众神用木头创造新人,这些新的人能在地上站稳,还可以直立行走。

不仅如此,木头人还会说话,彼此懂得交流,但由于身体里没有心,所以没有感情,对众神的恩惠也不懂得感激。

木头人虽然不像泥人那么怕水,但是走路总是磕磕绊绊,跌倒后全身支离破碎,再也爬不起来。

众神十分失望,就降下大洪水将泥人和木头人全部冲毁了。

此后,众神一直没有停止用各种材料来造人的尝试。

经过一系列失败之后,它们认定新人必须有血肉和骨头,同时具备思想和感情。

于是,众神决心在日出之前,把这件事做好。

当朝阳初升,天边出现第一道曙光时,众神说:"此刻正是为新的人类赐予食物的时刻,从此他们将在这里定居。"

众神将赐予"新人"的食物，散落在一些隐秘的地方。然后，众神齐声祈祷，为"新人"祝福，此刻，空气中散发着芳香，受香气的影响，这种美好的感受就形成了"新人"的一部分肉体。

这时喜鹊和鹦鹉从各地飞来，向众神汇报好消息：黄色的、深紫色的和白色的玉米都在生长、成熟。

众神将水注入那些玉米粒中，神奇的现象出现了，玉米粒溶解在清澈的水里，成为"新人"生命延续不可少的饮品。

众神把黄色的和白色的玉米粉和成面团，造就了"新人"的血肉，把芦苇当作骨骼安放在血肉里，"新人"就能够焕发出旺盛的精力。

就这样，四个完美的"新人"被神创造出来了，他们是：布兰·基特斯、布兰·阿克波、布兰·姆可塔和布兰·伊基。

这四人身体皮肉精致完好，肢体矫健灵敏，充满活力。因为受神的祝福，他们有思想、有理智，能思考、交谈，有各种细腻的感觉，具有灵性和才智。他们的眼睛里流露出诚挚自然的感情，他们理解周围的环境和世界，知道自己身由何来，身在何处，该去何方。他们感激和敬畏众神，知道自己的生命由它们赋予。

为了使这些"新人"能够繁衍延续，而且避免孤独，众神又在男人们熟睡之际，创造了一些女人。

神让这些女人不着寸缕地站在男人身边，她们的皮肤洁白细嫩，就如同用最光洁的木头做的美丽娃娃。

男人们从睡眠中清醒，发现了神的赐予，不由得欣喜若狂，他们看见女人窈窕的身材，细腻的肌肤，闻到她们身上散发出来的香气，珍爱地把她们当成自己的伴侣。

男人们给女人们取了名字，每个名字都悦耳动听，有着美好的寓意。

就这样，男人和女人成双成对，很快生育了大量新人，在现今墨西哥东部地区的土地上繁衍生息。

二十世纪初期，革命刚刚获得成功的墨西哥政府，委托里维拉在殖民统治者遗留下来的宫殿的中央楼梯的回廊创作了一大批壁画，命名为《墨西哥的历史》。

内容包括从印第安人创造文明开始，经过西班牙殖民时代，到墨西哥人民为争取民族独立而进行的独立革命，以及后来的墨西哥现代化过程等墨西哥的全部历史。其中，印第安人的风俗、生活细节、宗教仪式、市场，以及殖民主义者来到美洲后对印第安人的掠夺、奴役和残杀都表现得淋漓尽致。

第二章

超越时空的印记

用色彩记录历史和传奇

1879 年,西班牙北部,阿尔塔米拉岩洞。

桑图拉带着自己四岁的小女儿玛利亚,点着蜡烛在昏暗的岩洞中进行工作。

桑图拉来自西班牙,是一位考古学者。他在很早以前就喜欢这种透过线索来破解真相的事情,曾经最想做的职业是侦探。

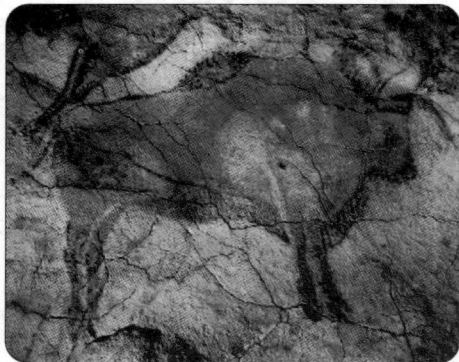

《野牛图》

第一次工业革命之后,科学的伟力弥漫整个欧罗巴大陆,人们对神明渐渐失去了敬畏之心,而《物种起源》的发表,更是令宗教的地位摇摇欲坠,桑图拉自然也受到了影响,于是他成了一名考古学者。

1875 年,一位牧羊人在阿尔塔米拉牧场发现了一个奇怪的岩洞,他将这个发现经过他人很快联系到了桑图拉。

令桑图拉失望的是,他并没有发现什么有价值的东西,只有一些零散的文物碎片,他最终乘兴而来,败兴而归。

时隔几年,桑图拉受邀参加巴黎世博会,在一处展览柜台前发现了一些法国南部出土的文物。看着眼前这些奇形怪状的物品,桑图拉不禁回忆起自己在几年前的那一次"失败"的考察,他立即意识到那些文物碎片的重要性。

于是,桑图拉选择了故地重游,带着自己四岁的女儿玛利亚重新回到阿尔塔米拉岩洞,希望这一次会有重大发现。

在岩洞里,长时间工作的桑图拉忽然感到很烦躁,开始有些后悔自己的决定。

因为此时桑图拉一边要进行工作,一边还要照顾女儿,这令他的工作效率极为低下,可是他也不敢让女儿远离自己,生怕会发生什么意外。

突然,在一旁玩耍的玛利亚发出了一声惊叫,这让桑图拉大为紧张,他马上冲到女儿身旁,一边仔细查看玛利亚身上有没有什么伤痕,一边追问道:"宝贝,怎么了? 发生什么事了?"

玛利亚摇摇头，奶声奶气地说道："我没事，爸爸。"

桑图拉闻言松了一口气，随即他皱紧眉头，刚想责问女儿为什么发出惊叫的时候，玛利亚伸出拿着蜡烛那只手，直直地指着上方的洞顶："爸爸，那里有牛！"

桑图拉顺着女儿手指的方向，借着昏暗的烛光抬头望去，不禁大吃一惊。原来，在父女二人的头顶上，有一只"野牛"正凝视着他们。

很快，桑图拉还发现洞顶和岩壁上画满了其他的动物，仔细辨认后，有野牛、野马、野鹿等。这些动物颜色各异，红色、黑色、黄色和深红色等相映成趣。抬起头注视洞顶，桑图拉不禁惊叹，原来在那里画着一幅长达十五米的群兽图，细细数来有二十多只动物，身长从一米到两米不等。

桑图拉推测，这些壁画距今大约万年以上，创造它们的远古先民应该是先在洞壁上刻出简单而准确的轮廓，然后再涂上色彩，并巧妙利用洞壁的凹凸，成就了生动有力的线条以及控制得很好的光影，原始画家创造出了极富立体感的形象。

玛利亚的一声惊呼，唤醒了人们对于岩洞中尘封万年雄伟壁画的认识，也将人们带入了别有洞天的远古艺术世界。

阿尔塔米拉岩洞长270余米，内有大小11个洞窟。大约在1.8万年到1.5万年前，一支远古人在这里栖身，留下了大量精美的以动物为主的绘画，而岩画《野牛图》是其中最为出彩的一幅作品。

根据专家分析，《野牛图》的创作是史前人类巧妙地运用了凹凸不平的岩壁，并采取天然颜料创作的。

画面中的"野牛"线条粗犷却不失逼真，整体看起来就像是一只野牛受伤卧地，低头怒视着前方；"野牛"身体颜色众多，其中以赭红与黑色为主，黄色与暗紫色则是辅色，这令"野牛"产生了一种动感和质感，就好像是真的一般。

总体来讲，岩画《野牛图》算得上是史前人类绘画的杰出代表，它简单却生动的模样，再加上多种色彩的结合，无不令人惊叹史前人类的艺术水平。

小知识

岩画是在岩穴、石崖壁面和独立岩石上的彩画、线刻、浮雕的总称，同时它也是壁画的前身。岩画不仅涉及原始人类的经济、社会和生活，同时，岩画还是人类的精神产品，以艺术语言打动人心。

50 不死的木乃伊

冥神奥赛里斯与法老王

相传,在冥国的河水中央有一朵魅惑的莲花,花是蔚蓝色的,在最大的花瓣上,站着荷鲁斯的四个孩子,它们的职责是帮助奥赛里斯称量死者的心脏。

据说,每一个死去的人都要站在奥赛里斯的面前称量心脏,死者的心在秤的一头,另一头是真理的羽毛。罪恶越深的人心脏越重,如果真理的羽毛那端被高高抬起,这个人将要面临水深火热的洗涤,然后再被派去和阿波菲斯神一起生活;如果真理的羽毛沉下去,就说明这个人的心脏轻,他的罪恶少,那么,荷鲁斯的孩子就会把他带到奥赛里斯的面前,他将生活在冥王的国度里,永远没有痛苦,并得到一颗水晶般透明的心脏,时时刻刻为人所敬仰。

奥赛里斯在人间时,是埃及第一任法老。他的弟弟塞特将他杀害后,把尸体分成四十八块,抛弃在全世界的各个地方。

奥赛里斯的妻子伊希斯把年仅四岁的儿子荷鲁斯安顿好,就开始满世界寻找丈夫的尸体碎块。

这次寻访很艰难,伊希斯走遍苍茫大地的每一个角落。正因为难度很大,伊希斯每找到一块尸体,都会非常感恩,并在当地亲手建造一座庙宇。而奥赛里斯的尸体碎片都被她用麻布仔细包裹起来,那些麻布都是姐姐奈弗提斯和姐姐的儿子阿努比斯亲手纺织而成的,能有效防止尸骸腐烂。这些被麻布包裹的尸骸就被埃及人认为是最早的"木乃伊"。

几年过去了,伊希斯找到了四十六块,还剩两块尸骸没找到。此时的她已经很疲倦了,在这几年里,她几乎没睡过一个好觉。伊希斯疲惫地在沙滩上躺下,仰望繁星点点的天空,祈求拉神能给她一点提示,让她能尽快复活丈夫。

天空中一颗粉色的流星拖着长长的尾巴划过伊希斯头顶,她微微眯起眼睛看它,好美的流星啊!但很快,她像是想起了什么,忽然从地上弹起来,一路追随流星而去。

伊希斯穿越沙滩,架起小船渡过广阔的海洋,然后在海另一边的沙滩上继续追赶,又经过几座山,流星终于有了降落的趋势。只见它缓缓向北方滑落,伊希斯也跟着一直往北方奔跑,最后在一片草坪上,伊希斯稳稳接住了粉色的流星。

《冥神奥赛里斯与法老王》

流星在她怀里依旧散发着粉色的光芒,将她的脸衬托得粉白莹润。

伊希斯往怀里仔细一看,眼泪就跟着掉下来了,她猜得没错,这粉红色的流星果然是奥赛里斯的头颅,她就知道,奥赛里斯不会背弃对自己的诺言。

那是在两人新婚不久时,伊希斯曾经半撒娇半带忧伤地问奥赛里斯:"你说我们两个人谁会先死呢? 如果你走得比我早,我如何独自一个人生活呢?"

奥赛里斯从背后温柔地抱住她:"不会的。即使我先走,我也舍不得留你一个人孤孤单单的。我会变成粉红色的星星,在你沉睡的时候守护着你。"

伊希斯双手捧着丈夫的头颅,用心施法,在原地升起一座宏伟华丽的宫殿,这就是后来很有名的阿拜多斯神庙。

接下来,伊希斯用麻布裹住丈夫的头颅,抱在怀里,向下一个国家出发。

此时,就剩最后一块尸骸没有找到了,那是奥赛里斯的生殖器,想要复活奥赛里斯,必须把他身体的各个部位都找到,少一块都不行。

伊希斯没走几步,就被一个人挡住了去路。伊希斯借月光看清来人是大地之神盖布,它微微倾斜脑袋,对着伊希斯笑得胸有成竹。

"你怎么来了?"见到老朋友,伊希斯很惊喜。这几年间,她不仅没睡好过,甚至连个说话的人都没有,除了孤独地赶路还是赶路。

"我奉拉神之命,送来一件你想要的东西。"盖布伸出左手,把一个用麻木包裹着的闪闪发光的物体放到伊希斯的手里。

伊希斯(右)和纳菲尔塔莉,来自纳菲尔塔莉陵墓壁画

伊希斯疑惑地打开,原来是奥赛里斯的生殖器,她又惊又喜:"你怎么得到的?"

"它被尼罗河里的一只鳄鱼不小心吞下肚,最近,鳄鱼被一个渔夫捕获,渔夫在处理鳄鱼尸体时,随手把它丢在沙滩上,被我在巡视的时候发现,就帮你保存起来了。拉神吩咐我说,在你找到奥赛里斯的头颅之后,就赶来把它送还给你。"

伊希斯心怀感激,对拉神和盖布道谢不已。

带着奥赛里斯完整的尸骸,伊希斯返回阿姆大地,找到姐姐奈弗提斯,两人在旷野上把奥赛里斯的身体像拼图一样拼凑完整。

然后,两姐妹开始对着拉神的方向大唱圣歌,奥赛里斯因此复活了。

壁画是古埃及陵墓装饰中不可缺少的组成部分。在表现形式上,这些壁画有着程序化的共性,并形成了自己独有的风格,那就是:画面构图在一条直线上安排人与物,人物依尊卑和远近不同来规定模样的大小,井然有序,追求平面的排列效果;人物造型写实和变形装饰相结合;象形文字和图像并用。

奥赛里斯审判亡灵

《冥神奥赛里斯与法老王》就是一幅陵墓壁画,画面中,奥赛里斯以木乃伊的模样出现,头戴"阿太夫"王冠,右手持连枷、左手拿着"赫卡"权杖,双手交叉放在胸前。法老为了表示自己与奥赛里斯合为一体,常常画下自己与奥赛里斯共处或是把自己画成奥赛里斯的样子,以求得到庇佑。

小知识

　　奥赛里斯是古埃及传说中第一任法老,后为冥王,受到古埃及人的尊崇,因为人们在前往冥界的时候需要经过冥王的审判,所以总是小心校正着自己的行为。

51 米诺斯王宫里的英雄传奇
海豚的见证

克里特岛的国王米诺斯得罪了海神波塞冬,因此受到了诅咒,他的妻子帕西菲患上了嗜兽癖。

《海豚》

一次,帕西菲与神牛结合,生下来一只牛头人身的怪物——米诺陶洛斯。米诺陶洛斯力大无穷,喜欢食用儿童的嫩肉。为了困住它,米诺斯请代达罗斯建造了一个异常复杂的迷宫,将米诺陶洛斯放在了迷宫的最深处。

后来,米诺斯进攻希腊城邦,希腊人为了求和,答应每九年送来七对童男童女,作为献给米诺陶洛斯的祭品。

这一年,进贡的期限又到了,大船停靠在港湾,升起了令人恐怖的黑帆。被选定的童男童女正在与家人做最后的告别,整个码头哭成一团,十分悲惨。

雅典城的百姓成群结队来到王宫,指责国王埃勾斯说:"我们把自己孩子的贡献出来喂怪物,可是你的儿子却在这里安享富贵,实在是太不公平了!"

王子忒修斯忍受不了这种指责,主动请缨,愿意亲自去喂牛头怪。他向父亲保证,说自己一定能制伏米诺陶洛斯,安全回来。

埃勾斯迫于百姓的压力,又不能说服儿子,最后只得勉强同意了。

一切准备就绪之后,忒修斯带着七对青年男女怀着死亡的恐惧和一线活命的希望登上大船,向克里特岛驶去。

到达克里特岛之后,国王米诺斯的女儿阿里阿德涅不仅为忒修斯英俊的外表所吸引,更为他的勇气所倾倒,对他产生了好感。

在忒修斯准备去迷宫之前,阿里阿德涅偷偷地向忒修斯吐露了爱慕之意,还交给他一个线团和一把蘸上剧毒的匕首。她叮嘱忒修斯在进入米诺陶洛斯的迷宫时,将线头系在宫门上,边往里走边放线团,这样就可以在杀死怪兽后顺着线从原路走出迷宫。

进入迷宫后，忒修斯带领一行人遵嘱而行，一直走到了米诺陶洛斯居住的地方。

那人身牛首的庞然大物见猎物送上门，张开血盆大口扑了过来。

众人纷纷向后退避，唯独忒修斯一人迎向前去，与怪兽进行殊死搏斗。

怪兽猛冲猛撞，力大无比，忒修斯灵巧地左躲右闪，使怪兽一次次扑空。当怪兽又一次扑来，张着双手想抓他时，忒修斯用匕首一挡，正好划破怪兽的手指。剧毒攻心，怪兽发出阵阵嚎叫，最后倒在地上，抽搐而死了。

站在远处的同伴从目瞪口呆中清醒过来，他们激动得热泪盈眶，紧紧抱住喘着粗气的忒修斯大声欢呼。

随后，大家顺着阿里阿德涅的救命线，穿过无数迂回曲折的通道顺利地走出了迷宫。

忒修斯杀牛头怪

十九世纪末，英国考古学家伊文斯爵士最早在克里特岛找到了米诺斯宫的庞大遗址，并在其内部发现了大量制作精美的装饰性壁画。这些壁画色彩鲜艳、线条流畅，题材多为各种水草、海浪、游鱼、木船以及各种人物、动物形象。

壁画《海豚》最早发现于王后寝殿的侧壁，是米诺斯王宫最独特的壁画之一。现今，复原的壁画藏于伊拉克里翁考古博物馆，复制品位于王宫北侧的房门上。

小知识

相对于古埃及绘画的呆板、单调，米诺斯宫壁画完全呈现出另外一种风貌，有着浓厚的人文气息，描绘的多是现实中的生活场景和日常事物，与古埃及墓葬绘画完全为死人服务的宗旨明显不同。

米诺斯王宫出土的壁画

52 消失的古城庞贝

读书女孩哀怨

《读书女孩》

在蔚蓝的那不勒斯湾，有一座千年古城。

最初，腓尼基人在此地生活，之后被希腊人占据，最后，罗马人接管了这座城市。

它就是庞贝，一座消失在火山灰之下的城市。

庞贝城十分繁华，作为罗马帝国的自治城市，沿袭了罗马的奢靡荒淫之风，人们整日流连于酒肆和妓院之间，醉生梦死。

在庞贝城，贫富分化严重，穷人只能住在租借的公寓里，富人却有着宽敞豪华的住宅和成群的奴隶。

富人喜欢去公共浴室洗澡，当时的浴室经营者头脑丝毫不比现代人差，浴室有更衣室、按摩室和美容室等，而洗浴的种类也是五花八门，有牛奶浴、泥浴、黄金浴等，专门满足爱美人士的需要。

不过就算钱财分配不均，庞贝城的居民却有一个共同的爱好，那就是看角斗。

庞贝城里有着罗马最古老的竞技场，可以容纳一万两千名观众，这个数量甚至超过全城人口的一半呢！

竞技场一旦开放，里面的角斗必然十分激烈，总是会有伤亡，这却让民众兴奋异常。

如果不是公元 63 年，庞贝城北面的维苏威火山开始苏醒，庞贝城依旧会持久地繁盛下去。也许上天想给庞贝城的居民一个警示，好让他们居安思危，便让长年沉寂的"死"火山爆发，同时发动了一场大地震。

灾难毁掉了城里的部分建筑，也让庞贝城的执行官坐立不安。

当时没有地质学家和考察队，想要预知未来只能去找祭司，祭司告诉执行官：

"维苏威山神说了，这次只是个意外，不会有什么大问题！"

执行官松了一口气，民众也立刻恢复了笑容，又继续沉浸于酒色中，再也不管火山的事了。

公元79年8月，火山忽然大量喷出火山灰，大团大团的黑烟遮住天空，笼罩在庞贝城的上空，将阳光挡在了厚厚的阴霾之外。

可惜的是，庞贝城的居民对此情况竟毫无反应，即使明知道火山在冒烟，他们也没有去想任何对策，更没有一个市民想到要逃离这座城市。

庞贝的末日

8月24日，灾难突然来临，维苏威火山剧烈喷发，炙热的岩浆夹杂在火星和浓烟中被喷发出来，岩浆遇冷迅速凝固成石头，如陨石一般猛烈地砸向庞贝城，吓得城中居民疯狂逃窜。

可怕的是，火山爆发后又下起了暴雨，山洪裹挟无数石块和火山灰一起向庞贝城压过去，城中绝大多数的居民来不及逃脱，都被埋在厚厚的火山灰下。

从此，庞贝城就从地球表面消失了，直到十八世纪初，人们才发现这座古城。

庞贝是当年罗马权贵们建起豪宅、寻欢作乐的地方。

城市里几乎每一处别墅的墙上都装饰有精美的壁画，简直是一座古罗马壁画的天然博物馆。壁画《读书女孩》就发现于庞贝城，展现了罗马贵族女子的知性。

庞贝壁画多绘制于公元前2世纪到公元79年间，形式多样，深受希腊风格的影响。大体可分为四种样式：

第一种，"镶拼式"：在墙面上用石膏制成各种彩色的仿大理石板，并镶拼成简单的图案。

第二种,"建筑式":利用在墙面上绘制各种建筑,透过透视处理以扩大室内空间感。由于立体感很强,造成房中有房、有限的空间扩展到无限的视觉空间效果。

第三种,"华丽式":画面十分精细华丽,由于画中出现埃及图案和狮身人面像,因此也有人称之为"埃及式"。这种样式纯粹是一种室内装饰,喜用华丽的柱形图案,很完整。

第四种,"庞贝巴洛克式或复合式":追求画面的繁复华丽,层层叠叠似真似幻的装饰效果,除具有上述几种样式的一些特点外,还注重光色和动态感。

小知识

庞贝城很多壁画的底色是黄色的,因为骤然遭遇火山灰屑之类的东西,发生了化学反应,变成了红色,现在正在慢慢恢复成原来的黄色。但一些真正用了朱砂的壁画,底色依旧是红的。

公元前334年春,亚历山大继承父业,开始了称霸世界的战争。他率领三万步兵、五千骑兵和一百六十艘战舰,渡过达达内尔海峡,向波斯进军。

波斯帝国在大流士三世昏庸无能的统治下,政治腐败,军备废弛,根本无力抵挡马其顿和希腊各邦的联军,刚一交战就节节败退。大流士三世不甘心国土不断失陷,在翌年11月,集合了六十万大军进入伊苏斯,企图切断马其顿军队的后路。

亚历山大听到消息后立即命令部队回师迎战,并在急速转移中展开战斗队形。此时,大流士三世已在皮拉鲁斯河摆好阵势。他自恃军力庞大,将优势骑兵集中在右翼,准备从海岸边的平坦地带冲击、包围希腊军队。而战斗力很差的杂牌步兵则放在了左翼,并在前方排列了数队弓箭手,以掩护右翼骑兵的进攻。

《伊苏斯之战》

亚历山大见状,命令全部轻重骑兵集中在自己的右翼,向波斯步兵发起了猛烈冲击。波斯左翼的弓箭手刚放完第一箭,联军的骑兵已冲到面前。波斯的弓箭手慌忙后撤,没想到冲乱了身后的步兵方阵,波斯左翼顷刻瓦解。大流士三世见左翼瓦解,慌忙驾车逃跑,他的母亲、妻子和两个女儿全都成了俘虏。

此役联军大获全胜,打开了通往叙利亚、腓尼基的门户。

为了将希腊文化传播到亚洲，亚历山大带头迎娶了大流士三世的女儿斯塔提拉，并鼓励手下的将领与波斯人通婚。同时，他还下令让三万名波斯男童学习希腊语和马其顿的兵法。

公元前332年，亚历山大挥军南下，在攻占叙利亚后，顺利进入埃及。他自封为埃及的法老，并派兵在尼罗河口兴建亚历山大城，作为东征的基地。

公元前331年春，大流士三世集结了二十四个部族的一百万大军卷土重来。十月初，两军在底格里斯河东岸的高加米拉以西，展开了激烈的骑兵战和肉搏战。双方兵力相差悬殊，联军仅有步兵四万，骑兵七千人。大流士三世倚仗数量优势，命令左翼骑兵首先攻击并包抄亚历山大的右翼步兵。接着，又挥动右翼步兵猛攻亚历山大的左翼骑兵。亚历山大的军队虽然英勇奋战，但战线还是被突破了。突破战线后，大流士三世立即分出相当兵力驰往战场后方的亚历山大营地，意图解救自己的母亲、皇后和公主，并劫掠财物粮秣。亚历山大抓住战机，亲自率领近卫重骑兵利用缺口迅速揳入敌阵，直逼大流士大营。

此举完全出乎大流士三世意料，他顿时惊慌失措，掉头就跑。

亚历山大放走大流士三世，率军向左右攻击波斯军，波斯军再次大败溃散。

联军乘胜南下夺取巴比伦，占领了波斯都城苏萨和波斯利斯，以及米底古都埃克巴坦那，并在城中大肆掳掠，他们用两万头骡子和五千只骆驼来驮运战利品，古老的波斯文明遭到了野蛮的摧残。

波斯皇后跪伏在亚历山大脚下

《伊苏斯之战》这幅镶嵌画以彩石、玻璃等不同材质拼嵌而成，是在庞贝城一座牧神庙内发现的，现藏于意大利那不勒斯国家博物馆内。

壁画所表现的是伊苏斯战役的最后时刻：亚历山大（左边）率领近卫骑兵发起了冲锋，并用手中的长矛将一个波斯骑兵刺穿；高居战车之上的波斯王大流士三世身体前倾，两眼圆睁，满脸都是震惊和难以置信的表情，簇拥在他周围的禁卫军拼命抵挡，车夫则挥动马鞭，驾驶战车掉头逃命。恢宏的战斗场面和生动的细节描绘，展现了希腊绘画的极高水平。

小知识

　　考古学家将这幅壁画完成的年代推测为公元前 2 世纪晚期，史学界普遍认为它是模仿古希腊画家菲罗在公元前 310 年为马其顿国王卡桑德所做的一幅油画。

相传，希腊的大英雄珀耳修斯是众神之王宙斯与人间的一位公主所生的儿子，也就是说，珀耳修斯是人神混血。

因为有神明的血脉，却又不属于神明之列，因此，珀耳修斯经常会帮神明处理一些它们不方便出面的事情。

《珀耳修斯与安德洛墨达》

古希腊有一个可怕的蛇发女妖，名叫美杜莎，她的面容狰狞而魅惑，每一根头发都是一条扭动的毒蛇，最令人恐惧的是，没有人敢直视她的眼睛，因为所有看到美杜莎双眼的人都会变成石像。

智慧女神雅典娜将铲除美杜莎的任务交给了珀耳修斯。

在临行之前，雅典娜送给他几件宝物：一双飞鞋，一个神袋，一顶狗皮盔。有了这些东西，就可以随心所欲地自由飞翔，他可以看见别人，而别人看不见他。众神使者赫耳墨斯还给了他一面铜镜，告诉他说："美杜莎是一个女妖，如果让她看见你，那么你就会变成一块石头，但是这个镜子会帮助你的，你不用看见她的脸就可以杀死她。"

穿上了飞鞋，戴上了狗皮盔，珀耳修斯很快就来到了女妖美杜莎的住所。

正巧女妖在睡觉，珀耳修斯小心走近美杜莎，还没等她睁开那可怕的眼睛，就干净利落地砍下了她的人头，装进了神袋。

这时，从美杜莎的尸体里飞奔出一匹神马，珀耳修斯跨上神马飞快地离开了这个地方。

在回去的路上，珀耳修斯发现海中一块裸露的山岩上捆着一个年轻美丽的姑娘，海风吹乱了她的头发，她的泪水挂满了腮边。

珀耳修斯问："可怜的姑娘，你叫什么名字？为什么被捆绑在这里哭泣呢？"

那个姑娘噙着眼泪说："我叫安德洛墨达，是国王刻甫斯的女儿。我母亲曾说我比海神涅柔斯的女儿还要漂亮，因此激怒了海洋女仙。她们请求波塞冬发大水淹没了我的国家，还让一个妖怪吞吃了陆上的一切。海洋女仙威胁说，如果想要重新获得安宁，就必须把我丢给妖怪。"

姑娘话音刚落，海面上突然掀起了巨浪，一只妖怪从海水中冒了出来，只见它宽宽的胸膛盖住了整个水面。

珀耳修斯见状，腾空而起，妖怪便朝着珀耳修斯投射在海上的身影追去。

此时珀耳修斯就像一只矫健的雄鹰从空中猛扑下来，手中的利剑狠狠地刺进妖怪的背部。

受伤的妖怪疯狂地反抗，追咬着珀耳修斯，一会儿钻入海底一会儿又冲向天空。珀耳修斯的利剑不停地朝它身上刺去，直到它口里涌出鲜血，一动也不动。

妖怪被杀死了，珀耳修斯飞到岩石上解开姑娘的锁链，把她送回父母的身边。

壁画《珀耳修斯与安德洛墨达》出土于庞贝城，现收藏于意大利那不勒斯国家博物馆。

该壁画中，无论是人物造型、服饰样式、色彩搭配以及构图布局都极具罗马文化特色，在一定程度上摆脱了希腊绘画的桎梏，同时也是研究古罗马绘画的重要图像数据。

珀耳修斯解救安德洛墨达

小知识

　　蛋彩画，用蛋黄或蛋清调和颜料绘成的画。多画在敷有石膏表面的画板上。早在3000多年前就在埃及墓室壁画中运用。之后由罗马传到欧洲，盛行于14—16世纪，成为文艺复兴时代西方画家重要的绘画技巧。蛋彩运用在壁画上被称为湿壁画。

采花的少女

冥王普路托因长得太难看，加上生活在地狱，所以相对来说，它的爱情颇费一番周折。

一次偶然的相遇，普路托爱上了农神的女儿普罗塞庇娜。

当时，宴会上的普罗塞庇娜一袭白色纱裙，站在母亲旁边，端庄大方而又不失妩媚，让冥王为之深深倾倒。

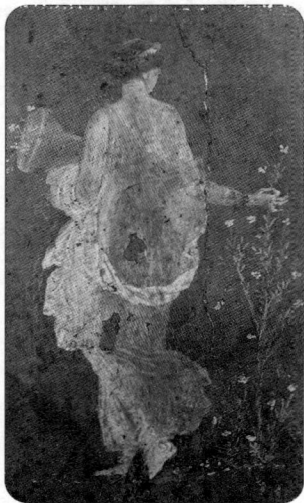

《采花的少女》

"如果能与这个女子厮守一生，那该多好啊！"

向普罗塞庇娜求婚的神明有很多，比如墨丘利、福波斯等，为了躲避它们的骚扰，农神把女儿藏在山洞中，很少让她出来。

恰恰是这一次例外，普罗塞庇娜的命运发生了改变。

看着满脸胡须，面目可憎的冥王来和自己说话，普罗塞庇娜急忙躲在母亲的身后。"你想做什么，这是我的女儿，你不要碰她，你会吓着她的！"农神赶紧护住自己的孩子。

"尊敬的农神，我没有恶意，我只是很喜欢您的女儿，想娶她做我的妻子。"冥王不善言辞，表达起来有些木讷。

"不行！你生活在黑暗的地狱，那里没有阳光，没有花草，全是阴魂，我女儿会受罪的，我死也不会把她嫁给你！"农神的态度斩钉截铁。

软的不行，就来硬的，反正冥王也不愿意和农神多说废话。

在宴会结束的时候，它乘人不备，把普罗塞庇娜变成一缕烟，从农神身边偷走了。

丢了女儿的农神，一天到晚失魂落魄。要到哪里去寻找自己的孩子呢？它再也无心工作，满世界寻找普罗塞庇娜。

因为大地上的收成都归农神监管，而农神此刻所有的心思都放在寻找女儿上。

春天来了，它也不知道人们在田里种下了什么庄稼，而人们依然在辛勤劳作，在酷日下给庄稼浇水，还像往常一样盼着有个好收成。

可是辛劳了大半年，庄稼却是越管理越枯萎，到了最后，竟然颗粒无收。

一年的希望变成了泡影，可怜的人们开始离开家园，为了找活路而四处逃荒。

朱庇特看到这个情况万分焦急，它派墨丘利去冥府，和冥王说明情况，让它放回普罗塞庇娜。

接受命令的墨丘利来到了普路托面前，跟它说明来意，告诉普路托："现在大地上的庄稼没有一点收成，人间哀鸿遍野，如果再继续下去，所有的人都会饿死，人类将会在这世界上灭绝。"

农神和女儿普罗塞庇娜相见

"可是，为了留住普罗塞庇娜，我已经让她吃下了冥间的石榴，她无法再返回人间了。"对于墨丘利的要求，冥王也无能为力。

无奈之下，它们同时找到了命运女神和朱庇特，共同商量了一个折中的办法：让普罗塞庇娜每年有三分之一的时间在冥府和普路托在一起，而另外三分之二的时间回到人间陪伴母亲。

每当母女团聚的日子，大地上就春暖花开，百鸟争鸣，一片生机勃勃的景象。到了秋天，农神总会送给人们最饱满的收成，人间再也没有饥饿、逃荒、流浪的悲惨景象了。

而就在这大地上一片欢腾、充满喜悦的丰收季节里，冥王却在默默思念着自己的妻子。

只有普罗塞庇娜离开母亲的日子，大地才会一片萧条，这是因为母亲思念女儿，漫天的雪花就像它鬓角的白发。

这样一来，主管季节和时间的时序女神也可以按部就班地工作了。

《采花的少女》出土于庞贝附近一座经历了相同命运的城市坎帕尼亚，被发现于一座贵族别墅中的卧室里。

画中的少女是正在采撷花朵的时序女神，其轻柔曼妙的身姿增加了画面的灵动感，画家虽然只画了一个背影，却勾勒出了婀娜的形体和曼妙的曲线，展现了一种与众不同的优雅。

阿基米德火烧罗马战舰

　　古希腊是西方文明的发源地，出现过大量才华横溢的人物，大科学家阿基米德就是其中的一员。

　　公元前 213 年的一个温暖的春天，阿基米德还像往常那样在房间里思考问题。他盘坐在地上，看着地上自己用树枝画的一道道痕迹发呆，脸上的表情变幻不定，一会儿愁眉苦脸，一会儿喜笑颜开，冷不防地还会提起手中的树枝在地上写写画画，不知道的还以为眼前这位大科学家精神病发作了呢！

《阿基米德火烧罗马战舰》

　　当然，了解阿基米德的人都知道，这是他思考问题时的习惯，一旦阿基米德做出这种表现，就表示他完全陷入了科学的世界，对外界的一切都将充耳不闻。

　　正当阿基米德继续对着画在地面上的问题进行思考演算的时候，一只大脚突然出现在他的眼前，将阿基米德从专注的状态中惊醒。

　　阿基米德抬起头，略带不满地紧紧盯着大脚的主人。

　　这个人此时满头大汗，顾不了阿基米德责备的目光，一把拉起地上的阿基米德

大科学家阿基米德

就向外跑,边跑边说:"阿基米德,现在只有你能救我们了!"

阿基米德正纠结着要不要甩开拉住自己的手,继续回去研究问题,猛然听到眼前这人慌乱的话语,当即皱着眉头,追问道:"嘿,朋友,到底发生什么事了?"

然而,来人并没有回答,拉着阿基米德跑得更快了。

这时,阿基米德已经认出眼前这个人是自己的邻居,按照道理他知道自己研究问题时的习惯,不会鲁莽地打扰自己,联想到邻居慌张的语气与焦急的动作,阿基米德心中不禁生出了一丝不祥的预感。

当邻居拉着气喘吁吁的阿基米德来到海岸边的时候,阿基米德发现在这里已经聚集了大量居民,大家的脸上充满了惊惶绝望的神色,阿基米德见状也变得不安起来。

当他将目光投向远方的海面时,顿时明白了大家绝望的原因。只见海面上行驶着众多的战船,桅杆上挂着的是叙拉古的敌人——罗马——的旗帜。

阿基米德沉默了,脸上布满了阴霾。

罗马战船到来的时机实在是好到了极点,当然这是对罗马人而言的。此时,叙拉古因为战争的原因,城中的居民大部分是老弱妇幼,青壮年少之又少,至于合格的士兵就更不用说了,对于如狼似虎的罗马人已经构不成丝毫威胁了。

阿基米德握紧了双拳,心中忍不住生出了绝望的情绪:难道我们就只能坐以待毙了吗?

他的大脑飞速运转,思考着一切可能的方法。

快点,再快点!

看着越来越近的罗马战舰,阿基米德在心中无声地呐喊着。

终于,阿基米德脑中灵光一闪,大喊道:"我有办法了,快把你们家里的镜子拿过来!"

众人听后面面相觑,但阿基米德长久累积的威名还是让大家听从了他的命令。

很快,在海岸边就出现了成百上千面镜子,阿基米德指挥大家将镜子反射的阳光集中照射在打头阵的战船的帆上。

神奇的事情发生了，不一会儿，那艘战船就冒起了火光，阿基米德继续指挥着大家，然后是第二艘、第三艘……

罗马指挥官马塞拉斯见进攻叙拉古的计划已经失败，下达了撤退的命令。

就这样，阿基米德凭借科学打赢了一场战争，守护了自己的祖国。

在今天意大利的佛罗伦萨，有一幅绘制于 1600 年的壁画，对阿基米德机智地利用镜子打败罗马人的传说故事，进行了艺术描绘。

在壁画右侧是巨大的罗马战舰，在它的上面已然冒出了明亮的火光，在远方的海面上还可以看到隐隐约约的更多的战舰；在壁画左下方是一座城池，城池上面有一个黑色的小人和一面巨大的镜子，而战船上的火光正是被从巨大镜子反射的阳光所点燃。

对于阿基米德火烧战舰的真实性暂且不论，单说这幅文艺复兴时期的壁画，结构简单明了，内容一目了然，画面生动传神，是具有相当艺术价值的壁画作品。

小知识

在公元前 8 世纪左右，东方的绘画艺术流传到了希腊，希腊人继承并将其发扬光大，逐渐拥有了自己的特色。在公元前六世纪初，希腊的绘画开始摆脱东方艺术的影响，形成了自己独特的艺术形式。

赵氏孤儿图

春秋时期，晋国是一个大国，在晋文公时期，晋国更是成为一代霸主，号令天下，莫敢不从。

不过风水轮流转，在晋文公死后，晋国的国力迅速衰退，很快就失去了霸主地位，往日威风不再。

但瘦死的骆驼比马大，晋国虽然不是霸主，但底蕴犹在，平日里也没什么国家敢招惹这么个"庞然大物"。

可是有句老话说得好，生于忧患，死于安乐。

《赵氏孤儿图》（局部）

晋国没有外部威胁，内部却渐渐起了祸患，这就叫祸起萧墙。

上有国君昏聩无能，荒淫无道，下有大臣结党营私，争权夺利。

这种情况愈演愈烈，到晋景公时期达到了高潮。

晋景公手下，有一个叫屠岸贾的人，他逢迎拍马，深谙为官之道，讨得了国君的欢心，晋景公对他十分信任。

所谓一朝权在手，便把令来行。

这屠岸贾得了势，便开始着手打击政敌，而晋国名门赵氏一族首当其冲。

屠岸贾与赵氏一族早在晋灵公时期就结下仇怨，得势后，他在晋景公耳边煽风点火，罗织了一些赵氏谋反的"罪状"。

晋景公对屠岸贾十分信任，根本不去分辨真伪，直接下令让屠岸贾全权处理。

屠岸贾"王命在身"，不再犹豫，直接领兵包围赵府，屠尽赵氏一族满门，赵府血流成河。

赵氏灭门后，豢养的门客树倒猢狲散，唯独两名忠肝义胆的门客心有不甘，想要替赵氏报仇,他们分别叫作公孙杵臼与程婴。

这一日,两人偷偷聚在一起,刚一见面,公孙杵臼就质问程婴:"赵大人如此善待你,可是你怎么苟且偷生?"

程婴犹豫再三,咬着牙恨声道:"赵姬有孕在身,若是产下一名男婴,那他就是我们报仇雪恨的希望!"

原来,在惨案发生之际,赵朔的妻子赵姬借着自己公主的身份藏在宫中待产,躲过了一劫。

公孙杵臼闻言点点头,不说话。

不久,赵姬产下一名男婴的消息传开来,身为佞臣的屠岸贾深知"斩草不除根"的危害,立即带人去宫中搜索。

这次搜索,屠岸贾没有得到想要的结果,反而惊动了程婴二人。

程婴忧心忡忡地说:"这次屠岸贾没找到赵姬和小主人,一定不肯善罢甘休,你我一定要想个办法,度过这一劫!"

公孙杵臼深深地看了程婴一眼,压低声音道:"你觉得这寻死和育孤哪件事难?"

程婴诧异地看了一眼公孙杵臼,不假思索回答道:"当然是育孤难。"

公孙杵臼当即道:"那好,主人生前对你最好,最难的事你来做!我去做那容易的事。"

程婴见状瞠目结舌,最后苦笑着点头同意了公孙杵臼的策略。

为保住小主人的生命,程婴心肠一狠,抱出自己的孩子与赵氏孤儿互换,与公孙杵臼一起出逃到山上。

屠岸贾得到消息,立马提兵围山,程婴"无奈"从山中出来,对着屠岸贾"谄媚"道:"程某无能,无法护住赵氏孤儿,这孩子早晚也是死,屠将军要是能给我千金之资,我便告诉你孩子的藏身之处。"

屠岸贾闻言嗤笑一声,答应了程婴。

于是,程婴和公孙杵臼就在屠岸贾面前演了一出"苦肉计",公孙杵臼和程婴的孩子一起身亡,保全了赵氏孤儿。

自此,背负骂名的程婴用出卖朋友的"赏赐"抚养赵氏孤儿长大,在其长大后,借着朝中大臣的帮助,里应外合,杀了屠岸贾,最终为赵氏一族报了血海深仇。

西汉壁画《赵氏孤儿图》收藏在今天河南省洛阳市的王城公园,它取材于历史上奸佞屠岸贾祸国殃民,屠灭赵氏满门,最终赵氏孤儿得报大仇的典故。

此壁画纵 25 厘米,横 194 厘米,作者不详。

在画面中有四人,小孩即为赵氏孤儿赵武,正拊掌而笑,老者表情复杂,是大夫韩厥。画中人物表情生动,动态夸张,笔法极为娴熟,显示了成熟的绘画风格。

小知识

赵氏孤儿历史原型即为春秋时期政治家赵武(前 591 年—前 541 年),他出身世卿大族,幼年其母与叔公不和,随母移居宫中。赵武是春秋中期晋国六卿,赵氏宗主,赵氏复兴的奠基人,后升任正卿,执掌国政,力主和睦诸侯,终促成晋楚弭兵之盟。

鸿门宴图

秦王朝大一统昙花一现,很快天下再次进入混战的状态。

"秦失其鹿,天下逐之",最后,楚国贵族项羽和平民刘邦在征战中脱颖而出。

项羽在巨鹿战场率领三万楚军,高喊着"楚虽三户,亡秦必楚"的口号,破釜沉舟,大破秦将章邯三十万大军,风头一时无两;而实力较为弱小的刘邦则出其不意,兵临咸阳城下,迫使秦王子婴出城投降,取得了比项羽更为耀眼的功绩。

按照事前的约定,本应该是谁先入咸阳,谁就在这里称王。可是刘邦在出身好、家世好、目空一切的项羽面前哪里敢先称王,于是,在他率军攻进了咸阳城后,却并没有急于占地为王,反而听从谋士的意见,将军队全部安置在了咸阳附近的霸上。

刘邦做出一副不入咸阳城的样子,可是实际上他在项羽赶过来之前已经开始了对咸阳城的管辖,在刘邦的安抚下,咸阳城的百姓没有一个人不拥护刘邦做王的。

《鸿门宴图》

刘邦进咸阳这件事终归不可能瞒得住,项羽知道刘邦率先进了咸阳以后,愤怒地率着四十万大军进驻咸阳城附近的鸿门地区向刘邦示威。

刘邦忌惮项羽的势力,在收到项羽在鸿门宴请自己的消息后,寝食不安的他只好找来张良询问意见。

张良说:"以目前我们的十万兵力想要和项羽正面交锋是不可能的,不如请项伯去说情。"

这位项伯,是项羽的叔父,和张良交情极好。有了他从中牵线,刘邦这才带着张良和大将樊哙前往鸿门赴宴。

这场鸿门宴应该是刘邦和项羽人生中的重大转折。

虽然，举办鸿门宴的目的是要除掉刘邦，可是当刘邦真的前来赴宴，项羽反而不忍心了。

刘邦向项羽赔罪说："我和将军合力攻秦，将军主攻河北，我主攻河南，谁知竟侥幸率先攻破秦关，得以见到您。如今有小人在背后使坏，企图挑拨将军和我的关系。"

项羽随口说道："是你手下的左司马曹无伤说的。"

当晚，项羽设宴招待刘邦。

鸿门宴的最终胜者——汉高祖刘邦

项羽、项伯朝东而坐，亚父范增朝南而坐，刘邦朝北而坐，张良朝西陪侍着他。

席间，范增几次给项羽使眼色，还提起玉佩向他示意，但项羽不是假装没看见就是直接否定，丝毫没有动手杀掉刘邦的意思。

范增忍不住了，既然项羽不肯动手，他只好自己请大将项庄以助兴舞剑为名，寻找机会刺杀刘邦。

范增的心思昭然若揭，本来就小心翼翼的刘邦见到项庄握着利剑，更是把心提到了嗓子眼，而项伯看到项庄每舞一下剑都藏着杀机，赶忙拔剑陪着项庄舞剑，不时用身体挡住刘邦。

有了项伯的保护，项庄始终没办法得手，可是项庄越是被拦着越是不甘心，还是变着法子找机会行刺。

张良见状，担心项伯拦不住项庄，赶忙跑出去叫来刘邦的大将樊哙。樊哙一听刘邦有难，直接持着盾牌和利剑就冲进来了，大声呵斥道："刘邦攻下咸阳，没有占地称王，却回到霸上，等着大王来。这样有功的人，不仅没有得到封赏，大王还听信小人的话，想杀自己兄弟！"

樊哙此话一出，让本来就动了恻隐之心的项羽更不忍杀掉刘邦了，立刻挥手让项庄回到座位。

过了一会儿，刘邦起身上厕所，樊哙也跟了出来。

刘邦对樊哙说："现在我不辞而别不太好吧？"

樊哙说："成大事就不必顾忌小礼节，现在人家好比是刀子和砧板，而我们却是板上的鱼肉，还考虑这些做什么！"

于是，刘邦便打算离开，留张良去向项羽道歉。

张良问:"大王可曾带什么礼物过来?"

刘邦说:"我拿了白璧一双,准备献给项王;玉斗一对,打算献给亚父。刚刚见他们发怒,没敢献上。您替我献上吧!"

张良说:"遵命。"

鸿门和霸上两地相距四十里,刘邦扔下车马、侍从,骑马抄小路离去,樊哙、夏侯婴、靳强、纪信等四人徒步跟在后面。

见刘邦走远,张良进去致歉:"我家主公不胜酒力,不能亲自向大王告辞。谨让臣下张良捧上白璧一双,献给大王;玉斗一对,献给范将军。"

项羽接过白璧,放在座位上,范增接过玉斗直接扔在地上,拔剑砍碎了。他叹道:"夺取项王天下的,必然是刘邦,我们很快就要成为他的俘虏了!"

此壁画据郭沫若考证,为《鸿门宴图》,纵长 23 厘米,横顶 140 厘米,底边 193 厘米,出土于河南洛阳汉朝墓室,现收藏于河南洛阳古墓博物馆中。

壁画线条粗犷,以一种颇为写实的方法,将鸿门宴中的人物一一描绘于墙壁上。画面中,项庄的杀机,项伯的急切,刘邦的惊愕都被古代的能工巧匠以高超的绘画技巧描绘得纤毫毕现,栩栩如生。宴会中的惊心动魄,暗藏杀机的紧张氛围,完全被壁画中人物的表现烘托还原在一面窄小的墙壁上,让观者仿佛身临其境。

小知识

　　汉朝墓室壁画兴起于西汉早期,流行于东汉。以毛笔为主要绘画工具,使用朱、绿、黄、橙、紫等色的矿物质颜料,因而壁画色彩历久不变,发现时通常都很鲜艳。在造型手法上,画家继承了春秋晚期以来的写实而夸张的传统。技法也逐渐成熟,到东汉晚期,出现了大笔涂刷的写意法、没骨法、白描法,甚至还使用了渲染法。在构图上,摆脱了春秋晚期以来呆板的图案式横向排列的形式,注重比例和透视关系。

在中国历史上，皇帝无论是沉迷女色，还是用情专一，都并不少见，可是要说荒淫无度，汉灵帝可以说是前无古人、后无来者。

汉灵帝纵欲，而且不分时间、场合地纵欲，而他手下的宦官对汉灵帝只爱女色不理朝政的做法又十分满意，因此更是鼓励汉灵帝沉迷于女色，管她宫女、嫔妃，反正都是皇帝的子民，都要为皇帝服务。

一日，不知汉灵帝受了什么启发，突然灵机一动想到了"开裆裤"。这种听起来就荒唐的事情恐怕也只有汉灵帝才想得出来。让宫女穿开裆裤毕竟只是一个初步改革，汉灵帝的"创意"远不止于此。

《乐舞百戏图》

186年，汉灵帝命令工匠在西园修建一千间房屋，同时又让宫人找来绿色的苔藓覆盖在台阶上面，从水渠引水来环绕着一千间房屋的门槛。而渠水中又种上了南国进献的荷花，花大如盖，高一丈有余，荷叶夜舒昼卷，一茎有四莲丛生，名叫"夜舒荷"。如此似梦似幻的布置，汉灵帝也算是别出心裁了。但这里不是供人观赏的，而是供汉灵帝继续满足他的荒淫色欲的。在这个犹如爱丽丝梦游仙境的花园里，汉灵帝命令宫女们脱得一丝不挂，在其中相互追逐嬉戏，他自己则在一旁欣赏着女人们美丽的胴体。这个花园正是后来被称为"裸游馆"的地方。

一次，汉灵帝与众美女在裸游馆的凉殿里裸体饮酒，整夜玩乐。在这纸醉金迷的时刻，汉灵帝感叹地说："假如一万年都如此，就是天上的神仙了。"

如果以为汉灵帝的创意到此为止，那实在是太低估汉灵帝对享乐的追求了。

歌舞嬉戏自不必说，汉灵帝除了喜欢开裆裤和裸游以外，更喜欢的事情便是做买卖。他命令后宫摆设成民间的市肆，宫中的嫔妃、宫女装作买家，他自己扮作卖家，这种游戏汉灵帝百玩不厌。后来，汉灵帝"卖"的东西不只是奇珍异宝了，变成了卖官位。史书明确记载：一般来说，两千石的官价格为两千万钱，四百石的官价格为四百万钱，比较明晰，利于计算。为了让生意持续做下去，既可以现金交易，还可以赊欠打白条，不过要追加利息。而且，为了便于竞争，汉灵帝还做出明确规定，根据客户的身份和财产多少，官位价格可以随时增减。也就是说，官位价格灵活多样，只要能够多卖钱，就是划算的生意。

皇帝如此荒淫享乐，手下的大臣们自不必说，甚至在死后，还将乐舞百戏的场景画在墓室的墙壁上。

壁画《乐舞百戏图》，出土于内蒙古和林格尔墓，是汉朝墓室壁画的代表。此墓的墓主人系东汉时一个名叫陈师的高级官吏，其生卒年代不详。在画面中央，两人执枹擂击建鼓。左边是乐队伴奏，百戏内容有掷剑、弄丸、舞轮、倒提、童技等；画面上部，一男子与一执飘带的女子正翩翩起舞。在图的左上方是观赏者，居中一人似为庄园主，正和宾客边饮酒边观看乐舞杂耍的表演。人物近似速写，寥寥几笔，就生动地表现出处于激烈动作中的人的种种神态和热闹的气氛。

整个画面色彩鲜艳，所用颜色均为矿物原料，以红为主，间以黑、棕色，透出天真质朴的气质。

小知识

墓室壁画一般绘于墓室的四壁、顶部以及甬道两侧。内容多是反映死者生前的活动情况，也有神灵百物、神话传说、历史故事、日月星辰以及图案装饰，目的主要是说教和对亡者的纪念或者希望死者在冥间能过上好日子。

河北安平汉墓壁画——《君车出行图》

丝绸之路的开辟

张骞出使西域

西汉初年,匈奴单于冒顿凭借无敌的铁骑崛起于大漠草原,并在与汉朝的交锋中获胜,西汉政府只得靠和亲这种屈辱的方式来换取短暂的和平。

但匈奴对土地和人口的野心从来就不会满足,在击败西汉后,匈奴的兵锋转换了方向,对准了遥远的西域,各自为政的西域诸国哪里是匈奴的对手,很快西域就被征服了。

此时,西汉政府虽然自身难保,但是依旧秉持着"无论敌人想做什么,我们从中搞破坏就对了"的方针,不时给匈奴添点麻烦。

经过长期的休养生息,西汉王朝在汉武帝时期终于强大了起来。

在与匈奴争斗过程中,汉武帝得知了一个很重要的消息:匈奴在征服西域时,曾对大月氏国进行了血腥屠杀,此后,西迁的大月氏国一直都有报复匈奴的意思。

为了联系匈奴以西的月氏国,与其两面夹击、共同对付匈奴,汉武帝派张骞出使西域。

不过,张骞的运气实在很差。

离开大汉国土不远,张骞就遭

《张骞出使西域图》

遇了匈奴骑兵,不幸中的万幸,他只被当成了奴隶,并没有被杀掉。

为了完成使命,他聪明地与匈奴人周旋,后来被派往匈奴西部边境为官,这样一来他终于寻找到出逃良机,带人逃离了匈奴。

张骞历尽千辛万苦,来到了大宛,在大宛人的帮助下,继续西行,到达康居、大夏,终于找到了传说中的月氏国。

不过令张骞失望的是,人算是找到了,但最初的目的并未达成。

月氏国是游牧民族,本来在敦煌一带游牧,这十几年来,在匈奴等国的进逼下不断西迁,被迫迁到阿姆河畔。由于当地土地肥沃,适合耕种,他们已经定居此地,无意向东与匈奴为敌。

张骞在月氏国努力了一年多,发现无法达成目的,最终只得失望而回。

在回国途中,张骞又被匈奴扣留了一段时间,最后趁着匈奴内乱的时机,与奴隶出身的堂邑父一起逃了出去。

尽管张骞没有完成既定的使命,但他了解了西域各国的地理、物产、风俗习惯,极大地开阔了视野,回国后,对汉武帝讲述了西域风情。

公元前119年,张骞带着300人,拿着汉朝的旌节,带着一万多头牛羊,还有黄金、绸缎、布帛等,再一次踏上西去的道路。他们到达乌孙,送上汉朝的厚礼,又前往大宛、月氏、于阗,与之分别建交。

这些国家非常高兴地接待汉使,并派遣使臣带着当地特产跟他们到长安回访。

张骞和他的随从先后到达三十六个国家,从此,汉朝每年都派使臣去访问西域各国,与这些国家建立了友好的关系,商贸往来不绝。

中国的丝绸也源源不断地运往西亚,转运欧洲,开辟了著名的丝绸之路。

壁画《张骞出使西域图》位于莫高窟初唐第323窟主室北壁,所描绘的内容为汉武帝获得了匈奴祭天金人,不知名号,遣张骞出使西域大夏国求金人名号的故事。

全画高136厘米,宽163厘米,所绘的内容受到了佛教文化千丝万缕的影响,不仅真实记录了张骞出使西域的历史功绩,还结合了一些神话和宗教的故事元素,使整幅壁画多了几分异域风情。

小知识

　　画面中,张骞一行人的途程以山做间隔,每过一山行旅出现一次,人物亦由大渐小,以示行旅之远去。敦煌壁画中以透视原理的近大远小作画,始于此窟。

唐朝的章怀太子李贤在流放巴州时,写了一首《黄台瓜辞》:

种瓜黄台下,瓜熟子离离。

一摘使瓜好,再摘令瓜稀。

三摘尚自可,摘绝抱蔓归。

这首诗形式上为乐府民歌,语言自然朴素,寓意也十分浅显明白。以种瓜摘瓜做比喻,奉劝某人手下留情,不要赶尽杀绝。

那么,这个人是谁呢?为什么要对李贤赶尽杀绝呢?

说出来还真让人感到不可思议,这个人就是李贤的生母武则天。

《狩猎出行图》

在中国的历史上,掌握国家大权的女人很多,可是称帝的只有武则天一人。

武则天在十四岁进宫当了才人,唐太宗李世民见她娇媚可人,特意赐名"武媚娘"。

在被封为才人之初,李世民很喜欢她,常常带在身边。

当时，有匹马叫作狮子骢，谁都不能驯服它。

武则天毛遂自荐说自己可以，但需三件东西。

唐太宗问她是什么，她说："铁鞭、铁楇和匕首。"

唐太宗又问这三件东西的用途，武则天说："我先用铁鞭来鞭策它，如果不服，就用铁楇敲它头，再不行，就用匕首抹了它的脖子！"

唐太宗看着面前这个女人，突然有些害怕。

唐太宗渐渐老去，在他卧病时，还是喜欢让武则天服侍左右。

女皇武则天

太子李治经常来探望父皇，不免会看到武则天，他对父皇的这个女人一见钟情，和武则天私订终身。

唐太宗死后，李治想留住武则天却没有办法，她作为先皇没有生育过子嗣的女人，要到感业寺出家。

但李治一直没有办法忘记武则天，永徽元年，他以纪念先皇忌日为由，到感业寺和武则天私会。

小别胜新婚，两人的感情更浓烈了。

李治的皇后王氏知道了这个消息，主动要求将武则天接到宫中服侍皇帝，她的目的是想借武则天打击她的情敌萧淑妃，武则天没权没势，不用担心她会威胁自己的地位。

武则天的到来成功地打击了萧淑妃，这个对李治痴情一片的女子忍受不了丈夫对别的女人专情，终于落入王皇后的陷阱，被打入冷宫，再无翻身之日了。

王皇后很得意，她的下一个目标就是武则天，可是她没想到，这个她一手扶持起来的女人最终要了她的命。

那时候，武则天刚刚生下一个女儿，自己心爱女人的孩子，李治非常疼爱，视为掌上明珠。王皇后基于礼数，特来探望，可是她万万没有想到，武则天竟然心狠到能亲手杀死自己的骨肉。

王皇后刚走，小公主就断气了。

武则天就这样除掉了异己。

除掉了情敌，控制了皇帝丈夫，为了称帝，武则天又将毒手伸向了自己的儿子。

武则天亲生的儿子有四个：长子李弘、次子李贤、三子李显、四子李旦。

长子李弘为皇太子，性情仁厚，由于同情萧淑妃的两个女儿，得罪了母亲武则天，不久便被药酒毒死了。

唐高宗又立二十二岁的次子李贤为皇太子。

李贤自幼"容止端雅",过目不忘,小小年纪就已读了《尚书》《礼记》《论语》等。长大后,他组织一批名儒注释《后汉书》,因为《后汉书》载有皇帝大权落入皇后和外戚之手的史事,带有讥讽时政之嫌,引起了母亲武则天的不满。

最终,章怀太子李贤未能幸免,也成为政治斗争的牺牲品。

李显和李旦,由于性格懦弱,甘于做傀儡,才保住性命。

为了权力,不惜杀害自己的女儿和儿子,武则天不愧为史上最毒辣的母亲。

唐章怀太子墓的墓址在陕西乾县城北三公里的韩家堡,为唐乾陵陪葬墓之一。在墓道东壁绘制的《狩猎出行图》,高 2.4 米,全长 12 米,是一幅气象壮观的巨幅精品。

画面以青山松林为背景,四十多个骑马狩猎者携弓带箭,或持旗或持驯豹鞭,簇拥着主人纵马驰向猎场。其中前五骑为先导,之后是一位身着灰蓝袍服、气态昂然的首领人物,率领几十骑人马前呼后拥地行进,殿后的还有两匹负重的骆驼。构图气势磅礴,远山近树,疏密得当,是唐墓壁画中的上乘之作。

小知识

　　章怀太子李贤(655—684):字明允,唐高宗李治第六子,武则天第二子,系高宗朝所立的第三位太子,后遭废被杀。著有《君臣相起发事》《春宫要录》《修身要览》等书,今已佚失。

62 风靡唐朝的第一运动

马球

　　马球是中国古代盛行的一种体育运动,延续至明朝渐渐失传。马球运动在唐朝最为流行,可算得上普及项目,特别是在贵族阶层中,几乎每位男子都会挥动球杆,来上一两场比赛。

　　马球就是骑在马上,手持球棍(也叫球杆、球杖)击打球,以把球击入球门为胜。看起来与今天的足球比赛很相似,不过多了马匹和球棍,而且球体也有变化。当时的球也叫鞠,个头比较小,大概有男子拳头大,多用质量轻却有韧性的木料制成,将中间挖空,外面涂上红色或者进行彩绘。有唐一代,几乎所有天子都喜欢打马球,建设了许多球场,以备随时使用。

　　想当年,唐玄宗年轻时曾经大败吐蕃马球队,为大唐赢得无上荣誉,终其一生都爱好马球。

　　唐僖宗李儇则继承了这一传统,将马球事业推上了巅峰。

　　李儇可谓是唐王朝最出色的"马球先生"。据说,他可以骑在飞奔的马上,用球杖连续击球达数百次之多,那真是快如闪电,疾如迅风,让人眼花缭乱,目不暇接。

　　到了后来,李儇不仅球技玩得花样百出,还把马球运动带到治国策略中。

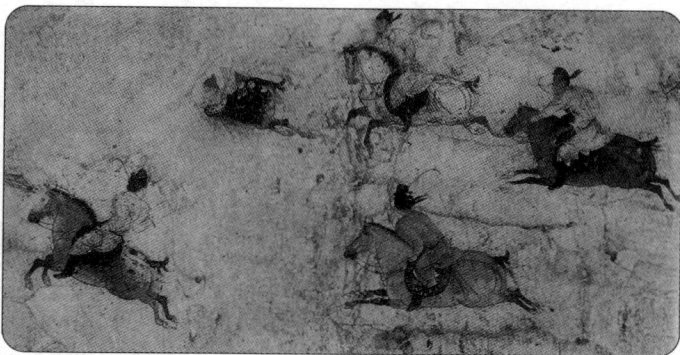

《打马球图》

　　一次,西川节度使出缺,负责的官员提交四位候选人请皇帝定夺。李儇一时间踌躇不定,怎么办呢? 派谁去好呢? 忽然间,他计上心头,传下圣谕,让那四位候选人来场马球比赛,谁赢了谁就做西川节度使。

　　这一昏招出台,乐坏了候选人之一的陈敬瑄。他虽然只是一个卖烧饼的,但早就与大宦官田令孜有所来往,并得到后者提示:要想挤入上流社会,必须天天苦练马球技术,这次真的派上月场了。

结果,陈敬暄胜出,赢得西川节度使一职。

这个奖赏可够大的,西川节度使相当于现在的四川省省长,你说权力大不大?可惜了候选人崔安潜,本来在西川干得好好的,奈何马球打得差,只能将大权拱手让人。

为了满足李儇肆无忌惮的玩乐需求,朝廷不得不多方搜刮民脂民膏,加上宦官老爷们卖官专权,终于导致了农民起义的爆发。

最后,李儇只好在"阿父"挟持下两度避难四川,并丢了江山。

1971年,我国考古工作者发掘了唐章怀太子墓,出土五十多组壁画,其中一幅《打马球图》,生动地再现了唐朝马球运动的实景。

《打马球图》绘于墓道西壁,长675厘米,高160厘米。画面上有20匹"细尾扎结"的各色骏马,骑士均穿白色或褐色窄袖袍,脚蹬黑靴,头戴幞头。画家以洒脱自如的画笔,透过线条色彩,把人物活动的姿势和体态,描摹得栩栩如生。画面上骏马矫肥健壮,腾跃追逐;马球手神情勇猛,奋力拼争;观者静静站立,凝神聚目,球场上紧张激烈的气氛溢于画面。图中点缀以山峦、古树,更使这热烈的运动场面显得宏大开阔。这种静与动和谐地糅合在一起的表现手法,反映出唐朝人民高超的绘画技巧和匠心独具的艺术构思。

小知识

永泰公主墓是乾陵十七座陪葬墓之一。墓内壁画丰富多彩,墓道、过洞、甬道和墓室顶部都有壁画。前墓室象征客厅,壁画以着华丽服装的侍女为主。这些手中拿着各种生活用品的侍女体态丰盈,神态各异,有的似乎在悄声细语,有的似乎在点头赞许,有的则在环顾四周,她们仿佛正行进在路上,准备去侍奉主人。后墓室墓顶画有天象图:东边是象征太阳的三足金乌;西边是象征月亮的玉兔;中间是银河,满天星斗,颗颗在天空中都有固定的位置。这充分反映了当时高度发达的天文学水平。这些壁画和章怀太子墓壁画齐名,是唐朝绘画的精品。

永泰公主墓壁画——《宫女图》

汉朝有一种艺术形式叫"百戏",是对民间各种表演艺术的统称。"百戏"是宋朝"滑稽戏"的前身,而在西汉时期,也确实发生了一件颇为滑稽的事情。

此事隐藏在深宫之中,却是朝廷上众人皆知的丑闻。

汉成帝时期,皇后赵飞燕因皇帝宠幸自己的妹妹赵合德而心生不满,遂从宫外找来一批英俊的男宠供自己享乐,从此在后宫日日笙歌,极尽奢靡淫乱。

皇后如此乱来,大臣看不下去了,光禄大夫刘向忍无可忍,又不敢明说,就到处搜集古代的烈女贞妇的故事,然后整理成一本《列女传》,献给汉成帝。

汉成帝当然知道刘向的心思,可是年过不惑的皇帝早已被赵飞燕姐妹迷得失了心智,他嘴上赞叹烈女的忠贞,心里却出于对赵飞燕的愧疚而装聋作哑,此事不了了之,只有《列女传》遗留下来。

在《列女传》中,有一篇《东海孝妇》,讲的是孝妇周青在丈夫死后与婆婆相依为命,后来婆婆生了重病,周青给婆婆送药却不慎将药碗打破,婆婆以为媳妇有意要杀自己,就告到官府。

太守认定周青犯了谋杀罪,不顾周青的哭诉,将其斩杀。

周青死后三年,当地一直遭受严重的旱灾,算命先生认为是周青的冤魂在作怪。

后来,太守在周青的墓前杀牛祭拜,天空忽然落下大雨,孝妇的美名从此流传。

唐朝时,百戏变成了杂剧,表演形式涵盖歌舞、杂技等,当时不过是逗大家玩乐的一种表演。到了宋朝,杂剧逐渐向戏剧靠近,内容分成

水神庙元杂剧

三段:第一段引子,第二段叙事,第三段插科打诨,中间伴有杂技。

因为有幽默搞笑的成分在里面,所以这时的杂剧也被称为滑稽戏。到了元朝,因为统治阶级的缘故,文人的社会地位极其低下,在长期的被压迫之下诞生出元曲这朵瑰丽的奇花。元曲深具时代抗争精神,揭示了激烈的社会矛盾。

"元曲四大家"之一的关汉卿看到东海孝妇的故事时,突生灵感,他将故事改编后,取名为《窦娥冤》,讲述寡妇窦娥被张驴儿父子逼婚却坚决不从,于是张驴儿害死窦娥的婆婆,并嫁祸给窦娥的故事。

　　结果,窦娥被太守处以死刑,临刑前,她发誓若自己是冤枉的,就让血溅白练不坠地、六月飞雪、三年大旱,结果一一灵验,其冤屈也终于被洗清。

　　《窦娥冤》上演后,博得人们的一致好评,是元曲四大悲剧之一,也被称为"中国十大古典悲剧"之一。它将孝妇置身于刁民与官场勾结的背景下,使其成为元朝被奴役剥削的民众代表,讴歌了底层百姓的善良和反抗精神。

　　水神庙在山西省洪洞县城东北17公里霍泉源头。

　　在南壁墙东面是一幅价值连城的戏剧壁画——《元杂剧壁画》。

　　这幅壁画完成于元泰定元年(1324年),画面宽311厘米,高524厘米,演员七男四女,其中一女演员正在幕后探头观望,展现出一个民间戏班子正在登台演出的实况。

　　从画面上看,当时元杂剧已分出生、旦、丑、净等行当,有了刀、牙笏、扇子等道具和勾脸谱、假胡子之类的化装,并且还有了精致的布景,分出了幕前和幕后,伴奏乐器有鼓、笛、拍板等。壁画反映了元杂剧兴盛时期的真实情景,是研究中国戏曲发展史的珍贵史料。

小知识

　　元杂剧又称北杂剧,是元朝用北曲演唱的汉族戏曲形式。形成于宋末,繁盛于元大德年间(13世纪后半期—14世纪)。主要代表作家有关汉卿、郑光祖、马致远、白朴等。主要代表作有《窦娥冤》《汉宫秋》《倩女离魂》《梧桐雨》等。

64 帝国共治者

皇后提奥多拉及其随从

在拜占庭帝国的历史上,曾经出现过这样一位传奇的女子。

她身份低下,却成了帝国的掌权者之一;她身体柔弱,却能够在乱民暴动前面不改色;她一介女流,却完成了大部分男人无法完成的事情。

她,就是拜占庭帝国的皇后——提奥多拉。

提奥多拉出身低贱,本是帝国万千贫困家庭中的一员,后来还因为贫穷的原因,成了君士坦丁堡剧院的一名伶人、名妓。

但与其他人不同的是,提奥多拉从来不为自己出身卑微而感到彷徨、自卑,相反,她很会利用自己的身体去追求一切自己想要得到的东西,譬如钱财、人脉、权势。

终于,提奥多拉从众多普通的妓女中脱颖而出,出现在上层人物的视线之中。

提奥多拉不是一个单凭自己的肉体获得利益的人,与其美丽容貌成正比的是她卓绝的政治智慧。

她深知色衰而爱弛的道理,因此她需要更高的地位,只有这样,才会过得更好。

提奥多拉最终将视线瞄准了那空缺的帝国皇后的宝座。

那是属于我的位置!

提奥多拉暗下决心。

《皇后提奥多拉及其随从》

透过一系列的"偶然",提奥多拉邂逅了当时皇位的最佳继承人——查士丁尼,很快和他"坠入爱河",并结为夫妇。

527年,查士丁一世去世,查士丁尼登上帝位,提奥多拉也得到了自己梦寐以求的宝座。

然而,这个时期的提奥多拉的权势还远未达到顶峰,真正令她发迹,步入政坛成为"帝国共治者"的契机即将到来。

532年,拜占庭帝国首都爆发了一场市民暴动,史称"尼卡暴动"。

《皇帝查士丁尼及其随从》

暴动很快就被帝国皇帝查士丁尼所镇压,君士坦丁堡血流成河。

世人都说查士丁尼英勇果决,但谁会想到,面对暴动,查士丁尼第一时间想到的却是逃离呢?

说起尼卡暴动,还得先说东罗马帝国一项流行的体育竞技——赛车。

赛车这项运动在当时算得上是风靡全国,甚至政府还专门在君士坦丁堡建立了一座竞技场。

竞技场的观众分成两派,即"蓝党"和"绿党"。"蓝党"的主要成员是大贵族、元老院成员以及小部分市民,支持皇帝的中央集权。"绿党"的成员大部分是农民,提倡地方自治。

政见的不同导致了两个集团的矛盾分歧,并在532年的一个竞技日中,双方爆发了激烈冲突,而政府的介入更是令场面急剧恶化。

"绿党"不满查士丁尼,决定推翻他的统治。

皇宫在民众的包围下岌岌可危,查士丁尼束手无策,最后决定逃走。看着皇帝窝囊的模样,提奥多拉非常生气,她决然地对着查士丁尼说:"抱歉,陛下,我选择留下来!"

"为什么?"查士丁尼吃惊地问道。

提奥多拉看着皇帝,慷慨激昂地说出了一段被载入史册的话:"如果只有在逃跑中才能寻求安全,没有其他办法的话,我也不选择逃跑的道路。头戴皇冠的人不应该在失败时苟且偷生,我不再被尊为皇后的那一天是永远不会到来的。如果您想逃,陛下,那就祝您好运。您有钱,您的船只已经准备妥当,大海正张开怀抱。至于我,我要留下来,我欣赏那句古老的格言:紫袍是最美丽的裹尸布。"

面对视死如归的提奥多拉,查士丁尼羞愧地低下了头,随后,他选择留下来,结束这混乱的局面。

在查士丁尼和提奥多拉的努力下,暴动很快就被镇压了,而提奥多拉也因为这次事件,成了"共治者"。

从政期间,提奥多拉还鼓动查士丁尼修改法律,允许妇女堕胎,允许已婚妇女有社交的权利。她也因此成为最早承认妇女权利的统治者之一,是女权运动的领袖。

548年,提奥多拉病死,被埋葬在圣使徒大教堂。

《皇后提奥多拉及其随从》是意大利拉文纳圣维塔列教堂的一幅镶嵌画,描绘了提奥多拉和侍从一起向基督献祭的情景。

这幅著名的拜占庭彩石镶嵌画是她逝世前一年完成的,透过这幅壁画,世人仿佛又阅尽了这位美丽女子的传奇一生。

拜占庭镶嵌壁画传承于古罗马,同时继罗马时代之后又一次获得繁荣发展,获得了很高的艺术成就。镶嵌壁画由小块彩色大理石或彩色玻璃拼嵌而成,色彩鲜明璀璨是它的基本特点之一,作品的形式处理强调装饰性,不表现背景,有着几乎完全相同的姿势人物造型,很少有三度空间感。

画面中,提奥多拉皇后头戴一顶华丽的皇冠,脑后悬着一轮圆形光环,身披华贵的衣袍,手捧将要献祭给基督的祭物,身边簇拥着一群教会祭司以及宫廷侍从。在周围人的衬托下,皇后提奥多拉显得十分雍容大度,整支队伍看起来就好像从神话中走出来的一般。

整幅壁画色彩搭配极为协调,仔细看去,还可以看到上面还有许多发挥装饰作用的"小物",不同色彩的搭配让壁画多了几分动感,同时鲜艳的色泽和强烈的反光让壁画意外地多出了一些"天堂"气息,算得上是其中的点睛之笔。

小知识

尼卡暴动是公元 532 年在拜占庭帝国首都君士坦丁堡发生的市民起义,因市民高呼"尼卡"(胜利)的口号而得名。

查士丁尼的镇压改变了罗马公民参与政治的传统,甚至连赛车这种传统的体育活动后来也被逐渐取消了。

65 "上帝之鞭"的退却
圣日内维耶抵抗阿提拉

中国东汉时期,匈奴帝国被彻底打败,除了一部分归附中原以外,剩下的部族选择了整体西迁,暂避汉朝锋芒。

而匈奴西迁的举措则在无意间彻底改变了欧洲乃至世界的历史。

匈奴西迁将近一个世纪后,零落的匈奴部族出现了一位强大的统治者,他就是在世界历史上被称为"上帝之鞭"的匈奴王阿提拉。

在世界上,只有两个人荣获了"上帝之鞭"的称号,另一个就是后世驰骋天下的成吉思汗,由此我们就能猜到当年阿提拉的可怕了。

阿提拉统一了分散的匈奴部族,集中了力量,将整个西欧的社会秩序砸了个稀巴烂。

《圣日内维耶抵抗阿提拉》

所谓乱世出英雄,圣日内维耶就是其中一个。

圣日内维耶是一名基督教的虔诚修女,在她很小的时候,就发誓要为至高无上的主奉献自己的一生,坚守自己的贞洁。

在阿提拉肆虐整个欧洲的时候,圣日内维耶为了躲避战火,来到巴黎居住,她在不断宣扬信仰的同时,还救助巴黎城内的百姓,为自己累积了威信。

然而在当时的大环境下,没有什么地方是绝对安全的。

很快地,阿提拉的匈奴大军将要攻打巴黎的消息在巴黎城中流传开来,所有人都知道匈奴人的残暴,他们听闻这个消息恍若遭遇了世界末日一般,惶惶不可终日,整个巴黎城的气氛变得紧张起来。

当匈奴人的旗号出现在巴黎城不远处的时候,城市中压抑不安的气氛终于达到顶点,如同点燃的火药桶一般,轰然爆炸。

人们绝望地吼叫着、哭泣着,陷入深深的绝望中。

就在这个时候,希望出现了。

阿提拉野蛮侵略

圣日内维耶站在所有绝望的人面前,高声呐喊:"大家安静下来!"

由于圣日内维耶平时在巴黎城中极具威信,因此,所有人都渐渐安静下来,眼巴巴望着站在他们面前的修女,眼中全是对生的渴望。

圣日内维耶庄严地对着所有人说道:"如今匈奴人就在城外,哭喊是救不了我们的!男人们应该全部武装起来,抵抗匈奴人,保卫我们的城市;女人们全都跟我一起向万能的主祈愿,祈祷胜利!"

圣日内维耶的话音刚落,就见男人们大声喧哗着,他们对着圣日内维耶嘶吼,骂她是骗子,欺骗了所有人,甚至有的人拿起了石头,想要砸死她。

与之相反的是,巴黎城中所有的女人全都默默地来到圣日内维耶身后,高声祈祷着。

渐渐地,叫骂声越来越少,越来越多的男人回到了家中,拿起了武器,坚毅地站在女人们面前,要为她们抵挡敌人。他们心中已然下定了决心,要凭借自己的力量去保卫自己的城市,保卫自己的家人。

或许真的是因为上帝聆听到了下界虔诚的声音,匈奴人并没有进攻巴黎,而是很快退军了。

壁画《圣日内维耶抵抗阿提拉》位于先贤祠中。

先贤祠的前身是圣日内维耶教堂,于1791年改造为纪念法国历史名人的圣殿。

在画面中，我们可以看到，画中人物，不论男女老少，不论何种职业，他们的脸上写满了悲戚，这是得知阿提拉的匈奴军队兵临城下的反应；然而在那悲戚的面孔中，还透露出令人意外的坚定，这是巴黎人民与凶残侵略者坚定抗争的决心，数不清的巴黎人坚毅地站立在大地上，众志成城，坚不可摧。

严格来讲，这幅壁画不光是单纯对圣日内维耶功绩的赞扬，更是对当年巴黎人民勇气和决心的肯定与称赞。

小知识

圣日内维耶（约 422—502）：是法国巴黎的主保圣人。相传，她对当时的法兰西国王克洛维一世皈依基督教做出了贡献。这位国王是欧洲第一位接受基督教洗礼的国王，从而使法兰克帝国基督教化，这对整个欧洲历史都有着非凡的意义。

圣日内维耶

神佑克洛维

公元5世纪的欧洲动荡不安,以匈奴为首的大量蛮族西迁摧毁了原本欧洲的秩序,整片大陆陷入了战火之中。

克洛维出身于蛮族,但是他却与其他蛮族成员有着很大不同,那就是他虔诚地信奉基督教,相信万能的主。

最初,克洛维也不相信与自己生活毫无关联的基督,但是他在一次战斗中遭到了前所未有的失败,就在他败亡之际,克洛维向上帝虔诚祷告。之后,神奇的事情发生了,克洛维面对的强大敌人莫名其妙地陷入了内讧,而他则趁机率领军队获得了胜利。

自此之后,克洛维便成了一名虔诚的基督徒。

一次,克洛维的手下在攻破一座城市后,如同强盗一般洗劫了当地的教堂,抢走了教堂中一尊十分珍贵的金杯。

克洛维听说这件事后,愈想愈生气,当即就想命令手下人将那尊珍贵的金杯恭恭敬敬地送回教堂去。但是话到了嘴边,克洛维又将其咽了回去,这是怎么回事呢?

《神佑克洛维》

原来,在当时法兰克人的规矩中,所有人缴获的战利品不是按照地位来进行分配的,而是要通过抽签的方法来分配,哪怕你贵为国王,也不能对大家收获的战利品指手画脚,这是所有法兰克人遵循多年的"潜规则"。

克洛维知道自己的威信还不足以去挑战这个所有法兰克人遵循的"潜规则",但是自己身为一名虔诚的基督教徒,知道了这种事情也不能忍气吞声毫无作为。

于是,在抽签之前,克洛维当着所有法兰克人的面"和颜悦色"地说道:"我知道你们有人背着我去教堂抢了一尊金杯,我不怪他,只希望如果有人抽到了金杯,可以将它交还给教堂,不知诸位意下……"

克洛维话音未落,底下有人高喊道:"我不同意!"

本来克洛维心想，自己都这么"低声下气"地请求了，相信没人会不给面子的，没有想到，自己的话还没讲完，就有人反对。

克洛维黑着脸望去，只见从人群中挤出一名彪形大汉，这人二话不说，直接将摆放在台上的金杯一锤敲碎，然后挑衅地看向克洛维。

只见克洛维的脸时青时白，时红时黑，良久，他吐出一口浊气，挤出一丝僵硬的笑容道："算你有种！"

说完，克洛维离开了抽签仪式。

在这件事之后不久，克洛维借口那名武士的战斧没擦干净，将其摔在地上。当武士俯身捡斧头时，克洛维抽出剑狠狠劈向他，口中还大喊着："你以前怎样对待金杯，我现在就怎样对待你！"

克洛维冷酷血腥的手段吓坏了在场的所有武士，国王的权威和基督徒的尊严凭借剑与鲜血建立了起来。

壁画《神佑克洛维》现存于法国的先贤祠内。

在画面上方所描绘的天空中有着数名天使，周身散发着神圣的光芒，似乎在庇佑下方的人们；而在壁画下方的克洛维身披红色大氅，骑着高头大马，高扬着头颅，似乎在吃惊地看着出现在眼前的神迹；在他的身边是众多被神迹击败的敌人。

克洛维接受洗礼

小知识

克洛维（455/456—511）：墨洛温王朝开创者，法兰克王国的第一任国王。他最主要的成就是：统一法兰克、征服高卢和皈依罗马天主教。

盛极必衰想必是最适合用于描述历史朝代更迭的词语了。任何朝代或国家都抵不过时间的侵蚀,希腊是这样,罗马是这样,曾经强盛的大唐也是这样。

安史之乱爆发后,强盛的唐朝步入了衰败期。

原本与唐朝可谓是"世交"的吐蕃政权见唐王朝不复往日的强大后,彻底撕下了睦邻友好的面具,借着唐朝边防虚弱,无力西顾的时机,占据了以凉州为首的河西诸州。

其实对河西诸州底层的百姓而言,头顶上的统治者即使换了也是无关紧要的。毕竟对于百姓来说,国家大义、民族情节都有些遥远,最重要的是他们自己的日子能否过下去。

《张议潮统军出行图》(局部)

河西诸州的当地豪强一开始也以为头顶上的统治者换了没多大关系,所谓没有千年的王朝,却有千年的世家。对大部分世家豪强而言,吐蕃占据了河西诸州,他们换了明面上的主子,那么只要自己家族的利益不受损,帮助吐蕃维持当地的秩

《明皇幸蜀图》描绘了唐玄宗李隆基在安史之乱时避祸四川的情形

序也没什么大不了的。

不过很可惜的是，他们实在高估了吐蕃人的文明程度。以吐蕃人简单的政治头脑实在无法理解当地汉人世家豪强协助统治、"以汉制汉"的重要性，吐蕃人只认草原上弱肉强食的规则，粗暴地将当地世家排除在受益团体之外，甚至将这些世家豪强当成肥羊，肆意宰割。

这种粗暴的做法极大地损害了世家豪强的利益，令他们十分不满，甚至怀念起了被驱逐的唐朝政权。一时间，河西诸州暗流涌动，明里暗里反抗抵制吐蕃人的行动正在策划组织着。

而彻底引爆了河西诸州这个如同一战时期的"巴尔干火药桶"的人物，则是沙州（今天甘肃省的敦煌地区）当地的一名小豪强——张议潮。

张议潮出生的时候，河西已经沦陷了有将近半个世纪，不过多亏吐蕃人在河西的烧杀劫掠，河西诸州的民心始终无法归向野蛮的吐蕃人。

不得不说，足足半个世纪也无法令当地人认同吐蕃政权，吐蕃人在统治方面的表现比起后来的契丹、女真等少数民族政权来说实在是差得太远。

张议潮就在这样一个遭受异族统治、被视为猪狗的环境中成长，而他对于吐蕃政权的看法也是越来越差，到后来甚至变成了憎恨，心中的天平也在不自觉间倾向了唐朝。

张议潮在掌握家族的权力后，便开始不断为了自己梦想的实现而努力，他凭借自己高超的手腕以及家族势力，拉拢了一大批对吐蕃心怀不满的世家豪强。借着这些豪强的帮助，他开始训练军队，培养死士，同时也在暗中不断与唐朝政权接触，获得了一部分的支持。

848 年，经过多年的准备，张议潮认为时机已到，率领着自己训练多年的军队发动了起义，彻底驱逐了当地的吐蕃势力。

在起义成功后，张议潮并没有盲目扩大战果，而是采取了稳扎稳打的策略，一面派人和唐朝联系，一面整合沙州势力。在得到了唐朝的"回归许可"后，张议潮才放开手脚,势如破竹,没过几年就将除了凉州之外的河西十一州收复。

唐王朝在得知张议潮的大捷后,有心插手河西事务,却因为力所不及,实在无力经营河西,干脆送了个顺水推舟的人情,任命张议潮为河西节度使,全权处理河西事务。

就这样,张议潮成了实际上的"河西王"。

壁画《张议潮统军出行图》现保存于敦煌莫高窟内,创作于唐代,长830厘米,宽130厘米,描绘了张议潮受封为河西节度使后统军出行的场面。

整幅壁画的场面繁复宏大,前为文武仪仗行列,中部张议潮着红袍跨白马,后有军队随从,好不威风。

虽然这幅画中的人物众多,但并没有给人拥挤之感,各部分相互联系,完美地统一起来。此外,画家为了烘托出行队伍的威武气势,还在远处点缀了些山水和翠绿的树,并把坐骑绘以红、赭、白等色。

总体来看,这幅壁画有着极高的艺术价值,同时也是研究唐朝历史风貌的重要史料。

《宋国夫人出行图》(局部)

小知识

莫高窟第156窟南北壁及东壁南北两侧的底部分别绘有长卷式《张议潮统军出行图》和《宋国夫人出行图》。宋国夫人即张议潮夫人广平宋氏,出行图所展示的则是主人及其随从的游乐场景。两幅壁画合称敦煌壁画中的"出行图双璧"。

血腥战争的记载
巴约挂毯

《巴约挂毯》

1066 年 1 月，历史上著名的英国国王"忏悔者"爱德华因病去世，因为膝下无子，王位的继承权便产生了分歧。

当时具有继承英国王位资格的人有两个，一个是诺曼底公爵威廉，另一个则是哈罗德爵士。

从关系上来论，爱德华更亲近威廉。

当年，爱德华流亡诺曼底的时候，曾接受过威廉的帮助，爱德华许下了"倘若我死去，继承王位的人必定是你"的承诺。因此，继承王位的应该是威廉。

然而，现实常常会开一些过分的玩笑。

威廉是诺曼底的公爵，封地距离王城远了一些，接受消息的速度自然也会慢一些。

当他接到哈罗德继任英国王位的消息时，已经距离事件的发生过了有一段时间。

原来，哈罗德爵士趁着威廉影响力不足，势力的触角一时半会儿够不到王城的时机，勾搭上了贤人会议，在相当于"元老院"的贤人会议帮助下，哈罗德成功继承了王位。

眼看到嘴的鸭子飞了，威廉大怒，决定用武力夺取王位，征服英格兰，建立自己的王国。

为创造有利的形势，威廉派使节四处游说，宣布哈罗德是一个背信弃义的篡位者。

很快，罗马教皇亚历山大二世表示支持威廉，并赐予他一面"圣旗"。神圣罗马帝国皇帝亨利四世及丹麦国王也表示愿意帮助威廉夺回王位。

为自己打造好"正义"的外衣后，威廉率军队出征。这是一支拥有四百艘船只的舰队，连水手和运输队在内一共八千人。他们没有遇到抵抗，顺利地渡过多佛尔海峡登陆了。

征服者威廉

　　当时,哈罗德刚在伦敦以北的约克打败了另一个竞争者,听说威廉入侵,火速赶回伦敦,并亲率五千士兵南下迎击。

　　1066 年 10 月 13 日夜,哈罗德到达黑斯廷斯附近,在一处高地宿营,此时威廉的远征军也已赶到黑斯廷斯,双方在此遭遇。

　　由于哈罗德匆匆南下,推进太快,有的部队还没来得及赶到,威廉趁哈罗德立足未稳,先发起进攻。

　　这场日后著名的"黑斯廷斯战役",也是伟大的"诺曼底征服"中决定性的一战就这样开始了。

　　哈罗德的军队在一块高地上,以盾牌组成防线,威廉的军队弓箭手在前,步兵居中,骑兵在后,打得十分吃力。

　　在混乱之中,威廉坠马,但他马上跃上另一匹马,大声高呼:"请大家都看着我,我还活着! 上帝会保佑我们胜利!"激战中,威廉命左翼诈败后退,想要将敌人引出坚固有利的阵地。哈罗德没有识破这一计谋,立刻追杀上去,最终落入圈套。

　　威廉抓住这一战机发动最后反攻,哈罗德中箭身亡,他的军队立刻全线崩溃,黑斯廷斯战役以威廉胜利而告终。

　　此后,威廉乘胜追击,率军长驱直入,横扫英国。

　　1066 年圣诞节,威廉在威斯敏斯特教堂被加冕为英国国王,开创了英国历史上的诺曼底王朝,被后人们奉为"征服者威廉"。

　　后来,威廉同父异母的兄弟奥多为了标榜威廉的功绩,也为了给自己新建成的巴约教堂献礼,特意命诺曼底的织毯女工们做了这件当时世界上最长的挂毯——《巴约挂毯》。他将挂毯挂在教堂里,用来纪念伟大不朽的"诺曼底征服"。

《巴约挂毯》也称《贝叶挂毯》，它详细描绘了当年黑斯廷斯战役的前因后果，同时还附有一定的文字介绍，在其中对威廉进行了一定的美化，哈罗德在里面则是个小丑一般的角色。

整幅挂毯是以亚麻布为底的绒尼缝制，上面的瑰丽图案则是绣女们用不同颜色的细绒线绣成，因此从严格意义上来说，《巴约挂毯》是一件包含绘画艺术的刺绣品。

《巴约挂毯》上各种颜色的搭配协调，让它具有了相当的艺术感，同时因为其题材严肃，加上刺绣人物众多，规模庞大，它也被称为"欧洲的清明上河图"。

小知识

《巴约挂毯》70米长，0.5米宽，现存62米。共绘有623个人物，55只狗，202匹战马，49棵树，41艘船，约2 000个拉丁文字，超过500只鸟和龙等不知名生物。此文物饱受英法历史战乱之苦，多次辗转英法之间，在第二次世界大战后英国从德国拿回。

69 盛世联姻

文成公主入藏

世界屋脊青藏高原在公元 7 世纪时，曾经存在着一个强大的政权，名叫吐蕃。谈到吐蕃的建立，就不得不提一个人，那就是松赞干布。

松赞干布的父亲朗日松赞是颇有作为的赞普（首领），照现代的说法，松赞干布是"官二代"。

可惜好景不长，629 年，朗日松赞遭到叛臣毒杀，原本服从朗日松赞管辖的各个部落纷纷反叛，整个西藏陷入战乱之中。

年仅十三岁的松赞干布挺身而出，继承父亲遗志，成为赞普。他抓紧时间训练军队，以铁血手段，迅速镇压了各地的叛乱，统一各部，同时将叛乱元凶与杀父仇人灭族。

平定叛乱后，出于政治上的考虑，松赞干布将吐蕃王朝的政治中心迁移到逻些，也就是今天的拉萨，正式确立了吐蕃王朝的奴隶制政权。

当时的中原政权是强盛的唐朝，松赞干布打算与其建立友谊，互通有无。

634 年，松赞干布麾下第一批吐蕃使臣访问长安，而中原王朝讲究礼尚往来，唐朝的使臣也很快到吐蕃回访。

松赞干布心想，既然两国的使节都相互来往了，下一步应该更亲密一些，于是派遣使者携带贵重礼物向唐王朝求亲。

唐太宗压根儿就瞧不起吐蕃人，二话不说，直接回绝了吐蕃使者。638 年，吐蕃和唐朝爆发战争，也就是历史上的松州之战，此战唐军击败吐蕃军。

《文成公主入藏》(局部)

松赞干布战败后，立刻派遣使者去长安言辞诚恳地谢罪。

过了一段时间，松赞干布见唐王朝许久也没反应，猜想这么长时间也消气了，就派遣相国禄东赞再次去求亲,献金5 000两,珠宝古玩数百件。

不巧的是,其他几个藩国也派出了使者,想将美丽的文成公主娶回国。

唐太宗决定要考考这些使者,他提出三道难题,只有全部答对的人才能赢得公主。

第一题是判断木头的头和尾。

太宗命人将十根两端粗细相同的木头放在花园里,让大家做出判定。这可让其他使者犯了难,唯独禄东赞不慌不忙,他让人把木头全部平推入水里。由于木头的根部比顶部的密度大,所以木头很快在水中倾斜,于是第一题就被禄东赞顺利解决了。

《步辇图》是唐朝画家阎立本的作品,所绘是禄东赞朝见唐太宗时的场景。

第二题是用细线穿玉。

唐太宗命人取出一块白玉,玉的中央有一条曲折回旋的孔道,太宗让使者们用一根金线将玉穿起来。

就在其他使者眯着眼睛,使劲往孔里塞线时,禄东赞不慌不忙地将金线系在一只蚂蚁身上,然后将蚂蚁放在小孔的一端,他又在小孔的另一端涂上蜂蜜,这样蚂蚁就卖力地带着线穿过了白玉,任务也就完成了!

第三题是分辨小马驹的母亲。

唐太宗将一百匹母马和一只小马驹混在一起,要使者们说出马驹是哪匹母马所生。

使者们傻了眼,纷纷摇头:"这也太难了吧!"

唯独禄东赞请求道："尊贵的天可汗，请给我一晚上时间，明天我肯定能给你正确答案！"

唐太宗同意了他的要求。

于是，禄东赞把小马驹和母马分开关了一晚上。

第二天，当他把马放出来后，饿坏了的小马驹立刻跑到母亲身边去吃奶，这样答案自然也就揭晓了。

唐太宗暗想，这禄东赞真聪明，看来真小瞧了吐蕃人，当即答应了松赞干布的和亲请求。

641年，唐太宗远嫁文成公主，并派江夏王、礼部尚书李道宗护送其入吐蕃。

松赞干布大为兴奋，在拉萨红山之上修建了共有一千间宫殿的三座九层楼宇，取名叫布达拉宫，同时亲自率领禁卫军从吐蕃远道出迎。

在今天拉萨的布达拉宫中，我们可以看到清朝时所绘制的《文成公主入藏》壁画。

这幅壁画乍看如同一张地图，上面画有象征山水的黑色线条，壁画左侧，代表唐朝的和亲车驾缓缓前行，竟在不知不觉间翻越了千山万水，而在另一侧，吐蕃的迎亲队伍排成一列，恭敬热情地欢迎着远道而来的文成公主。该壁画生动地展示了文成公主和吐蕃大臣陪释迦牟尼像由长安抵达吐蕃，吐蕃君臣手持各种宗教用品隆重迎接珍贵的释迦牟尼十二岁等身像的情况。

画家不仅运用了中原地区的绘画方法，同时也结合了当地的风土民情，体现了汉藏民族之间的友好和谐。

70 万里来朝

五世达赖喇嘛觐见顺治

五世达赖喇嘛觐见顺治

大清顺治九年，也就是 1652 年的隆冬，一支从拉萨来的浩浩荡荡的队伍在飘雪中抵达北京城高大的城门下。

五世达赖喇嘛阿旺罗桑嘉措望着高大古朴的城门，思绪不禁悠然飘远。

他出生在世俗的封建领主家庭，却成了四世达赖喇嘛的转世灵童，并成了黄教的活佛。

活佛，多么神圣的字眼。

在外人看来，阿旺罗桑嘉措身为五世达赖喇嘛，是黄教的宗教象征，过的是前呼后拥、人上人的日子。但这其中的苦楚，又有谁会知道呢？

阿旺罗桑嘉措现在还记得，当时的西藏是由藏巴汗与噶玛地方政权所控制，他们这些人视黄教为眼中钉，明里暗里组织了几次反黄教的冲突，最严重的一次甚至逼得自己这堂堂活佛为了保命不得不逃亡山南避难。

所幸的是，黄教的教义传播甚广，在西藏周边地区乃至蒙古都有信仰基础，所以才不至于太过狼狈，而且也有一定的反击之力。

那段屈辱的日子对阿旺罗桑嘉措来说颇有几分不堪回首的意味，自己在山南每日与四世班禅相对无言，唯有打坐念经，才能排解心中的寂寥。

心情越压抑就越想爆发，为了夺回自己失去的一切，阿旺罗桑嘉措不惜采取一切手段，来守卫自己的信仰。

他和四世班禅在协商过后，消灭了西藏地区大部分反叛势力，毕竟那些反对派太过小打小闹，不可能翻得了天。

接着，他们将目光投向了离西藏最近也是势力最强大的青海固始汗，在经过短暂的接触后，他们发现固始汗觊觎西藏的野心很大，只是苦于没有借口罢了。

而阿旺罗桑嘉措的示好让他看到干涉西藏事务的机会，所以固始汗同意合作。

阿旺罗桑嘉措也明白，固始汗这个人野心太大，根本没办法去控制，但还是选择了与之合作，毕竟固始汗对黄教的态度还是友善的，为了巩固黄教在西藏的地位，他别无选择。

1641年，固始汗对外以尊奉"达赖活佛的密诏"为借口，悍然出兵，将毫无准备的噶玛政权一举推翻，固始汗拥立阿旺罗桑嘉措建立了新的政权，而一切也如阿旺罗桑嘉措预料的那样，固始汗彻底控制了西藏，自己只是得到了宗教与经济方面的援助。

或许是山南避祸的日子令阿旺罗桑嘉措实在忍受不了，即便是初步控制了西藏，他的心也是惴惴不安的。

为了彻底将手中的权力抓紧，他又将算盘打到了中原王朝的身上。

阿旺罗桑嘉措排除了日薄西山的明王朝以及各地的起义军，直接将橄榄枝抛向了在东北兴盛起来的清政权。

而清政权显然也很承阿旺罗桑嘉措的情，在顺治皇帝入关后，曾先后三次遣使请其入京面圣。

而今天，阿旺罗桑嘉措正式来到了大清的帝都——北京城下，他感觉到，自己的目标即将实现了。

果不其然，顺治皇帝在南苑热情接待了阿旺罗桑嘉措，赐给他金册金印，称其为"达赖喇嘛"，正式确认了他在西藏的合法地位。

在今天拉萨的布达拉宫灵塔殿东的集会大殿内的壁画《五世达赖见顺治图》记录了这个历史时刻。

画面左侧，五世达赖阿旺罗桑嘉措一身西藏喇嘛传统服饰，慈眉善目，佛光隐现，表情庄重，一副人间活佛的庄严神态；画面右侧，顺治皇帝稳稳端坐于龙椅之上，一身青色龙袍，脖子上挂着大串东珠，表情威严，一副天下之主的姿态。在两人周围是各自所带的喇嘛、大臣、随从、侍卫，整幅壁画呈现出亲切友好的氛围。

顺治皇帝朝服像

美猴王孙悟空的原型

罗摩耶那壁画里的哈奴曼

　　安阇那曾是一位美丽的仙女，由于犯下过错受到天神们的诅咒，变成一只母猴，嫁给了须弥山顶上的猴子首领吉萨陵。

　　一天，安阇那在铺满鲜花的山坡上散步游玩，风神婆庚刚好经过此地，看到韵味十足的母猴，顿时春心荡漾。

　　它轻轻吹起安阇那的裙子，搂住她紧俏的臀部。

　　安阇那惊叫道："是谁在侮辱我？"

哈奴曼

　　风神在她的耳边呢喃着说："我的美人，你别怕，我实在太爱你了，你为我生一个儿子吧！他会像我一样上天入地，飞沙走石，最终扬名天下。"

　　安阇那实在无法摆脱风神的骚扰，只好屈从了它。

　　不久后，安阇那生下了一只公猴。

　　这只小猴相貌不凡，一身纯金色的皮毛在太阳下闪闪发光，四肢颀长，行动灵活轻捷，身后拖着一条长长的尾巴。

　　风神见了，喜不自胜，祝福儿子快快长大，随自己去周游世界。

可是它万万没有想到,刚出生的小猴很快就遭到了厄运。

为了不让丈夫起疑心,安阇那把儿子丢弃在草丛中,转身逃跑了。由于饥饿,小猴对着天空嗷嗷大叫起来,叫声地动山摇,穿透了好几重天,就连躲在天边的仙人们都听得清清楚楚。

太阳不知道发生了什么事情,连忙跳到山顶观望。

小猴看到又圆又红的太阳,以为是熟透了的果子,就飞到了天上,伸出双手去拥抱太阳。

风神担心太阳灼伤自己的儿子,急忙向太阳吹去阵阵凉风。太阳见这只小猴异乎寻常,长大后必有所作为,就没有伤害它,反而小心地避开了。

恰巧此时,妖魔罗睺也在捉太阳。

罗睺是一个阿修罗,在搅拌乳海的时候,他扮成天神偷喝了一口永生甘露。太阳神与月神向毗湿奴揭穿了罗睺的伪装,愤怒的毗湿奴当即砍下了罗睺的脑袋。由于罗睺喝下了永生甘露,它的头得到了永生,被挂在天上。罗睺十分痛恨太阳神与月神,经常吞噬太阳和月亮,从而引起日食和月食。

它看见小猴抢了它的猎物,便气愤地向因陀罗告状:"天帝啊,太阳和月亮历来是赐给我的法定食物,怎么还有别人来争抢?"

因陀罗听后感到十分惊讶,就骑上神象伊罗婆陀,命罗睺带路,一同向太阳赶去。

小猴看见飞驰而来的罗睺,以为又是一个成熟的大果子,就放弃了太阳,开始追逐罗睺。

罗睺受到惊吓,赶紧转身逃跑,一边跑一边向天帝呼救。

因陀罗威严地喝道:"不要怕,我这就打死它!"

小猴顺着说话声传来的方向望去,一眼就看见了神象伊罗婆陀,于是放弃了罗睺,向伊罗婆陀奔来。

这时,因陀罗挥舞着金刚杵,猛地向小猴砸去。

小猴被击中后狠狠地摔在地上,把下巴摔伤了,它伤心地哀号起来。风神听到儿子的哭泣声迅速赶来,他见因陀罗出手这么重,顿时起了强烈的报复心。他把儿子抱到山洞中救治,命三界停止吹风,世界顿时一片荒凉。没有风,雨神无法降雨,生物们无法呼吸,炎热的夏季没有了清凉,人们的生活苦不堪言。

天神们知道这一切都是风神在报复天帝,便纷纷向梵天求救,希望梵天降下恩赐,调解因陀罗与风神的矛盾。

梵天不慌不忙地说:"伤害别人的儿子是天帝的过错,解铃还须系铃人,请它主动向风神道歉。"

于是，天神们陪同因陀罗一起来到山洞中，请求风神不计前嫌，原谅天帝的过错。这时，梵天也出现在山洞中，赐予风神的儿子能变大缩小，以及随意变形的几种神力，还亲自给它取名叫哈奴曼，意思就是烂下巴。

长大后的哈奴曼聪明机智，武勇超群，担任了须羯哩婆猴王的首席将军。据说，哈奴曼是毗湿奴大神示现而成的，曾与罗摩国王交好。在十首魔王罗波那被罗摩杀死的那场战斗中，哈奴曼发挥了极大的作用，它的丰功伟绩盛传三界，誉满天下。

在泰国曼谷的大皇宫里，有一条长约 1 000 米的壁画长廊，上面绘有 178 幅以印度古典文学史诗《罗摩衍那》为题材的精美彩色连环画。这些壁画主要讲述了王子罗摩和妻子悉多的故事，其中夹杂了很多战争场面的描绘，对传说中孙悟空的原型——神猴哈奴曼着墨颇多。这幅长长的壁画，从一个侧面展示出泰国绘画大师的功底，每一个细节都是那么细腻生动。

小知识

印度传统认为罗摩是毗湿奴的化身，它杀死魔王罗波那，确立了人间的宗教和道德标准，神曾经答应作者蚁垤，只要山海还存在，人们就仍然需要阅读《罗摩衍那》。

天神毗湿奴夫妇

72

狮子岩上的绝美风情

半裸仕女

卡西雅伯是魔利耶王朝国王的长子，很有才能，也很有谋略，但为人阴险狡诈，并不得皇帝父亲的欢心。

年老的皇帝偏爱他后娶的妃子，这个美丽的女人为他生了一个可爱仁厚的儿子莫兰加，皇帝想立幼子为王，还偷偷立下遗诏，好让妃子安心。

皇帝偏袒小儿子，长子卡西雅伯岂会不知，在得知父亲的心思后，他心有不甘，觉得小弟哪有资格。

此时，老皇帝的身子是一天不如一天了，在一次狩猎时吹了冷风，从此一病不起。

御医偷偷告诉卡西雅伯："皇上大概没几日就要驾崩了！"

卡西雅伯的心都要揪起来了，因为再过几天，他就要对弟弟莫兰加俯首称臣了。

他可不想让自己处于这种无奈的境地，便顿生歹心，当天晚上就杀了奄奄一息的父皇，然后更改了遗诏，宣称自己是新国王。

半裸仕女

莫兰加早就从母亲口中得知父皇的遗嘱了，他知道是哥哥杀害了父亲，十分愤怒，想要为父报仇。

卡西雅伯察觉了弟弟的心思，由于愧疚和害怕，他没有勇气留在首都和弟弟针锋相对，就在离首都阿努拉达普拉70公里远的一处巨大山岩上建立了自己的宫殿，从此该处成为他的统治中心。

由于宫殿所在的岩石很像一只昂首伏地的狮子，因此整块石头包括宫殿在内，被人们称为"狮子岩"。

卡西雅伯建造狮子岩是为了防御，因为整块岩石高高地从地面崛起，易守难攻,这样他就不怕弟弟来复仇了。但他又是一个好享受的人,所以竭尽所能地让宫殿变得更豪华。

卡西雅伯为建狮子岩花费了十年的时间,在这期间,他花费了大量钱财,只是为了能让狮子岩看起来更美一些。

当狮子岩建好后,百姓们的不满情绪也日渐高涨,莫兰加趁机号召支持他的人组成军队,日夜操练,等待复仇的那一天。

卡西雅伯的命运还是没能超越现实,几年后,莫兰加的实力大增,他率领部众来到狮子岩下,要求哥哥与自己一决生死。

卡西雅伯没有办法,只好战战兢兢地来应战,最终被弟弟砍下战象,而狮子岩也因此再无被使用的理由,就这样荒废在丛林的深处,直到很久以后才重见天日。

一只拈花素手、一段圆润的胳膊、一丝挂在嘴角的浅笑、一对饱满的乳房……一个个美丽的仕女,或赤裸上身或着紧身衣,一个个丰胸细腰,口唇饱满,双目流盼,定格在锡吉里耶狮子岩西侧的半山腰上。

柔和亮丽的色彩,简洁明快的线条,代表着斯里兰卡古代绘画艺术的最高成就。

小知识

这些半裸仕女壁画,是卡西雅伯当年由于害怕父亲的冤魂来找自己,就以父亲喜爱的皇妃为原型,在悬崖上画的,至今艳丽如初。

第三章

石窟寺庙里的佛道世界

流传千年的
东方壁画

东王公和西王母

相传,东王公和西王母本是一对兄妹,下临凡间后,东王公居住在东荒山,西王母居住在昆仑山。

东王公形貌奇特,身高一丈有余,头发雪白,长着一张鸟脸和老虎尾巴,而身体却是人的模样。它经常独自一人骑着一只凶猛的黑虎,在寂静无人的东荒山上四处游走。

这一天,九天玄女来到东荒山,东王公拉住九天玄女,一起玩起了投壶的游戏。

《朝元图》中的东王公与西王母诸像

所谓投壶,就是将一个窄口的水壶放在地上,玩游戏的人和水壶保持一定距离,往壶里投掷箭,投中者为胜。

东王公居住的地方没有箭,九天玄女便折断山木树枝,将一头削尖,做成箭的样子。

比赛开始了,东王公如果投进去,九天玄女就发出唏嘘的声音;如果投不进去,九天玄女就发出会心的笑声。

就这样，一天很快过去了，东王公将自己居住的山洞让给九天玄女居住，自己骑着黑虎到附近一个山坳过夜。

它万万没有想到，九天玄女连夜在山洞内建造了一间很大的石屋，自此以后再也不出来了，日夜在屋子里面研究兵法战术。

玩兴正浓的东王公，每天在九天玄女的石屋门前徘徊，希望九天玄女有空闲的时候，能和自己玩耍游戏。

几百年过去了，九天玄女才从石屋里出来。

东王公见状，赶紧迎了上去，说道："你看这荒山，只有你、我和这只黑虎。黑虎不能说话，而你整天在屋子里，可闷坏我了。"

九天玄女微微一笑："我功课完成了，这不和你来玩了吗？"

东王公感到奇怪："我在这里都不知道住了几千几万年了，也没什么功课可做，闷死我了。你可好，一到这里就有忙不完的功课。"

"我乃是西王母下属的女仙之一，奉西王母之命，在这里演练玄女阵法和越女剑法。数万年后，黄帝要和蚩尤大战，我要用玄女阵法前去为黄帝助战；之后几千年，吴国和越国争锋，我要用越女剑帮助吴国。"

东王公听了，勃然大怒，心想："西王母是我的胞妹，比我小，竟然开始统领众仙了。而我却孤孤单单在这里，连一个说话的人都没有，太不公平了！"

想到这里，东王公驾乘黑虎，飞临昆仑山上，要找西王母问个究竟。

它来到昆仑山上空向下一望，但见昆仑山上，有一个巨大的铜柱，铜柱周长三千里，高耸入云。铜柱四周峭立如刀削一般，在铜柱的下面，有一个方圆几百丈的石屋；铜柱子上面，停着一只大鸟，鸟头朝着南方。大鸟的背上，有一小块地方没有羽毛，方圆一万九千里。

这时候，西王母叫道："稀有，快去迎接客人！"

大鸟听见西王母的召唤，腾空而起，飞到了东王公身前，让东王公和黑虎坐在自己的背上，飞到西王母的住所。

东王公下了鸟背，和妹妹西王母寒暄了几句，问道："我是你哥哥，为何你有下属九天玄女，而我却孤身一人呢？"

西王母微微一笑："你整天玩耍，不懂得修炼，元始天尊怎么委你重任呢？"

东王公闻听此言，顿感惭愧万分。他这才知道西王母遣派九天玄女到自己身边演习阵法，是为了让自己有所感悟。

离开昆仑山之后，东王宫来到了东海岸的扶桑国，在碧海之中，建造起了一个方圆数百里的巨大宫殿，名叫"大帝宫"。

东王公就居住在大帝宫里面,日夜沉思、修炼。渐渐地,大帝宫里面有了神鬼生灵,东王公将大帝宫改为扶桑国,将扶桑国内的神鬼管理得井井有条,人们尊称它为"扶桑大帝"。

又不知道多少年过去了,太上老君遣派使者驾临扶桑国,使者对东王公言道:"你苦心修炼了这么多年,管理扶桑国有功。老君敕封你为男仙之首,你尽快到太晨之宫任职去吧!"

东王公谢过使者,离开了扶桑国,来到了太晨之宫。

太晨之宫以青云为城池,紫云为华盖,身边的仙界同僚数以亿计。东王公负责神仙身份的审核,凡是符合飞升神仙资格的,它都记录在案,然后呈现给太上老君阅览。

在道教传说中,东王公又称木公,负责领导男仙,是男仙的领袖,掌管蓬莱仙岛,道教的南北二宗尊其为始祖。

和东王公相对应的另一个道教女性尊神便是西王母,又称金母,负责领导女仙。

在壁画《朝元图》中,东王公和西王母以帝后的模样出现。

《朝元图》现保存于今山西省芮城县永乐宫三清殿,是元朝著名画工马君祥等人于泰定三年(1325年)所绘制,描绘的是群仙朝谒元始天尊的情景:青龙、白虎两神为前导,东王公和西王母等八个主神的四周,簇拥了雷公、电母、各方星宿神及龙、蛇、猴等多位神君,另有武将、力士、玉女在旁侍奉,众多神仙朝着同一个方向行进,形成了一道朝圣的洪流。

整个画面构图宏大,气势磅礴,人物所穿的服饰华丽厚重,各具特点,无一雷同。

在用色上,采用了传统的重彩勾填方法。在青绿色彩的基调下,有计划地布局朱砂、石黄、紫、赭等色块,用白色和其他淡色做间隔,使画面富于节奏变化。在重点细微之处,采用沥粉堆金来突出衣纹、璎珞、花钿、凤钗等。

在画法上,充分发挥了线描的表现技巧,用笔有唐代吴道子"吴带当风"的遗韵。线条曲直扁圆,圆润流畅,细微发髻,根根入肉,衣纹转折,顿挫抑扬,飘逸服饰,丈余之长,一气呵成。

总体来说,《朝元图》的风格承接唐宋以来的壁画传统,雍容而又华贵,同时又勇于创新,独树一帜,堪称是中国古代壁画的典范之作。

74

人间富贵，过眼烟云

钟吕论道图

大唐咸通年间，长安城内人来人往，好不热闹。

然而，如此热闹的光景在有的人看来，实在是烦心得很。

一座酒楼上，吕洞宾看着楼下熙熙攘攘的人群，心中不禁有些烦躁。他举起杯来喝了一大口酒，打了一个响亮的酒嗝，旁边酒桌上的人听到后，纷纷皱起眉头，却没说什么。

这些酒客虽然不认识吕洞宾，但见他一副读书人打扮，再加上今日科举发榜，就明白了这又是一位名落孙山的落魄书生。

吕洞宾没有留意周围人看他的眼神，不过就算注意了，凭他放浪的性子也不会在乎。他又连喝了几大口酒，看着酒水倒映出自己花白的头发，不禁苦笑了一下。

吕洞宾这次来长安本是奉了双亲之令来考科举，希望能考上进士光宗耀祖。要知道，唐朝的进士很难考，官场上更是流传着"三十老明经，五十少进士"的说法。

《钟吕论道图》

此时的吕洞宾已经六十多岁了，这一次的科举他抱着极大的希望，然而结果却令他非常失望。

想到抑郁难平之处，吕洞宾重重放下酒碗，叹息道："中进士难！我还是早日问道求仙去吧！"

就在这时，旁边传来一句轻笑道："这位郎君莫不是有出世之意？"

吕洞宾闻言一怔，顺着声音看去，心下一惊。

只见相邻的酒桌旁坐着一人，头戴青巾，身着白袍，相貌方正，正面含笑意地打量着自己。

看到吕洞宾惊异的目光，那人笑笑，对着吕洞宾拱手道："不知郎君缘何发出如此言论啊？"

吕洞宾思量种种，觉得心底抑郁之气难以抒发，于是张口吟诗道：

生在儒家遇太平，

悬缨垂带布衣轻。

谁能世上争名利，

臣侍玉皇归上清。

一首诗念完，只见那人眼中精光四射，面带赞赏地说道："好诗，好诗啊！在下复姓钟离，单名一个权字，不知郎君名姓？"

"在下姓吕名岩，字洞宾。"吕洞宾拱手说道。

两人在互通姓名之后，聊得越发投机。

吕洞宾是个有大智慧的人，和钟离权一接触，就知道这个人非同小可，一心想要拜在他门下，跟随他修行。

钟离权故意推脱道："你的志向还不坚定，仙骨还没长全。要想学道，还得几世轮回。"

吕洞宾听了这一番话，并没有气馁。自此他辞官归田，专心修炼。

有一次，他和朋友结伴外出游历，走到山林野外，突然跳出一只猛虎。吕洞宾飞身上前，挡在众人前面，要舍身饲虎，保全同伴的性命。没想到老虎看到吕洞宾，变得温顺平静，绕过一行人，径自走了。人们感到十分奇怪，同时也敬佩吕洞宾的义勇。

某一天，吕洞宾的仆人在后院挖土栽花，却发现一个装满金银的坛子，抱来见吕洞宾。吕洞宾对仆人说道："不是我们自己的东西，不要起贪念。从哪里挖出来的，还放到哪里去吧！"

还有一次，吕洞宾带着仆人去集市上买东西，被人诬为小偷，身上的钱财都被索去，吕洞宾空手而归。夫人见状问道："你买的东西哪里去了？"

吕洞宾说道："半路上不小心丢了。"对于被诬陷、被冤枉的事，只字不提。

某天夫人外出，夜里来了一个美貌的单身女子借宿。吕洞宾将女子带进客房，安顿好要离开，女子将吕洞宾拦住，百般挑逗。吕洞宾正言厉色，教训了女子一番。

这四件事情，都是钟离权在考验吕洞宾。钟离权赞叹道："身怀义勇，不谈人过，不恋外财，不贪女色！可教也！"

吕洞宾通过了钟离权的种种考验，钟离权下凡显身，对吕洞宾说道："世间之人，尘心难灭，仙才难得。我寻求徒弟的迫切，更过于别人求我。我现在对你进行了多重考验,你都承受住了,可见你以后必定得道成仙,修成正果。不过你现在功德善行还尚未圆满。我现在教你点金之术,用来救济世人,造福众生。等你三千功德圆满,八百善行具备后,我再度你为仙,你看如何?"

吕洞宾俯首称谢,问道:"用点金之术成就的黄金白银,会永久不变吗?"

钟离权言道:"三千年后,会变成原来的样子。"

吕洞宾再次跪拜:"如此看来,弟子不敢领受这个法术。三千年后,持有这种黄金白银的人会变得两手空空,富者叹息,贫者愈贫。这不是在害他们吗?"

钟离权听罢此言,连声赞叹:"就凭你这份慈悲心,三千功德、八百善行都在里面了!"

于是将吕洞宾收为徒弟,精心指点。吕洞宾勤勉修行,终成真仙。

《钟吕论道图》壁画绘于永乐宫纯阳殿神龛的背面,是一幅堪称中国美术史上绝品的人物画。

纯阳帝君神游显化之图(局部)

在壁画中,钟离权和吕洞宾对坐在石头上,身后有枯藤缠绕的老松。

钟离权袒胸露腹,左手伸出二指,注视着吕洞宾。吕洞宾则拱手危坐,静听老师的教导,目光凝实,俯首沉思。整幅壁画笔法挺健,气韵生动。

小知识

永乐宫纯阳殿东、北、西三壁以 52 幅画组成一部《纯阳帝君神游显化之图》,以连环组画的形式描绘了吕洞宾从降生到得道的种种神奇的事迹。画中有宫廷、殿宇、庐舍、茶肆、酒楼、村塾、医馆、舟车、田野、山川以及形形色色的人物,在一定程度上反映了现实生活。这在道教壁画上是具有创造性的构想。

流传千年的东方壁画 **215**

75

千变万化，各显神通

八仙过海

在中国道教神话中，有"八仙"之名，分别是吕洞宾、铁拐李、何仙姑、曹国舅、张果老、蓝采和、韩湘子以及钟离权。

因为它们都是凡人修道成仙的，即便是成仙之后，它们也会像凡夫俗子一般，经常兴致来了，就会做些荒唐事。

这一年，王母娘娘遍撒神仙帖，邀请天下仙人到海外仙山共赴蟠桃盛会。

八仙平时各自游历，散居在人间天上，这次可以趁着赶赴蟠桃会，在一起相聚了。

它们约定在蓬莱阁会合，共渡大海。

《八仙过海图》

这一天，八仙齐聚蓬莱阁，相互叙说各自的见识、经历和修行。

吕洞宾提议道："腾云驾雾过海不稀奇。我们不妨各显神通，踏浪而行，以便让各位道友见识一下彼此近年来的修行成果，大家意下如何？"

七仙都很赞同吕洞宾的提议。

铁拐李将铁拐扔在海里，飞身踏上铁拐，渐行渐远；蓝采和将花篮投入海，踏篮而行；张果老将纸驴赶入海中（一说渔鼓），骑乘驴背；大海上飘着的荷花，上面端坐着何仙姑；韩湘子乘玉箫、钟离权驱宝扇、吕洞宾遣宝剑、曹国舅凭云板。

八位仙人乘波踏浪，高歌而行。

八仙过海，惊动了龙王太子。它从龙宫出来，看到蓝采和的花篮十分好看，意欲抢夺。它兴风作浪，一时间海面上巨浪滔天。龙太子趁乱将蓝采和的花篮夺走了，还命虾兵蟹将把蓝采和一并拿下。

七仙见平地起风浪，顿感蹊跷。风浪平静之后，发现少了蓝采和。钟离权说道："蓝采和一定是被龙宫的人抓走了，我们且去找龙王评理。"

说罢，七仙一同赶往龙宫。龙太子早有防备，在半路等候。狭路相逢，话不投机动起手来。龙太子哪是七仙的对手，大败而归。七仙赶到龙宫，找龙王评理。龙王非但不主持公道，反倒袒护龙太子。双方又是一场恶战。龙王遣派虾兵蟹将把七仙团团围住，钟离权抢起芭蕉扇，狂风骤起，那些修行尚浅的虾兵蟹将，如何抵挡得住，纷纷被刮得无影无踪。龙王见状逃遁而去，七仙寻不到龙王和被关押的蓝采和，大怒。铁拐李拔下腰间的葫芦，对着东海喷出熊熊烈焰，东海霎时变成了一片火海。龙王无法躲藏，要去请天兵天将。这时南海观音途经此地，一番调停，双方罢战，龙王放出了蓝采和。八仙继续前行，赶赴蟠桃盛会去了。

《八仙过海图》壁画位于永乐宫纯阳殿中。

该壁画内容主旨很明确，也很简单，甚至可以从壁画中轻易看出它所要讲述的故事，如同它的名字一样明显，就是记录道教神话中有名的八仙过海的故事。

在壁画里，八位道教神仙的模样被刻画得栩栩如生，线条流畅，色彩鲜艳，布局简单，内容清楚。在方便观众理解的同时，也对后世研究元朝绘画风格以及当时的风土民情有所帮助。

小知识

八仙过海的故事最早见于杂剧《争玉板八仙过海》。相传，白云仙长在蓬莱岛牡丹盛开时，邀请八仙及五圣共襄盛举，回程时，铁拐李建议不搭船而各自想办法渡海，就是后来"八仙过海、各显神通"的起源。

76 九天之上的众神之王

玉皇大帝

相传,在天界有一个国家,名叫"光严妙乐国",该国国王叫净德,王后叫宝月光。

两人成婚了好久都没有子嗣,心中十分着急,日夜虔诚祈祷,祈求上天赐给他们一个孩子。

《玉皇大帝》

一天,元始天尊路过光严妙乐国,得知国王和王后十分贤德,就对着玉如意吹了一口气,真气化成了天外灵宝,变成了一个婴儿。

这时,净德国王正在寝宫静坐,恍惚之间,看见五彩祥云将宫殿映衬得辉煌耀目,散发出千百样的光彩。高空之中,仙乐飘飘,旌旗招展,车马成排,众神站立两端,护送着一辆九龙辇车,缓缓而来。辇车之上高坐元始天尊,怀抱一个小婴儿,小婴儿脸庞圆润,双耳肥大,双眼清澈,双眉清秀,通体被五彩光芒笼罩。

元始天尊对国王说:"念及你夫妇二人虔诚仁厚,赐子下凡。这个孩子非同一般,你要好生相待。"国王连连跪拜,感激涕零。当他伸出双手要接孩子时,却感到孩子重如山岳,惊叫一声醒来,原来是南柯一梦。

三年之后的正月初九午时,王后生下了一个儿子。孩子刚一懂事,并不贪恋国王之位,而是离开王宫,前往深山专心修道。三千两百劫过去了,王子修成了金仙,自号"清净自然觉王如来"。又经过了十万劫,修炼成了玉帝,总领天道神仙。

关于玉帝的来历,还有另外一个版本:

殷商末年，纣王昏庸无道，滥施酷刑，再加上国之将亡，妖孽频出，商王朝的气运已是日薄西山。

就在这个节骨眼上，西岐之主，武王姬发召集天下英雄豪杰起兵伐商，誓要推翻商王朝统治，还百姓一个朗朗乾坤。

在相国姜子牙以及手下众多能人异士的帮助下，姬发最终推翻了殷商，逼得昏君纣王鹿台自焚而死。

武王伐纣之战结束后，姜子牙受命于天，论功行赏，一手持封神榜，一手持打神鞭，站在封神台上代天封神。

昔日协助武王姬发伐纣的诸多能人异士全都被授予神职，在天庭供职。

眼看着众神分封完毕，只剩下了天庭之主玉皇大帝尚无人选，姜子牙不禁心动。

封神完毕的诸神看着姜子牙闭口不语、神游天外的模样，感到奇怪，于是有人忍不住问道："姜相，这玉皇大帝所封何人啊？"

姜子牙闻言回过神来，有心说"除了我还有谁"，却又怕众神说他不要面皮，于是假意谦虚道："未定。"

姜子牙的本意其实是我客气一下，然后你们推举我，我再推辞几下，然后推辞不过，我就担任玉皇大帝。

谁料，一道身影从众神中闪了出来，只见他弯下腰向姜子牙深施一礼道："未定谢封！"

姜子牙一听这话，差点没吐出血来。

这是谁啊？这么不知趣，我这不就是客气一下吗？

姜子牙气哼哼地咬着牙，偷眼一瞧，原来面前站着的人名叫张未定，正合了"未定"之言。

姜子牙见状狠狠拍了一下自己脑袋，心想自己怎么就把他忘了呢？

有心反悔，可木已成舟，只见封神榜黄光一闪，张未定已然接受神职，一步登天，成了天界之主——玉皇大帝。

壁画《玉皇大帝》现保存于河北省石家庄市毗卢寺中，作者不详，民间传说为明朝唐伯虎的作品，还有说法是为"画圣"吴道子所作，不过更多人认为出自民间画工之手。

画面中，玉皇大帝头顶平天冠，手持笏板，衣着华贵，丰神俊逸，好一派威严雍容的君王气质。它的身边簇拥着数名仙女、天兵，姿态各异，神情各不相同，却又相互呼应，整幅壁画显得和谐一体。

画家作画技巧精湛,线条流畅而且类型丰富多变,同时各种线条的运用以及色彩的巧妙组合,让壁画人物整体看起来显得既轻盈飘逸又立体感十足。再加上沥粉贴金技法的大范围使用,更使得壁画人物显得栩栩如生,即便是经过了几百年的沧桑岁月,壁画看起来依旧很鲜艳。

小知识

　　毗卢寺位于石家庄市西北郊杜北乡上京村东,现存释迦殿、毗卢殿等。其中,释迦殿内壁画内容为佛传故事,然已漶漫不清;毗卢殿俗称后殿,殿内所绘精美的儒释道三教合流内容的壁画闻名世界,西方壁画专家甚至将其美誉为"东方维纳斯"。

北宋末年，女真族自白山黑水间崛起，举族起兵，自称"大金"，推翻了雄踞北方的契丹王朝。身为契丹世仇的北宋王朝还来不及庆祝，就骇然发现，那匹来自林海雪原的猛虎在赶走草原的狼群后，又将贪婪目光转向了肥羊一般的中原。

靖康耻，犹未雪；

臣子恨，何时灭。

一曲《满江红》道尽了接下来发生的滔天巨变。

女真人像喂不饱的饿虎很快南下，在击败了北宋王朝引以为傲的百万大军后，包围了它繁华的都城——开封。

之后，开封城破，徽钦二帝尽被金兵俘虏，北宋灭亡。

整个华夏大地又燃起了熊熊的战火。

一日，救苦救难的观音菩萨在紫竹林道场中心有所感，于是闪身来到了遭到金兵侵略的姑苏城。

《水月观音》

只一眼，便叫观音菩萨心如刀绞。

姑苏城断垣残壁，火光漫天，血流成河，哀声不断，数不尽的百姓遭到了金兵残暴屠杀，漫天的冤魂哀号着却得不到安宁。

观音菩萨泪如雨下，她下定决心，打算用自己的法力去净化满城的冤魂，让他们能够释然并轮回转世，重新投胎。

只见观音菩萨摇身一变，化作一名美丽的妇人，走到冤魂最为集中的地方，用满城的瓦砾垒砌成数丈高的高台，一跃而上，然后盘膝端坐，一手持杨柳净瓶，一手立于胸前，高声念诵《大悲咒》。

每念一千遍，观音菩萨就用杨柳枝在玉净瓶中蘸一下甘露，挥洒向空中，然后插好，继续诵念。

这时，姑苏城中存活的百姓纷纷走了出来。

观音菩萨见状，高声对着众人说道："金兵长驱直入，南下姑苏，残害城中数十万百姓，让这些可怜无辜的生命变成了怨念深重的冤魂。这些冤魂若不超度的话，恐怕是三界不收，六道不管，永世无法再入轮回，而姑苏城也会因此成为一片死地。"

语毕，百姓们议论纷纷。

观音菩萨随即又道："小妇人有缘路过姑苏，眼见着此地数十万无辜亡魂，于心不忍，故在此发下誓愿，筑了高台，诵经七七四十九天，遍洒杨柳甘露，超度此地亡魂。"

百姓们见状纷纷道："姑娘好善心！"

四十九日后，观音菩萨所订期限完结。她跃下高台，向众人传授了自己这些日子所念诵的经文。

忽然，观音菩萨察觉到人群中有一道目光正上下打量自己，她顺着目光看去，只见一人目露惊诧、脸色骇然地望着自己。

那人挤出人群，对着观音深施一礼道："我听闻观音菩萨聆听众生疾苦，常常云游世间，显露宝相，不知我等今日能否得见菩萨真身！"

众人闻言哗然。

有聪明的已经慌忙跪倒在地，高声喊着："求见菩萨真身！"

观音知道身份暴露，便含笑指着旁边的河水道："那河水中央不就是菩萨吗？"

众人闻言望去，只见河水中央有一轮明月，明月中央倒映着一个身影，影子慢慢化开，逐渐呈现出观音菩萨的宝相。

在场的人慌忙下拜，口呼"菩萨显灵了！"

这时，观音变化的妇人也已经消失不见了。

为了纪念这件事，百姓们便建起了观音祠，将水中呈现的菩萨宝相作为供奉的对象，称其为"水月观音"。

明朝壁画《水月观音》现存于北京法海寺中。

画面中，4 米有余的水月观音，头戴宝冠，面如满月，肩披轻纱，胸饰璎珞，花纹精细，似飘若动。其面容安详温和，仪态端庄大方，华贵典雅，境界超凡脱俗，仔细端详就会令人自心底生出宁静温和之意。

令人叹为观止的是水月观音的绘画技巧，线条非常精细、均匀、工整、挺拔，堪称壁画中的一绝。披纱上的图案是六菱花瓣，每一花瓣都由四十多根金线组成，沥粉贴金，闪闪金光，细如蛛丝，薄如蝉翼，其细微与精妙难以复制。

从史料得知，法海寺的壁画皆为明朝中期正统年间的画师、画工所绘，《水月观音》是法海寺的镇寺之宝，堪称明朝壁画之最。

小知识

法海寺壁画历经570多年至今仍金碧辉煌，保持着鲜艳的色彩，其主要原因是用色颜料上使用了纯天然矿物质和植物颜色，包括朱砂、石青、石绿、石黄、花青、藤黄、胭脂等。这明显区别于明清壁画的水墨渲染风，而直接继承并发展了唐宋时期重彩的画法。

78 参访五十三位善知识

善财童子

据传，在很多年以前，在古印度有一座福城。

城中有一个富翁，年近半百，有了一个儿子。

在孩子出生的时候，天上忽然一声巨响，霞光万道，地下涌出无数珍宝。富翁又惊又喜，连忙请占卜的婆罗门过来观看。

婆罗门一看男婴的容貌，连连向富翁贺喜："恭喜，恭喜！这孩子有大福大德之相，就给他取名叫善财吧！"

从此，"善财"这个名字就在城中叫开了。

谁知善财虽然能招财，却对发财之事并不关心，随着年龄的增长，他对礼佛之事倒越发用了心，还专门跑到文殊菩萨那里参悟人生的道理。

文殊菩萨为他讲解佛经，让善财童子最终释然，童子发起菩提心，誓愿成佛度众生，并请求文殊菩萨告诉他修行的办法。

文殊菩萨说："你要奉行普贤行，可以去参访善知识，唯有心悟，才可修成正果。"

善财童子虔诚地点头，然后回家收拾行李，不顾亲人的劝阻，踏上了遍访善知识的道路。他一路走过了很多地方，拜见了比丘、比丘尼、童子、童女、天神、天女、婆罗门、佛母、贤人等具有不同身份的善知识，当他开始寻找第二十九个圣贤时，他来到了普陀洛迦山。

在这座开满白花的山上，有一处紫竹林，观音菩萨正在那里为众菩萨讲说妙法。

善财童子跪倒在观音面前，恳请菩萨教给自己无量智慧。

观音还未开口，忽有一阵妖风刮来，紧接着一个眼如铜铃、满嘴獠牙的恶鬼突然出现，口中喷出了熊熊烈火，怪叫着去抓桌上的贡品。

电光火石间，观音立刻变为一个体型更加巨大的青面怪物，张开血盆大口将恶

善财童子

鬼吞入腹中，稍后又将恶鬼吐出，以羊脂玉净瓶中的甘露洒在对方身上，又以贡品喂对方。

只见恶鬼吞下贡品后，再三叩拜，然后离去，而观音也恢复了原貌。

善财暗暗称奇，问道："菩萨，为何你要变成这般模样？"

观音解释道："那恶鬼口中生火，饥渴难耐，我必须现鬼王身，施以甘露，免去其饥渴之苦。"

随后，观音又带着善财童子去了其他地方，每到一处，观音都施以慈悲心，为众生排忧解难，让善财敬佩不已。

几日之后，善财告别了观音，继续前行，待到第五十二参时，他见到了弥勒佛，佛陀告诉他，众生虽有天性，但后天努力和修行也很重要，不因噎废食，方能功德圆满。

弥勒佛讲完，用手在善财的额头上摸了一下，善财顿觉身体轻盈，心灵温暖，知道自己已经开悟，不由得满心欢喜。

这时文殊菩萨来引领他前往普贤菩萨的住所，在普贤菩萨的指引下，善财完成了大修，功德即将圆满。

文殊菩萨见此非常欣慰，就对善财说："从此你就拜在观音门下吧！她拯救世人于危难中，而你发的愿也是为造福人间而起，你可助她一臂之力！"

于是，善财童子就陪伴在观音的身旁，往后一直为百姓们的幸福生活而不懈努力着。

这幅壁画中的善财童子，是法海寺水月观音壁画的一部分。虽然模样是个稚嫩的孩童，但眼神和气质却充满了菩萨的彻悟与慈悲，以及对佛的虔诚。不愧是极为传神的艺术品。

《善财童子五十三参》
（局部）

小知识

北京法海寺壁画镇寺三绝：水月观音、半只小猪、神兽金毛犼。在法海寺壁画中，各种动物的模样极其逼真，即便是一只只露出前半身的小猪也被刻画得栩栩如生，连猪身上的毛发都看得一清二楚，根根清晰可辨。而神兽金毛犼，画师不经繁复的渲染，仅凭简练的线条就勾画出了它脊背上扭起的肌肉，并使其显得充满震撼的力量。

"二十诸天"是佛教二十位护法神的总称,大多来自印度教天神。后来,汉传佛教的有些庙宇,又吸收了三位道教神祇,以及天龙八部的紧那罗王而成为"二十四天"。

佛经记载,佛陀过去曾转世为帝释天。

在一次游历中,帝释天看见过去生的挚友今生受报为妇人身,成为一位富人的妻子,她为财色所迷惑,身处市井商肆之中,不能觉悟无常的道理。

为了帮助过去生的挚友,帝释天变成一个商人来到富人的妻子面前。它望着富人的妻子打骂小孩,哑然失笑;看到旁边玩拨浪鼓的小孩,又不由得笑了。

这个时候,有人因父亲生病,杀牛祭奠神明,祈祷父亲病愈,帝释天看后还是笑。

《帝释梵天礼佛护法图》(局部)

正巧,一个妇人抱着小孩路过,小孩对自己的母亲很凶,把母亲脸颊抓得流血不止,帝释天见此情景依旧不禁莞尔。

这时,富人的妻子忍不住好奇心,问道:"您站在我的面前总是笑,到底为什么?"

帝释天回答:"您是我的挚友,只是如今忘了。"

富人的妻子听到这话很生气,觉得他说话不着边际。

帝释天见到她的样子,明白她已将过去生的种种忘记了,于是为她揭开了谜底:"我见您打小孩而失笑,是因为孩子的过去生是您的父亲,今生投胎成了您的儿子。一世之隔，就算至亲也不熟悉了，何况是长久的宿世相隔呢？那个玩拨浪鼓的孩子过去生是一头牛，死后投生到主人家做主人的儿子。主人用牛皮蒙这个拨浪鼓，孩子不知宿世的因缘，拨打自己过去生的身体。用牛作为祭奠品，祈愿自己父亲痊愈的人，犹如服用鸩毒来治病。他的父亲会因此被牛所杀，而祭奠时被杀的牛则会投生人身。打自己母亲的小孩，本来是这家人的小妾。这个母亲是这家的正室，妒忌小妾受宠，经常暴打残害小妾，使她含恨而终，投生为正室之子，让正室受其打而不敢生怨。因缘业报如此不可思议，所以我忍不住失笑。"

富人的妻子听后，觉得不可思议，但心里已经有所触动。

只听帝释天继续说道："世间的种种繁华犹如闪电。希望您能觉悟无常的道理，不要与愚者为伍。我现在要回去了，改日再来拜访。"说完，就消失了。

这下，富人的妻子如醍醐灌顶一般，明白了许多道理，开始诚心期待帝释天再次到来。

不久，帝释天果然登门造访，但这次它变得容貌丑陋，穿着破衣烂衫，站在门口高声说道："我的挚友，我受邀而来，你快来接待我呀！"

富人的妻子端详了一阵子，实在无法认出，就冷言冷语地说道："你怎么会是我的朋友？"

帝释天现出原身笑着回答："难道我改变了容貌，更换了衣服，你就无法认出我了？"

语毕，帝释天正色道："请您好好的修行佛法，侍奉供养佛陀。生命就在呼吸之间，千万不要被世间的种种欲望所困惑。"说完，再次消失不见了。原来，那个富人的妻子就是过去生中的弥勒，而帝释天，就是过去生的佛陀。

壁画《帝释梵天礼佛护法图》位于法海寺正殿北壁，左右两壁各一幅，全图纵长5米，高达2米。

整个画面描绘了一个由菩萨、帝后、八部天龙、鬼神精怪等众组成的浩浩荡荡的礼佛参拜队伍。全图共三十五人，排列井然有序，相互呼应，统一中有所变化，人物服饰华丽，满堆珠玉，仪态安详严肃，用笔线条流畅，色泽鲜艳，形成满壁生风、灵动鲜活的壮观场面。

小知识

法海寺壁画是中国明朝壁画的传世名作，是现存少有的由宫廷画师所做的精品。受明朝宫廷画风的影响，人物模样重工笔重彩，追求富丽细致，雄浑伟魄。与敦煌、永乐宫、毗卢寺壁画相比毫不逊色，可以与西方文艺复兴时的宗教壁画相媲美，具有极高的历史和艺术价值。

在古代印度,流传这样一个可怕的传说:

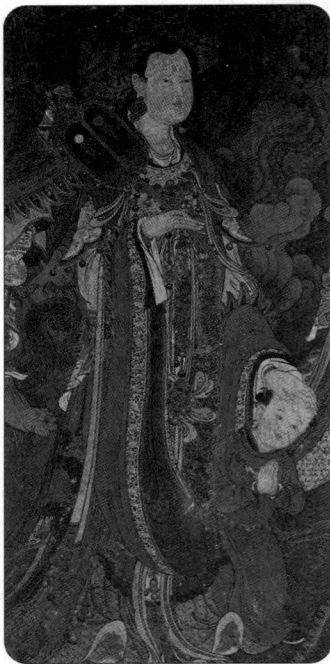

王舍城曾经举办一次盛会,在大会召开之前,有五百人相约结伴而行,不远千里前来参加盛会。

在路上,这五百人巧遇了一个怀有身孕的女子,她也是前往王舍城参加盛会的,接触并交流后,这名孕妇加入了行列。

本来一切都很顺利,谁知,就在一行人快到王舍城的时候,孕妇因为太过劳累流产了。

五百人中没有任何一个人打算留下来照顾流产的女人,因为他们谁都不想错过王舍城中的盛会。

因为流产处理不当,再加上无人照顾,孕妇只能绝望地留在原地等死。当死神一点一滴逼近她的时候,孕妇紧紧盯着王舍城的方向,眼中满是怨毒与仇恨。就在生命消逝的最后一刻,她立下毒誓:"我来世将投生王舍城,化身厉鬼,吃尽城中婴儿!"

之后的事情也正如孕妇的誓言一样,死后怨气十足的她投生为王舍城中一名女子,虽然不记得前生的事,但死前的毒誓铭记于心。当她长大嫁人,

《鬼子母图》

生下了五百个儿子之后,她履行誓言,每天都会去抓来一个婴儿吃掉,而女子也被城中的人称为"鬼子母"。

最初,城中人对于孩子失踪并不怎么重视,毕竟王舍城那么大,丢个孩子不算什么大事,但是随着孩子失踪的数量越来越多,人们对这件事重视起来,而关于鬼子母的传说也逐渐在城中流传开来。

当鬼子母吃婴孩的传言被证实以后,人们对她的恐惧达到顶峰,城中有孩子的家庭都纷纷将孩子藏了起来,生怕鬼子母将其抓走吃掉。

但令他们绝望的是,不管自己将孩子藏在何处,鬼子母都能找到。人们在惊恐

无奈之下,纷纷向佛祖祈祷,请求佛祖施展神通,挽救孩子们的性命。

佛祖感受到人们的祈求,也震惊于鬼子母的凶残,便趁鬼子母外出之际,施展神通,拘走了鬼子母最疼爱的一个儿子,将他藏了起来。

鬼子母回家后,发现自己的宝贝儿子不见了,像疯了一样,上天入地寻找。找了七天七夜,鬼子母也没有找到自己的儿子。

就在鬼子母陷入绝望的时候,她想到了神通广大的佛祖,她认为这世间只有无所不能的佛祖才能找到自己的孩子。

鬼子母来到佛祖面前,跪倒在地,苦苦哀求道:"神通广大的世尊,请您告知我儿的下落,没了他,我简直生不如死!"

佛祖问:"你明白失去孩子的痛苦了吗?"

鬼子母听闻此言,若有所觉,连忙答道:"弟子已经知晓了。"

佛祖开导说:"鬼子母,你有五百个儿子,如今丢了一个都痛苦万分,可是王舍城的百姓们最多只有两三个孩子,你将他们的孩子全都吃掉,将心比心,你能体悟到那些父母的心痛吗?"

鬼子母听到佛祖之言,不由得神色恍惚,纠结了好一阵子,脸上才显现出惭愧忏悔之色。

佛祖一挥衣袖,金光闪过,鬼子母的儿子出现在她的面前。

鬼子母看着儿子,脸色激动,却什么也没说,只是对着佛祖,将头重重磕在地上,久久不语。从此,世间再无吃婴儿的鬼子母,只留下了一尊护卫孩童的佛门守护神。

壁画《鬼子母图》位于北京法海寺内,所描绘的正是鬼子母受佛祖度化的典故。

画面中出现的鬼子母是被佛祖度化之后的模样,因为佛教东传的缘故,原本颇具印度风情的鬼子母已经摇身一变,成了中国古代的贵妇人模样。

只见鬼子母神情庄重肃穆却又慈祥仁爱,右手轻抚一个孩童额头,慈母的气质跃然画上。而那名孩童就是鬼子母最疼爱的儿子嫔伽罗。

小知识

鬼子母,又称为欢喜母、暴恶母或爱子母,梵文音译诃利帝母。原为婆罗门教中的恶神,护法二十诸天之一,专吃人间小孩,被称为"母夜叉"。被佛法教化后,成为专司护持儿童的护法神。

鹿王本生图

相传，在古代，印度的恒河岸边，有一只美丽的九色鹿。

这只九色鹿拥有无上的智慧，能够口吐人言，热爱大地上的一切生物，拥有一颗博爱之心。

一天，九色鹿听到了一声惨烈的呼救，它循着声音的方向快速地赶了过去。只见河水正在不断波动着，似乎有人的手脚在上下挣扎，而呼救声正是来自溺水的那个人。

九色鹿见状，不顾一切地跳进河中，一边追逐着溺水的人，一边试图将他救出。

努力了好多次，九色鹿终于抓住时机，用鹿角用力挑起了溺水的人，将他放到岸边。

《鹿王本生图》(局部)

被救的人喘着粗气，望着九色鹿，好奇地说："你是神仙吗？我从没见过你这种颜色的鹿。"

九色鹿抖了抖身上的水，说："我是九色鹿，住在这片森林里，你是谁？"

那人听到九色鹿口吐人言，惊讶地张大了嘴巴，他跪倒在地，带着哭腔说："恩人，我叫调达，是来自波斯的一名商人，因为在恒河边喝水不小心失足，落得这般田地。幸亏有您相救，我才得以活命。"

九色鹿点点头，严肃地说："调达，时间不早了，请回到人类的世界去吧！我希望你回去之后,不要向任何人透露我的行踪!"

调达一听此言,发誓道:"我尊敬的恩人,如果我背信弃义,就叫我头顶生疮,脚底流脓,不得好死!"

九色鹿听完,对调达点点头,转身跑开了。

在这之前,波斯王后做了一个奇怪的梦。她梦见森林中有一只神鹿,长着雪白的角、披着五光十色的皮毛,漂亮极了。

醒来以后,她对梦中的神鹿念念不忘,非常渴望得到那美丽的鹿角和鹿皮。于是,她佯装生病,卧床不起,对国王说,除非得到了九色鹿自己才能康复。

国王向天下昭告,凡有知道九色鹿下落的人,重重有赏。

告示被调达看到了,这个忘恩负义的人被贪婪和欲望冲昏了头,将九色鹿的救命之恩与自己的承诺抛之脑后,手舞足蹈地奔向王宫,将九色鹿的下落告诉了国王。

听了调达的话,国王喜出望外,立即带领大队人马,在调达的指引下,来到了恒河河畔的森林。

走着走着,调达一眼就看见了卧在巨石上闭目养神的九色鹿。

士兵们在调达的带领下,悄悄接近巨石,将九色鹿围了个严严实实。

国王对九色鹿大喊:"神鹿,我准备把你的皮毛献给皇后,你还是束手就擒吧!"

九色鹿被国王的一番话惊醒,说:"陛下,我与你无冤无仇,况且对你的国家还有恩,你怎么可以恩将仇报呢?"

"什么? 你对我的国家有什么恩?"国王好奇地问。

九色鹿答道:"我曾经从恒河中救出了你的子民。请问陛下,是谁告诉了你我的下落?"

"是他告诉寡人的。"国王伸手指向远处缩头缩尾的调达。

九色鹿一看,那人正是自己舍命相救的波斯商人,顿时心中一阵悲凉,落下了晶莹的眼泪。

它痛心地说:"你们人类丧尽天良,背信弃义,这个人一天前还信誓旦旦地答应我保守秘密,今天就来出卖我。我拼了性命救他,还不如捞起一块木头!"

听了九色鹿的诉说,国王和他的士兵看调达的眼神也逐渐变成了愤怒和厌恶。

调达感受到周围敌对的视线,感到无地自容,只听他"啊"地大叫了一声,转眼间身上便生满了烂疮,散发着一股浓烈的恶臭。

原来,调达背信的后果应验了。

面对神灵般的九色鹿,国王显得非常惭愧,他灰头土脸地回到了王城,下令任何人都不准伤害九色鹿。

至于那贪婪的王后，因为欲望的落空，又羞又恨，最后心碎而死。

莫高窟第 257 窟绘有北魏时期的《鹿王本生图》。

这是一幅连环画形式的故事壁画，色彩艳丽，极具异域色彩。

它将九色鹿的故事分为了九色鹿救人、调达致谢、国王和王后、调达的出卖、大军追捕、悠闲的九色鹿、调达的指认以及九色鹿的自述八个部分，整幅壁画故事剧情环环相扣，情节生动，人物形象饱满，给人极为强烈的视觉冲击。

小知识

　　本生故事是指佛教创始者释迦牟尼生前所经历的许多事迹。"鹿王本生"说的是释迦牟尼前生是一只九色鹿，它救了一个落水将要淹死的人反被此人出卖的故事。

在很久以前,古印度有一位贤明的国王,名字叫作尸毗王。

尸毗王崇尚佛法,心地善良,广施仁政,因此百姓全都安居乐业,丰衣足食。生活在三十三层天的护法神帝释天,为了考验尸毗王是否真的具有深厚的佛缘,就想出了一个"有趣"的方法。

它命毗首羯摩变成鸽子,自己则变成凶猛的老鹰在后面紧紧追逐。

"鸽子"做出一副惊恐的样子,钻到了尸毗王腋下,请求他的保护。

紧随而来的"老鹰"飞到尸毗王面前,对着他说道:"尊敬的大王,这只鸽子是我追逐半天的猎物,请大王交还给我,否则我会饥饿而死的!"

《尸毗王本生图》

尸毗王看了看"老鹰",又看了看瑟瑟发抖的"鸽子",皱了皱眉头,为难地说道:"我尊崇佛法,又曾立下大誓愿,要拯救一切出现在眼前的生灵,你让我将它交给你吃掉,我于心何忍啊!"

"老鹰"一听,整个身体的羽毛全都愤怒地直立起来,尖声说道:"大王如果不将它交给我,我就会饿死!难道说大王要救助眼前一切生灵的誓愿是戏言吗?"

遭到"老鹰"的质问,尸毗王连连摆手说道:"我所发誓愿皆出自真心,绝对不是说谎。"

说完,他犹豫了一下,询问"老鹰"道:"我为你另找些腌肉可以吗?"

"老鹰"思考了一下，摇摇头说道："那可不行，我只吃新鲜的肉。"

面对这种挽救一条生命，另一条生命就会死去的两难选择，尸毗王左右为难，努力思考着一个能够两全的办法。

过了许久，尸毗王下定了决心，他取来匕首，直接从自己的大腿上割下一块新鲜的肉，不顾还在流血的伤口，将肉交给老鹰。

谁料"老鹰"扫了一眼面前的肉，得寸进尺地说道："大王既然决定保护那只鸽子，打算以自己的肉喂养我，那就要割下与那只鸽子相同分量的肉来，才能满足我。"

尸毗王低头想了想，认为"老鹰"说得很对，就吩咐一旁脸色惨白的侍者把天平拿来，他将鸽子放到天平的一端，又将刚刚自己割下的肉放上去，发现重量不够，又继续用刀割。

令人奇怪的事情发生了，尸毗王割光了两条大腿上的肉，割光了两只胳膊的肉，割光了两肋的肉，但这些肉放到天平上时，始终不如鸽子重。

这个时候的尸毗王已经浑身是血，连骨头都清晰可见了，他推开身旁阻止他下刀的侍者，决心舍弃自身来救下鸽子，完成伟大的誓愿。

当尸毗王摇摇晃晃地站在天平上时，天平终于变平衡了。

忽然，"鸽子"与"老鹰"纷纷消失不见，出现在尸毗王的面前是帝释天和毗首羯摩。

帝释天怜悯地看着尸毗王，感叹道："不知大王是否后悔以身饲鹰之举？"

尸毗王宝相庄严地说道："不后悔！"

帝释天又问道："可敢起誓？"

尸毗王庄严起誓说道："如果我所言非虚，就让我的身体恢复如初吧！"

神奇的事情发生了，尸毗王话音刚落，他的身体就立即复原，甚至比以前更加健康强壮。

《尸毗王本生图》位于莫高窟北凉时期 275 窟北壁中层，属于典型的连环画式故事壁画，描绘了尸毗王割肉以及秤肉重量的情节。之后的帝释天化为老鹰追逐鸽子、鸽子求救等一系列情节都是在北魏时期所添加的。

小知识

尸毗王割肉喂鹰的本生故事来自《六度集经·菩萨本生》。这一故事在敦煌石窟壁画中，现存有北凉第 275 窟，北魏第 254 窟，隋朝第 302 窟，五代第 108、72 窟等五幅，其中第 254、275 窟为早期壁画中艺术性较高的作品。

在古代印度有一个大国,国王文治武功都颇为出色,但是他总是有些许遗憾,那就是他虽然有嫔妃无数,但膝下子嗣却很单薄,只有三个儿子,分别叫作富那宁、提婆和萨埵那。

小儿子萨埵那心地善良,颇受父亲和兄长们宠爱。

一天,年迈的国王突然兴致大发,带着三个儿子到城外的山林里欣赏风景,顺便打猎。父子几个边走边聊,因为聊得太过入神,当反应过来时,几个人已经走进了大山深处。

国王年纪大了,精力有些不济,便停下来在树林中休息,让三个儿子继续前

《萨埵那太子本生图》

进探索。三位王子与父王辞别,一边说笑,一边欣赏山里美丽的风景,不知不觉间越走越远。

忽然,他们在前方的小路上发现了一只饿得奄奄一息的母虎以及七只嗷嗷待哺的幼虎。

看到此情景,心地善良的萨埵那忍不住了,他对两位兄长说:"二位王兄,这只母虎看起来饿了很久,它身边还有七只幼虎,放任不管的话,母虎迫于无奈,说不定会把幼虎吃掉的。"

大王子和二王子听闻此言面面相觑,一脸无奈,他们深知自己宝贝弟弟的毛病,说好听些那是心地善良,往难听说,就是妇人之仁。但毕竟是自己最疼爱的弟弟,他们两个可不忍心拒绝弟弟即将提出的要求。

大王子思索了一下问道:"王弟打算救它们吗?"

萨埵那点点头。

二王子紧接着问道:"要想救它,恐怕需要猎物,可是深山老林里,我们一时半会儿也找不到啊!"

萨埵那低下头久久不语。

大王子叹了口气,拍拍他的肩膀,继续前行。

然而,在继续前行的路上,萨埵那心中一直想着那只饥饿的母虎以及那七只命悬一线的幼虎。善良的萨埵那心中久久不能安宁,他凝望着两位兄长的背影,心中暗暗下了决心。

"两位王兄这么优秀,那怕是没有我了,父王与母后也会过得很好。"萨埵那这样想道。

此时,萨埵那浑身充满了佛性的光辉,他顺着原路回到了方才老虎待的地方,脱去衣服,躺在虚弱的母虎嘴边,让它吃掉自己。

谁知,饥饿的母虎饿得连撕咬的力气都没有了。

萨埵那只好用尖锐的利器划破自己的身体,让母虎舔舐他的鲜血,等到老虎恢复了精神,就将他血肉吃个干干净净,只留下了惨白的骨骸。

两位王兄见弟弟萨埵那走失了,心底逐渐生起了强烈的不安,凭借莫名的直觉,他们回到了母虎那里。

然而,在他们眼前的只有斑斑的血迹以及萨埵那的白骨。

见到眼前的景象,两人扑在白骨上,哭得昏了过去。

过了许久,他们才醒了过来,将萨埵那的骨骸收拾好后,回到了宫中将噩耗告诉了国王和王后。

国王和王后悲伤地接受了一切,将萨埵那的骨骸收敛起来,装入了宝函中,特意建起佛塔来供养。

中国北魏时期的壁画《萨埵那太子本生图》,高165厘米,宽172厘米,见于敦煌莫高窟第254窟南壁。在敦煌众多同题材的壁画中,这幅画作构思最精彩,表现力最强。

这幅壁画把连续性的故事情节,巧妙地安排在一个画面上。画家构思精巧,布局紧凑,造型生动,除了用线条外,还用色彩表现人物的形体和明暗,增加了真实感。而用暗褐、青、绿等颜色,赋予画面悲剧的气氛,给人们一种强烈的视觉冲击。

小知识

依据佛教灵魂不灭、因果报应、轮回转世的教义,佛教徒认为像释迦牟尼这样的圣人,在修道成佛之前,必须经过无数次的轮回转世、无私奉献、历经磨难,最后才能修行成佛。本生故事画是敦煌石窟早期壁画中绘制最多的佛教故事画之一,其中以《尸毗王本生图》《鹿王本生图》《萨埵那太子本生图》最为著名。

兄弟相残

善事太子入海求珠本生图

在古印度的一个古老王国中，有两个名字奇怪而直白的王子，一个名叫善事，另一个叫恶事。

人如其名，善事聪慧善良，而恶事性格粗暴恶劣，是典型的纨绔子弟。

国王、王后将两个儿子一比对，这优劣立刻就显现出来了，谁不喜欢聪明懂事的孩子呢？因此，善事很受父母的宠爱，称之为掌上明珠也不为过；而恶事因为长时间缺乏关爱，心理变得愈发扭曲，他深深仇恨着集万千宠爱于一身的善事。

善事心地善良，见不得人间苦难，众生相残，于是他请求父亲打开国库，救济百姓。

《善事太子入海求珠本生图》

国王对这个宝贝儿子的要求算得上是言听计从，但是国王手底下的大臣们对此却很有意见。

他们在心里嘀咕道，王子是不当家不知柴米贵，百姓无穷尽，国库有穷时，把钱给了百姓，我们岂不是要喝西北风了！

善事面对大臣们的反对和责难，决定到龙宫寻找旃陀摩尼宝珠，只要宝珠到手，就可以解决百姓们的难题了。

恶事听说自己那该死的哥哥想前往龙宫求宝，觉得这是一个千载难逢的机会，就自告奋勇地请求和善事一起出海。

善事哪里会想到恶事的阴毒想法，还以为兄弟情深，是弟弟放不下自己，打算和自己出海，便一口答应了恶事的请求。

兄弟二人准备妥当后，选了一个吉日，带着随从乘坐着大船浩浩荡荡向大海进发。

在途中，出现了许多对善事等人的诱惑，比如金山银山、成堆的珍玩财宝等，善事知道这些相比自己的目的来说不值一提，因此他对其视而不见，继续前行；恶事却无比贪婪，把这些财宝装满了整艘大船。

然而，就是因为恶事的贪得无厌，船上财宝的重量远远超过了他那艘船的负重能力，船最终沉没了，而恶事侥幸逃得一命。

善事则历尽千辛万苦，凭借自己超人一等的智慧与无与伦比的人格魅力，获得了龙王的旃陀摩尼宝珠。

完成任务的善事在归途中意外遇到了侥幸活命的恶事。

在得知自己憎恶的哥哥完成了使命后，强烈的嫉恨令恶事决心痛下杀手。

他趁善事熟睡的时候，刺瞎了善事的双眼，夺取旃陀摩尼宝珠逃跑了。

因为剧痛昏迷不醒的善事幸运地遇到一名好心的牧人，经过牧人的照料，善事活了下来，却成了盲人。

面对这种凄惨的境况，善事并没有怨恨悲伤，而是选择了继续乐观地生活。

所谓塞翁失马焉知非福，也许是善事的乐观善良打动了满天神佛，他凭借一系列神奇的巧合，成功地获得了与自己国家交好的另一个国家的国王的帮助，并与该国的公主结为连理，而他的眼睛也在成亲当夜恢复如初。

在异国国王的帮助下，善事重新回到了自己的国家。

恶事见哥哥回来了，满脸羞惭，将那颗旃陀摩尼宝珠还给了哥哥，并跪下来认罪，乞求原谅。

善事把弟弟扶起来，安慰他，叫他要改过自新。

接着，善事对旃陀摩尼宝珠说："请让我父母的仓库，以及这些大臣的仓库，都装满珍宝财物。"

说罢，捧着宝珠向东、南、西、北四方揖拜。

果然，所有的仓库都装满了财宝。

接着，他又说道："请让天上降下百姓们所需要的一切！"

话音刚落，就见天上先是降下各种美味的食物，接着是五谷，然后是衣服，最后降下七宝。

全国人民高兴极了，个个称颂不已。

在敦煌莫高窟中，善事太子的故事，北周、中唐、五代等时期洞窟中都有相关绘画。

《善事太子入海求珠本生图》这幅壁画绘于北周时期，画家采用了明亮的色调，使整幅壁画变得鲜活起来，可以清楚地看到善事和恶事两兄弟彼此之间的纠缠交恶，善事入海求珠的不辞辛苦，善事双目失明时的凄惨落魄等景象。

壁画上的人物栩栩如生，用连环画式的结构，引领着人们去欣赏这段完整的佛教故事。

小知识

佛教七宝，又称七珍，指的是砗磲、玛瑙、水晶、珊瑚、琥珀、珍珠、麝香。

西晋愍帝建兴元年（313 年），在苏州吴淞江口发生了一起灵异事件，对当时的人来说，说是神迹也不为过。

一天，有两尊石像随水一路漂到吴淞江中央。

有个渔民突然惊呼："快看！江中有人！"

一石激起千层浪，这些在水面上讨生活的渔民都知道吴淞江水大浪急，是不会有人在江里游泳的。

众人虽然心中不信，但仍顺着那个渔民手指的方向看去，不看还好，这一看不由得倒吸了一口冷气。

只见在吴淞江湍急的江水中央，远远望去真有两个人正在江面上沉沉浮浮。

《石佛浮江图》

渔民中有几个胆大的，壮着胆子驾着小舟靠近察看。

等到了近前，他们惊讶地发现，原来是两尊石像。

渔民们不认识这石像雕刻的是何方神圣，只当是掌管吴淞江这一带水域的海神。他们这些靠水吃饭的人对海神最为崇敬，便在回到岸上后，召集渔民一同请来巫祝祭拜海神。

谁知，这巫祝来了之后，仪式还没开始，原本风平浪静的吴淞江水面突然波涛翻涌，风云突变，在场所有人都大惊失色。

消息传开后，整个苏州都轰动了。

当地的道教徒听闻传言，全都兴奋了，在他们看来，这一定是天师下凡，便纠集了一大群人，敲锣打鼓，大张旗鼓地来到吴淞江边，设坛作法，恭请天师上岸。

可是风浪丝毫没有减小，最后他们也只得放弃。

有个叫朱应的居士，听到这个消息后叹息道："将非大觉之垂应乎！"

他认为这是佛陀的示现。

于是，朱应沐浴斋戒，率领僧众和百姓一起赶到吴淞江口去虔诚礼拜，赞颂佛陀的功德。

神奇的是，一行人刚来到海边，顿时风平浪静、艳阳高照，只见远处有两个人踏水面凌波而来，到达岸边。

众人定睛一看，原来是两尊石佛像。

在石像的背后刻有字迹，一个叫维卫，一个叫迦叶。

这些善男信女立即将它们迎送到通玄寺。

当时，吴地的人都叹为灵异，因此信佛的人不可胜数。

《石佛浮江图》是敦煌莫高窟第 323 窟南壁西侧上所描绘的佛教故事壁画。

在这幅壁画中，自西向东描绘的是二佛浮江、道士设醮、信者跪拜及信众迎往等情节，迎接二佛的信众中，一人牵牛前行，牛上骑坐着妇女和孩童，牛身后一妇女正在驱赶，显现浓厚的民间生活气息。

壁画对于人物的细致描绘，以及色彩的完美运用，将故事中的僧人、石佛、船只等模样完整和谐地统一在一起，是研究佛教东渐，特别是佛教自海路传入中国不可多得的珍贵资料。

小知识

"石佛浮海"是中国佛教史上的著名神话。这一神话为南朝梁简文帝亲自撰文鼓吹，后来被绘于敦煌洞窟，远播海外。

无头国王异闻录

月光王施头本生图

在古代的印度，曾经有一位伟大的月光王。

月光王相貌出众，才智过人，又仁慈善良，勤政爱民，将整个国家治理得井井有条，欣欣向荣，周围的国家都被其所折服，百姓也深深敬爱着他。但是这个世界并不存在单纯的光明，有善良就会有邪恶，光与影从来都是相互依存的。

与月光王领地相毗邻的地方有一个小国，与仁慈善良、胸怀宽广的月光王相比，这小国的国王毗摩斯那心胸狭隘、睚眦必报，他对月光王的好名声异常羡慕嫉妒，一直想杀死月光王。

但是，毗摩斯那无奈地发现，他每次想和大臣商议杀死月光王的事情，大臣们都对此十分反感，甚至一个个拂袖而去，只剩下他自己尴尬地留在原地。

自己手底下大臣的表现令毗摩斯那愈加憎恨月光王，他咬咬牙，心想，大臣靠不住，难道我还不会"发榜招贤"吗？

于是，毗摩斯那贴出告示：谁能砍下月光王的头颅，就与他平分国土并赐婚公主。

《月光王施头本生图》

重赏之下必有勇夫，哪怕月光王再得人心，但面对如此高昂的赏赐，也会有人动心的。公文贴出不过几天，就有一个名叫牢度叉的婆罗门撕下告示，面见毗摩斯那，与其商议事成之后的奖励。

几天后，牢度叉收拾妥当，便向着月光王的王城走去。

或许是牢度叉的到来预示了什么，他一路所经过的地方天灾人祸不断，月光王手下的臣子们也噩梦连连，整个国家被不祥的气氛所笼罩。

月光王王城的门神最先预感到有邪恶的人降临王城，将会威胁国王的性命。于是，门神施展法术，令所有对月光王怀有恶意的人都不得进入王城之内。因此，带着杀意的牢度叉就像是"鬼打墙"了一般，绕起了圈子，怎么也进不到王城里。

而此时王宫中的月光王却在天神的启示下做了一个奇怪的梦。

他梦见天神对他说道:"你曾经立下大誓愿要布施天下,现在只要将王城外被阻挡的人放进来,将你的头颅交给他,你就会功德圆满。"

月光王醒来后,想起了天神梦中所言,就命令侍卫将城外"迷路"的人带来见他。

侍卫领了王命后,来到城门口一看,果然见到有人在城门口打转,他让门神撤去法术,将牢度叉引进了王宫。

月光王看着牢度叉,沉声问道:"你想要什么?"

牢度叉貌似恭敬地回答道:"大王,我要您的头颅。"

月光王伸手止住愤怒的臣子们,紧紧盯着牢度叉良久,释然一笑说道:"七天后,本王会将头颅给你的!"

当天,月光王舍头的消息不胫而走,天下哗然。

七天后,月光王当着所有臣民的面说出了与牢度叉的约定,并勒令所有人不得向牢度叉寻仇,然后在所有人含泪不舍的眼神中割下了自己头颅将其交给了牢度叉。

刹那间,天地震撼,天神下凡,活活吓死了那个小国的国王毗摩斯那。

而牢度叉则在月光王所有臣民的敌视中,又累又饿地回到了那个小国。他打算领赏,却得到了国王暴毙的消息。在惊愕之间,想到自己竹篮打水一场空,不仅没有捞到一点好处,反而落得个身败名裂的下场,牢度叉不禁又羞又气,吐血而亡。

壁画《月光王施头本生图》绘于十六国时期,现存于敦煌莫高窟第 275 窟北壁。

在壁画中央,一人做下跪状,手中举着托盘,盘内有三颗人头,表示施头千次,仅以献头一节来概括整个故事。此人表情悲伤,举止恭顺,可以猜出其为月光王的大臣;而在壁画左边,一人站直身体,高扬头颅,摆手拒绝,右边则站立着一人,手持砍刀,高高扬起,对着自己的脖子做出下砍模样,结合故事,能够推测出分别是牢度叉和月光王。

整幅壁画构图和造型比较简单,保留着早期壁画质朴雅拙的风格,是莫高窟年代最久远的本生故事画之一。

小知识

月光王本为印度一位古代帝王的名号,据《贤愚经》载,月光王是释迦牟尼于过去世修菩萨行时之前身。此王具有大威德,因仁慈而受到百姓爱戴,美名四扬。

87 放下屠刀，立地成佛
五百强盗成佛图

　　在古代印度南部，曾经有一个名叫侨萨罗的王国，在王国内有五百名强盗，让人闻风丧胆。

　　这五百名强盗可谓是天底下最为凶恶的人，他们杀人放火，打家劫舍，无恶不作，百姓们深受其害。

　　地方官员对这五百名强盗进行过多次围剿，但这些强盗利用地形之便，多次挫败官军，并在之后对地方采取报复行为，然后再当着官兵们的面扬长而去，气焰十分嚣张。

　　地方上围剿不利，消息最终传到了王城。

　　身为一国之主的国王听闻地方上居然有如此悍匪，勃然大怒，立刻调兵遣将，对那五百名强盗进行了规模最大的征讨。

　　啸聚山林的强盗，相较强大的正规军来说，还是太弱了，五百名强盗虽然凭借一时之勇给国王的军队造成了一定的损失，但还是战败，个个受伤，全部成了俘虏。

《五百强盗成佛图》（局部）

　　大军押送五百名盗匪回到王城后，国王决定顺应民意，对这些罪大恶极深受百姓憎恶的强盗处以剜目之刑，并鼓励王城的民众在行刑当天去观看。

　　到了行刑那天，整个法场杀气腾腾，戒备森严。

国王威严地端坐于高台之上，既厌烦又蔑视地看着五百名被脱得赤裸裸跪在地上的强盗。

他们身上有很多伤痕，很显然，在监禁的期间，吃了不少苦头。

国王看了一眼行刑官，便离开了法场。

行刑官弯腰恭送国王离开后，如鹰隼般的眸子迸发出寒光，大声喊道："行刑！"

一时间，法场中央鲜血四溅，惨叫连连，整个法场仿佛人间地狱。

之后，瞎了双眼的五百名强盗被丢到了荒无人烟的深山老林中，任其自生自灭。强盗们凄惨地呼唤着佛祖的名字，他们知道自己已经不容于人间，能救自己的只有那西天的佛祖了。

一声声惨叫引发了佛祖的恻隐之心，它用神力将灵药吹进了强盗们空无一物的眼眶中。

神奇的事情发生了，强盗们转眼间重见光明。

《五百强盗成佛图》中的作战场面

他们恭敬地跪在地上，歌颂着佛祖的恩德，一时间，这片荒芜中佛光普照，地涌金莲，原来是佛祖亲自降临在强盗们面前。

佛祖说："此等劫难正是你们以前作恶多端所结下的苦果，你们只有洗心革面，皈依于我，努力修行，才能赎清以往的罪孽，进入西天极乐世界。"

强盗们连连磕头齐声道："弟子愿随老师修行佛法。"

佛祖点了点头，高声道："放下屠刀，立地成佛。"说完，就消失不见了。

经过多年钻研佛法，曾经的五百名强盗终于修成正果，成了西天的五百名罗汉。

壁画《五百强盗成佛图》绘于莫高窟第 285 窟南壁，高 140 厘米，宽 638 厘米。是莫高窟西魏时期最大的一幅故事画，也是最早的因缘故事画。

绘画手法采用横卷式直线型构图，以八个并列画面，表现了交战、被俘、受审、剜眼、放逐、得救、听法、入山修行的全部内容。所描绘的人物生动形象，情节连贯，层层展开，引人入胜。

小知识

《五百强盗成佛图》或称《五百强盗成佛因缘》，又称《得眼林故事》。该壁画依据《大般涅槃经·梵行品》绘制，宣传佛教理义，具有向善与劝诫寓意。

过去无量劫前，有一个特叉尸利国，国王提婆有十个儿子，各自统领着自己的小国。

提婆最小的儿子名叫修婆提罗致，在他所统领的国土上，百姓们最为富足快乐。

有一个名叫罗睺的大臣，心存叛逆，最终谋反杀死了国王提婆。

国王死后，他就掌管国家成为国王，并立即派遣兵将前去其他小国杀害各位王子。

罗睺一连杀死了九名王子，当他将屠刀指向最有才干的小王子修婆提罗致时，却发现小王子与其家眷早已逃之夭夭。

原来，修婆提罗致因为治国有方，深受四方鬼神敬重，当罗睺的叛军向他杀来的时候，四方鬼神提前出现在修婆提罗致面前，警告他即将到来的杀身之祸，让他赶紧带着家眷逃亡。

修婆提罗致在谢过四方鬼神后，迅速收拾行囊，赶在叛军到来前，带着家眷离开了自己的辖地，打算到邻国借兵复仇。

不过可惜的是，由于时间仓促，修婆提罗致一家人所带的物资实在有限，再加上他们在敌兵的追赶下误入歧途，食物和水源消耗殆尽，即将陷入困境。

在这走投无路的境地下，修婆提罗致想活下去复仇，想保全自己唯一的儿子须阇提的性命，他看着妻子的身影，眼中闪过一丝狠辣。

修婆提罗致将自己的脚步放慢，来到妻子的背后，抬起弯刀，正要挥下，却被一个声音所阻止。

"父亲！不要！"

修婆提罗致看着跪在地上抱着自己双腿的须阇提，望着瘫坐在地上瑟瑟发抖的妻子，原本鼓起的勇气瞬间消失了。

《须阇提割肉济父母本生图》

他张了张嘴，却不知道说些什么，最终只是摸摸儿子的头，一言不发。

须阇提擦干眼泪，站起身来，说道："父亲，我知道我们已经没有食物了，我也明白你的想法，但是我不允许你吃掉母亲！"

修婆提罗致低着头不说话。

须阇提自顾自地说道："父亲可以吃掉我，每天割一点肉来吃，如果直接杀了我的话，时间久了，肉就会坏的。"

修婆提罗致震惊地盯着儿子闪亮的眼睛，想找到一丝怯弱，却没有找到。

最终，修婆提罗致和妻子决定吃儿子的肉，边吃边痛苦地哭泣。

就这样一天一天地割食，须阇提的肉渐渐快吃光了，只剩下了骨头。

修婆提罗致又拿刀将儿子的骨节一段一段地剥剔，又得到一点点肉。

此时，须阇提对流着眼泪的父母说道："抱歉了，父母大人，我已经不能跟你们继续前行了，剩下的路程只能靠你们自己了。"

修婆提罗致张着嘴，良久不语，他明白了儿子的选择，站起身来，拉着妻子含泪离去。

随即，须阇提立下誓愿说："我如今以肉身供养父母，以此功德愿求取佛道，普济十方一切众生，使他们远离众苦，得到涅槃大乐。"

话音刚落，天地震撼，所有的天人纷纷从天而降，充满了虚空，一起悲伤地哭泣，泪水犹如大雨般倾泻而下。

四方天神为了试探须阇提的善心，纷纷变作各种饥饿的动物来到他的身边，向他讨肉吃。

须阇提说："你们这些畜生若是饿了，就吃掉我的骨髓吧！"

天神们感受到眼前这个少年的决心，纷纷现出原形问道："你后悔吗？"

须阇提回道："上天作证，若是感受到弟子不悔之心，就请让弟子的身体恢复如初吧！"

这时，奇迹发生了，须阇提的身体转眼间恢复如初。

后来，邻国国王被须阇提的孝心折服，因此派兵帮助修婆提罗致复国，杀死了叛臣罗睺。

在此之后，两父子相继成为国王，使百姓安居乐业。

《须阇提割肉济父母本生图》壁画位于莫高窟第 296 窟，描绘于北周时期，长 432 厘米，宽 40 厘米，其故事情节与画面都保存得较为完好。

壁画所采用的绘画方式属于传统的连环画式，这种描绘方法很容易也很清楚地就将所要表述的内容主旨表现在壁画之上，令观众一目了然。

古印度有一个富迦罗跋国,国王名叫快目王。他有一双犀利明亮的眼睛,能洞察世事,明察秋毫。

快目王乐善好施,曾对着满天神佛立下大誓愿:凡是天下百姓所请求的,自己全都给予满足。

在快目王管辖之下有一个小国,国王波罗陀跋弥仗着天高皇帝远,经常对快目王的命令阳奉阴违,有时甚至明目张胆地践踏快目王所制定的法规。

不仅如此,波罗陀跋弥平日里骄奢淫逸,政事败坏,使得百姓吃苦受难,怨声载道,这让一心为民的快目王忍无可忍,决心除掉他。

很快,快目王打算兴兵讨伐的消息传到了波罗陀跋弥的耳朵里,这下子他慌了。

就在波罗陀跋弥一筹莫展之际,麾下的一名狗头军师献策道:"大王,对付快目王,我们不能力敌,只可智取!"

波罗陀跋弥一听,这不是废话吗!自己要是打得过还至于纠结成这样吗?

他哼了一声,那意思是:你别废话,赶紧说重点。

狗头军师眨眼间就明白了国王的意思,接着说道:"快目王曾经立下誓愿,有求必应,那我们何不将计就计,找个盲人来,让他向快目王讨取双眼呢?"

《快目王施眼本生图》

波罗陀跋弥听完之后,明白了他的意思,眼睛一亮,心中想着这也不失为一个好主意。

于是,波罗陀跋弥下诏征募盲人,很快一位眼盲的婆罗门就被找来了。

波罗陀跋弥对其采取了利诱为主、威胁为辅的手段,迫使盲人接受了这个"使命"。

眼盲的婆罗门来到快目王的王宫外,高声叫喊引起了侍卫的注意。

侍卫询问来意，眼盲的婆罗门满脸诚恳地说出了自己的目的——来这里打算向伟大的快目王乞求施舍。

　　听了盲人的回答，侍者就将他带到了快目王的宝座面前。

　　快目王看着眼前衣衫褴褛的盲人温和地问道："你是想要我的眼睛吗？"

　　听到快目王的询问，盲人一怔，他没想快目王居然如此直接，于是咬了咬牙，鼓起了勇气，镇定地回答道："是！"

　　盲人话一出口，就感觉到自己身上如同针扎一般，四周无数含着敌意与杀气的目光投向他。

　　快目王饶有兴趣地上下打量着盲人，问道："你胆子倒是不小，不怕本王杀了你吗？"

　　盲人说："怕，我怕得要死。"

　　"哦？那你怎么——"

　　"光明！我想重见光明！"盲人打断了快目王的询问，语气变得有些激动。

　　"七天后，我就将眼睛交给你。"快目王说完，直接离开了。

　　快目王打算交出双眼的消息传出后，天下哗然，所有人都请求快目王收回成命，然而快目王断然拒绝。

　　转眼七天过去了，快目王遵守约定，当着自己所有臣民的面，将自己明亮的双眼交给了盲人。

　　刹那间，天地震撼，众天神齐齐降临凡间，唱着梵歌，向快目王行礼。为首的天神问快目王："你可后悔？"

　　快目王笑着回答道："我曾立下大誓愿，布施天下，如今成全心意，当然不悔！"说完，他又立下誓言："倘若我所言属实，就让我重见光明！"

　　话音刚落，神迹显现，快目王的双眼复明，更胜于前，而一旁重见光明的婆罗门则激动地向快目王跪拜行礼。

　　至此，波罗陀跋弥的阴谋彻底破灭，他本人也气急攻心，暴毙而亡。

　　《快目王施眼本生图》壁画位于莫高窟第275窟，是南北朝北凉时期所绘。

　　壁画中，快目王静心安坐，旁边站立的人正伸手向快目王索取眼睛。

　　整幅壁画的绘画方式采用了主题式单幅画构图，结构简单明了，一点都不显得冗长复杂。

毗楞竭梨王本生图

在古代印度有一个心地善良的国王,名叫毗楞竭梨。

这位国王十分推崇佛教,一生最大的梦想就是希望可以听到高深奇妙的佛法。

为了达到自己的目的,毗楞竭梨向全国下达诏令:谁能为我讲高深佛法,我就会满足他的一切要求。

诏令通传全国没多久,一个衣衫褴褛的婆罗门来到了王宫外,求见毗楞竭梨王。

或许是眼前的婆罗门衣着太过破烂,实在不像什么好人的样子,把守宫门的侍卫没有立即去通报,而是仔细盘问着他的底细。

或许是被问烦了,婆罗门直接说道:"我叫牢度叉,是来给大王讲经说法的。"

侍卫知道前段时间闹得沸沸扬扬的悬赏榜文,一听牢度叉这么说,不敢怠慢,一改之前警惕的态度,立即来到毗楞竭梨王面前报告。

毗楞竭梨一听有高人来为自己讲解佛法,喜出望外,小跑着来到宫门前,亲自将眼前貌不惊人而且十分可疑的牢度叉迎到宫殿里。

进入大殿后,牢度叉上座,毗楞竭梨则恭敬地陪坐在次席。

《毗楞竭梨王本生图》

双方落座,毗楞竭梨一脸虔诚地向牢度叉询问道:"不知大师何时为小王讲解高深的妙法啊?"

只见牢度叉不慌不忙地答道:"这个不急,我只想问问大王榜文上所说可是真的。"

毗楞竭梨一听这话，严肃地说道："大师请放心，我所说句句是真话，没有半句虚言。"

牢度叉点点头，说道："那就好！"

毗楞竭梨又追问道："不知大师想要何物？无论金银财宝、国土江山，只要本王所有，全凭大师一句话。"

牢度叉一听大笑道："那些身外之物我要来何用？"

毗楞竭梨一愣，问道："大师需要什么？"

"我所求的，就是在你身上钉上一千个钉子！"牢度叉说完，紧紧盯着毗楞竭梨的脸，想看他的脸色变化。

只见毗楞竭梨先是一怔，随即释然一笑道："小王还道大师要什么，原来不过是区区一条性命罢了，七天后，就是我和大师的约定达成之日。"

当毗楞竭梨和牢度叉的约定公开后，所有臣民都抓狂了，心想，大王是不是疯了？

面对全国臣民的劝阻，毗楞竭梨断然拒绝，厉声道："这是本王聆听高深佛法、感悟成佛的最好时机，谁要阻我，定斩不饶！"

七天后，牢度叉当众为毗楞竭梨王讲解佛法，而国王一边聆听菩提妙法，一边温和地笑着命侍者往自己身上钉钉子。

当牢度叉佛法讲解完毕后，毗楞竭梨的身上已经钉完了一千个钉子。

此时的毗楞竭梨虽然血肉模糊，奄奄一息，却仍然带着微笑，因为他聆听到了世上最美妙的佛法。

就在这时，突然天摇地动，地涌金莲，原来是天神被毗楞竭梨以身求法的精神所感动而下凡。

为首的天神走到面无血色的毗楞竭梨王面前，柔声询问道："你可曾后悔？"

毗楞竭梨笑着说道："弟子看到了想要追寻的大道，有什么可悔的？"

"真的吗？"好像料到了毗楞竭梨会这样回答，天神继续追问道。

毗楞竭梨正色说道："如果上天感受到弟子诚心，就令弟子恢复如初吧！"

话音刚落，只见一道金光闪过，原本血肉模糊的毗楞竭梨重新恢复了健康。

《毗楞竭梨王本生图》壁画位于莫高窟第 275 窟，壁画长 80 厘米，宽 74 厘米，属于南北朝时期北凉的佛教壁画。

该壁画取材于佛教典故"毗楞竭梨王本生"，而壁画中所着重描绘的就是故事中毗楞竭梨王向自己钉一千个钉子的画面。

在壁画左侧，一个人双腿叉开，站直身体，做出了一副钉钉子的姿态，结合故事，想必他就是为毗楞竭梨王钉钉子的侍者；而在画面右侧，毗楞竭梨王摆出一副盘膝而坐、双手摆着佛教法印的姿态。

千百年过去，此壁画依旧鲜艳如新，这不能不令人叹服。

小知识

　　莫高窟在乐樽和尚开凿了第一个洞窟之后，有法良法师等继续在此修建，到唐朝武则天时，洞窟的数量已达到了数千个。然而，从北宋开始，莫高窟逐渐衰落，渐渐远离了人们的视线。1900年，一名叫作王圆箓的道士奉命去看守这已然荒芜的莫高窟洞窟，并将这些洞窟打通。西方的掠夺者闻风而至，面对着无知的王道士，他们用极低的价格买走了大部分的经文，甚至残忍地用胶将墙上的壁画撕下带走，就这样，他们带走了一万多件珍品，整个莫高窟变得残败零落。然而，仅仅是劫后残存的雕像与画作，已经堪称无价之宝了。

牢度叉斗圣变图

古代印度的舍卫国，有一个大官叫须达，位极人臣，地位尊贵。

照道理来讲，他这一生应该没有什么不顺心的事情，然而须达膝下共有七子，前六个儿子都已娶妻，唯独小儿子却始终单身，这件关乎传宗接代的大事着实令须达上火。

这时，须达听说邻国有一个与自己地位相当的大官有个女儿尚未婚嫁，本着试一试的态度，他来到了邻国，与那名大官进行了接触。

当须达到了大官家中后，他惊奇地发现，大官在命令家人打扫屋子，装饰府邸。须达留了个心眼，来到了大官面前旁敲侧击地问道："莫不是大人家中有喜事？"

邻国的大官喜笑颜开地答道："那是自然，我请了佛祖来为我说法，如何不是喜事？"说罢，大官还邀请须达留下来一起聆听佛祖讲经，须达推辞不过，便留下来聆听佛法。

《牢度叉斗圣变图》

然而这一听不得了，须达越听越心惊，越听越入迷，他感受到佛祖的仁慈悲悯与无敌神通后，激动地向佛祖提出了邀请，邀请佛祖前往舍卫国说法。

看着激动的须达，佛祖宽和地一笑，答应了他的邀请，但是也提出了一个条件，那就是修建一座精舍作为佛祖的法堂。

面对如此简单的要求，须达也没有多想，当即点头答应了。

回国后，须达猛然间想起舍卫国自上到下都是信奉外道的，在舍卫国内压根儿就没有佛祖的信徒，在这种环境下请佛祖讲经无疑是难于登天。

然而这世上可没有后悔药可以买，须达即便是再后悔，也没有想过毁约，在他看来，诚信是无比重要的美德。

　　纠结了一晚上，须达还是在第二天的朝会上提出了请佛祖来讲经的事情。

　　不出须达的意料，自己话音刚落，立刻就招来了朝廷上下的激烈反对，外道甚至干脆当着国王的面，弹劾须达。

　　国王一向信任外道，在外道的挑拨下，国王看须达的眼神逐渐变得杀气凛然。

　　就在这时，一旁默不作声的太子站了出来，坚定地支持被孤立的须达。

　　太子在群臣反对、外道挑拨的情况下据理力争，最后更是提出了让国王眼睛一亮的主意：让佛祖和外道斗法，胜者为王，败者为寇！

　　面对太子提出的"合理"建议，国王询问众人的意见，底下的臣子们纷纷噤声，毕竟太子可是未来的国王，没必要得罪；至于外道更没有什么反对意见，他们才不会承认自己会输，也就顺水推舟同意了。

　　很快就到了斗法之日，全国的臣民纷纷齐聚王城来观看这场斗法。

　　舍卫国外道派出了牢度叉守擂，而佛祖则是口念佛号，看向了自己的弟子舍利弗。舍利弗会意，对着佛祖深施一礼便上了擂台。

　　牢度叉狠毒地看着舍利弗，二话不说，直接一挥手，变出一座宝山，向舍利弗压去。

　　舍利弗不慌不忙，一挥衣袖，手中降魔杵如天外流星一般击碎了宝山，旗开得胜，拿下一局。

　　牢度叉脸色一怔，随即脸泛青气，变成一头巨大的公牛。

　　舍利弗微微一笑道："真是肤浅。"话音一落，当即变成一只雄狮咬死了公牛。

　　牢度叉两度失利，心中已然沉不住气，不管周围臣民死活，化身百丈毒龙，直扑舍利弗，欲杀之后快。

　　舍利弗见状，一道金光闪过，便化为一只金翅大鹏鸟，吃掉了毒龙。

　　牢度叉身受重伤跌落在地，选择了认输。

　　至此，外道大势已去，佛祖入驻精舍，讲经说法，整个舍卫国开始信奉佛门正法。

　　《牢度叉斗圣变图》位于莫高窟第196窟，属于晚唐时期的壁画。

　　整幅壁画色彩应用到位，结构清晰明了，人物画像十分逼真。从壁画中可以看到许多在故事中提到的斗法场面，在壁画左边，有一人端坐莲台，神色威严，在他的身后有着许多天神，结合故事，想必他就是佛祖的弟子舍利弗；而在壁画右边，两眼呆滞，手足无措的人应该就是外道牢度叉了。

古代印度有个叶波国，国王湿波治国有方，统领着六十个小国、八百个部落。

湿波虽然治国有方，却有着一个无言之痛，那就是他没有子嗣。

对一个国家来讲，没有王位继承人是极为不安定的，湿波为了求得一个孩子，就诚心诚意向天神祈祷。

结果，就在求神当天，王后就有了身孕。

十月怀胎，生下一位王子，取名须达挈。

或许因为是天神所赐的神子，王子须达挈自幼聪明伶俐，学什么都特别快，简直就是天才中的天才。

而且王子心地仁善，尊敬父母，国王以及王后、嫔妃等对他都十分疼爱。

须达挈在成年后，迎娶了邻国一位美丽的公主，夫妻二人如胶似漆，相敬如宾，感情极为深厚。特别是在公主为须达挈生下孩子后，两个人的感情更加稳固。

一日，须达挈带着孩子们出宫游玩。

《须达挈太子本生图》

天神们见状，纷纷下界幻化成一个个遭受苦难的人，出现在善良的须达挈面前。

原本游兴正浓的须达挈在看到人间居然有如此多承受苦难的人时，心情一下子变得恶劣极了，二话不说，驱赶着骏马回到了王宫中。

湿波见儿子一脸伤心的样子忍不住问道："儿子，发生什么事情了？"

须达挈连忙向国王行礼道："启禀父王，儿臣没事，儿臣只是在宫外看到一些事情，心有所感罢了。"

湿波好奇地问道："什么事让你如此伤感呢？"

须达拏一听国王这样问，脸上悲伤的神色越发浓重："儿臣方才目睹了世间疾苦，心有所感，想让父王布施天下。"

湿波一听十分高兴，认为这是好事，就答应了须达拏的要求，布施天下。

消息传出，穷苦的百姓们到处颂扬着太子的仁德，而须达拏布施的消息也因此越传越远，直到被敌对的邻国所知晓。

敌国国王心想，自己的国家与叶波国交战总处在下风，主要原因是叶波国拥有一头神象，自己能否借着须达拏布施的机会将神象要过来呢？

想到这里，敌国国主立即组织人手，向须达拏讨取神象。

面对自己国家的安危与布施的承诺，须达拏并没有犹豫太久，他选择了后者，将神象交给了敌国。

须达拏通敌卖国的行径令湿波十分愤怒，他下令驱逐须达拏去千里之外的深山中思过。

须达拏没有为自己辩解，他选择将自己所有资财布施后，带着妻儿踏上了流放的路途。

须达拏一路上吃了许多苦，车马衣物全都在路上布施给了其他人，自己带着妻儿坚定地向着深山行去。

途中，他也遇见过许多诱惑，但是他没有停留，反而脚步越发坚定。终于在多日后，衣衫褴褛的须达拏一行人到达了目的地。

经过一路的苦行，须达拏布施天下的心思变得越来越坚定，在深山思过的时候，仍然有许多人向他乞求施舍。

而须达拏面对这些要求完全没有拒绝的意思，他一一满足了那些人的要求，甚至就连自己的子女也布施给了别人。

当须达拏想将妻子布施出去的时候，天神出现拦住了他，说这一切都是天神的考验，须达拏凭借自己的大毅力，完成了考验，即将回归王宫。

果不其然，很快，国王湿波就派人来接须达拏以及被他布施出去的子女回宫，甚至就连敌国国王也因为敬佩须达拏，将布施出去的神象送回。两国之间重新交好，一切皆大欢喜。

《须达拏太子本生图》壁画位于莫高窟第 419 窟，属于隋朝壁画。

该壁画主要讲述的是须达拏太子在发出布施天下的大愿后，面对敌国的不合理要求，毅然选择了履行自己的承诺，引起了老国王的震怒，被驱逐往深山思过的片段。

壁画的结构清晰明了，很完整地描绘了想表达的故事，是一幅出色的佛教故事壁画。

93 天籁之音

妙音比丘因缘图

在舍卫国出现了一名江洋大盗,他强取豪夺,滥杀无辜,犯下了滔天罪行。但是,因为他行踪不定又非常狡猾,地方官府没办法抓到他。

大盗的为非作歹最终触怒了舍卫国王——波斯匿王,这位国王生来性子刚硬,疾恶如仇,最看不得自己治下有违法乱纪的行为。

当波斯匿王知道自己治下还有如此大恶人,哪里还忍得住,直接率兵前去捉拿大盗。

就在波斯匿王率军亲征,经过佛陀精舍的时候,他听到了天籁之音。波斯匿王敢对天发誓,这是他此生听到的最动听的诵经声,珠圆玉润,清脆动人,绕梁三日,余音袅袅。

《妙音比丘因缘图》

波斯匿王完全被这个美妙的声音吸引了,连征伐的大军都顾不上,直直站在原地,用心倾听着,生怕自己军队的行动打搅了声音的主人。士兵们也听到了那仿佛来自天国的声音,一个个面面相觑,从彼此的眼神中看到了震惊,不知不觉间,全都沉溺于声音中无法自拔。

一时间,整个天地都回荡着那天籁之音。

诵经声消失了,过了许久,波斯匿王才回过神来。只见他一脸激动而又庄重,卸下盔甲与武器,顾不了自己人间帝王的身份,恭敬地走向佛祖精舍,对着佛祖说道:"弟子拜见大德。"

佛祖睁开双眼,温和地问道:"你有何事?"

波斯匿王深施一礼道:"弟子方才路经此地,听到一阵诵经声,声音清脆洪亮,震颤人心,不知是大德座下哪位弟子所诵?"

佛祖嘴角含笑道:"是我座下一名比丘所诵。"

波斯匿王头低得更低了:"不知弟子可否见见这位比丘,方才他的诵经振聋发聩,弟子十分敬仰这位比丘,想布施些财物给他。"

佛祖闻言深深看了一眼波斯匿王，说道："也许你见到他后，就不再想着布施的事情了。"

波斯匿王庄重地说道："弟子不敢。"

佛祖摇摇头，命弟子将方才诵经的比丘叫了过来。

波斯匿王一脸震惊地望着眼前这位身材矮小、面貌奇丑、毫不起眼的比丘，在他印象里，能发出那样天籁之声的比丘应该是一身佛光、温和俊秀的模样，他怎样也无法将眼前丑陋的比丘和那个美妙的声音联系在一起。佛祖看着波斯匿王，继续说道："在很久以前，有一个国王，他在一次机缘巧合之下，获得了过去佛的舍利。国王为了表示对佛门的敬意，打算集全国之力建造一座高塔来供奉舍利。四海的龙王听说这件事后，纷纷表示支持国王，并且贡献出佛门七宝协助建造。于是，国王命令手下四个臣子去完成任务。"

"之后呢？"波斯匿王追问道。

佛祖停顿了一下，继续说道："当工期结束的时候，三位大臣都完成了任务，唯独一名大臣由于玩忽职守，没有完成。国王很生气，他责骂了大臣，但又给了他一次将功赎罪的机会，而这一次，大臣完成了任务。当宝塔建成后，佛光普照，大臣被宝塔的威严所震慑，为自己曾经的怠慢感到羞耻，于是，他立下誓言'愿来世有一副美妙的嗓音，为众生吟唱'。如今，这名比丘就是他的转世之身。"

波斯匿王恍然大悟，对这名比丘大为敬佩，立刻将大量财物布施给了他。

壁画《妙音比丘因缘图》位于莫高窟第 98 窟，属于五代时期的佛教作品。在壁画中可以看到驻足不前的士兵；被天籁之音震撼，虚心求教的波斯匿王；为国王讲述前世缘法，身后一轮佛光的佛祖，人物关系一目了然。而在壁画中央，形似白塔的画像想必就是佛陀为波斯匿王讲述妙音比丘因缘的故事演化。

整幅壁画色彩搭配适中，结构层次清晰，绘画线条柔和，具有很高的艺术价值。

小知识

　　因缘故事画，是佛门弟子、善男信女和释迦牟尼度化众生的故事。与本生故事的区别是：本生只讲释迦牟尼生前故事；而因缘则讲佛门弟子、善男信女前世或今世之事。壁画中主要故事有"五百强盗成佛""沙弥守戒自杀""善事太子入海取宝"等。故事内容离奇，情节曲折，颇有戏剧性。

94 泥土造人大功德

伏羲女娲和诸生

盘古开天辟地之后，人间渐渐有了秩序，日月星辰负责给地球照明、取暖，云朵负责为地球输送水气，并渐渐有了各式各样的生物，地球呈现出一片祥和的景象。

这时候，天地间来了一位女神，她的名字叫女娲。谁也不知道她从哪里来，只知道她的下半身是蛇，而她的脸却美艳动人，世间最美丽的花朵见了她，都会自惭形秽。

世界这么大，却只有女娲一个人，她觉得很寂寞。她走到河边，看见自己的倒影时，恍然大悟，原来地球上少了人类的存在！

《伏羲女娲和诸生》

想着想着，女娲就从河边挖起一团湿泥，捏成和自己形状一样的小人偶，这小东西非常聪明，落地就能讲话，很乖巧地趴在女娲膝头，叫她"妈妈"。

女娲兴奋极了，为了让人间有更多的生机，她就日夜不停地捏小人，孩子们在她身边叽叽喳喳的，非常热闹。

可是捏着捏着，女娲就累了，后来她想出了一个绝妙的办法，从悬崖边上扯下一根藤条，蘸着泥水，往地上一洒，泥点接触到地，也变成了小孩，依然围着她叫妈妈。过了不久，地球上就布满了人类，他们学着采集果实以充饥，编织衣服以御寒，每人找了一块地方过自己的日子，大地因此呈现出生机勃勃的景象。

过了几十年，女娲到黄海边上游玩，看见她的孩子们都变得白发苍苍，垂垂老去了。这些都是女娲早先的作品，他们在这世上活了几十年，到了寿终正寝的时候了。

看着一群白发苍苍的人围着自己叫妈妈，女娲很伤心，她不忍心这些孩子死去。再者，如果他们死去，她就要再捏小人了，费神费力，效率还不高。

女娲冥思苦想，终于想出了一个好办法，再捏出的小人，她都规定了性别，让他们自己学着繁衍后代。人类就这样，变得越来越多，而且不用女娲再操心了。

但是好景不长，共工与颛顼争帝位，在打斗中把天柱给碰断了，天从东方向西方急剧倾斜，地也开始塌陷，女娲的子女们为洪水和火山所苦，纷纷流离失所。

为了补天，女娲在东海之外的天台山上找到五色土，又用巨石堆砌成一口大锅，再找太阳神借来火种，炼了九天九夜，终于炼成了三万六千五百零一块巨石。她用其中的三万六千五百块补天，还剩下多余一块就留在了天台山上，这块石头在曹雪芹的笔下，历经沧桑变成了贾宝玉。至今，天台山上还遗留有女娲炼制巨石的大锅和那颗无用的五色石。

女娲补天成功后，人们建起了女娲庙，逢年过节就去拜祭这位伟大的女性，以感谢她为人间做出的巨大贡献。

《伏羲女娲和诸生》位于莫高窟第 285 窟东顶南侧，属于西魏时期壁画。

在壁画中，伏羲一手持规，一手持墨斗；女娲两手高擎规，双袖飘举，奔腾活跃。此外，还有龟蛇相交的玄武、昂首驰骋的白虎、振翅欲飞的朱雀等守护四方之神；旋转连鼓的"雷公"，挥舞铁钻的"辟电"，头似鹿、背有翼的"飞廉"，兽头鸟爪、嘴喷云雾的"雨师"等古代神话中的"自然神"；人头鸟身的"禺强"和兽头人身的"乌获"，竖耳羽翼的"羽人"等。它们与仙鹤共翱翔，随云彩而飞动。这些神明欢呼着、雀跃着，一起在为新的种族诞生而兴奋着。

乘象入胎图

相传,净饭王的摩耶王后在怀孕前,曾梦见一头六牙白色大象腾空从右肋进入自己的腹中。

净饭王得知梦中的异象后,沉默良久,召来了相师,让他占卜凶吉。

相师仔细占卜了一番,得到的卦象令他大吃一惊,他急忙向净饭王恭喜道:"男孩乘象入胎,乃是大吉之兆,恭喜大王,王后已经有了太子! 而太子正是天上仙佛转世!"

净饭王听完相师的占卜后,神情从淡定变为狂喜,随即重赏了相师,并通报全国。

按照当时的风俗,女人第一胎分娩时必须回到娘家去。

《乘象入胎图》

快要到生产的日子时,净饭王就为摩耶王后备了华丽的轿子,并派了许多宫女、侍臣,护送摩耶王后回天臂城。

摩耶王后在回娘家途中,感到旅途疲乏,就在兰毗尼花园下轿,到园中休息。

她走到一棵枝叶茂盛的无忧树下,见树上盛开的花色泽鲜艳,香气四溢,便忍不住伸手去采摘鲜花。

没想到惊动了胎气，只好在树下生下太子，就这样，披着一身金光的释迦牟尼从她的右肋下生出。

据说，太子降生时，乐声四起，花雨缤纷，天空还泻下一暖一凉的两股净水，为太子沐浴。刚出生的太子与其他婴儿很不一样，不仅不哭不闹，还能稳稳地自行七步，一步一莲，步步生莲，然后右手指天，左手指地，大声宣称："天上天下，唯我独尊。"

净饭王听说王后在兰毗尼花园生下太子，欣喜万分，立即带领众多宫女、侍臣，驾着车马，抬着特制大轿，赶到兰毗尼花园，将王后母子接回了皇宫。

太子诞生后第五天，净饭王让全国众多有名望的学者为太子取名字。

几番讨论后，一致同意太子取名叫乔达摩·悉达多。

悉达多，意为"吉祥"和"成就一切"。

有一位名叫阿私陀的仙人来到皇宫中，细细端详安然而卧的太子，被深深地震撼了，他恭敬地说："非凡人！非凡人！太子相貌奇妙，面如满月，他是释迦族的光荣，将会成为人世间的救主。"

接着，阿私陀遗憾地说："太子一定是会出家成佛的，可是我太老了，不能够亲见金身，亲闻妙法了！"

乘象入胎是佛教故事中最流行的题材之一，在莫高窟中有多处壁画，比如第329窟，绘于初唐时期的《乘象入胎图》。

画面中，大象四蹄奔腾，象身上的善慧菩萨表情宁静，姿态显得更加松弛，也似乎与奔跑的大象搭配。在大象前面有一位骑龙引导的天人，善慧菩萨两边还有协侍的小菩萨。四周的飞天更是姿态轻盈，动作多姿多彩。它们的佩戴在空中自由飞舞，五色的流云和宝相花旋转其中。这是敦煌壁画中表现"乘象入胎"这个故事最具感染力的一幅。

小 知 识

供养人，就是信仰佛教出资建造石窟的人。他们为了表示虔诚信佛，留名后世，在开窟造像时，在窟内画上自己和家族、亲眷、奴婢的肖像，这些肖像，称为供养人画像。

净饭王老来得子，一心一意想让儿子继承王位、传宗接代。

随着悉达多太子渐渐长大，净饭王用尽了世界上最好的色、声、味、香、触五尘欲境来诱惑他的身心，不让他有丝毫不愉快。

《夜半逾城图》

净饭王命人建造了三座豪华的宫殿，一座冬季御寒，一座夏季避暑，一座用来雨季防潮，三座宫殿合称为三时殿。这三时殿的作用当然不仅是御寒、避暑、防潮这么简单，净饭王希望借此培养一下悉达多太子骄奢享乐的生活态度，为了加强效果，还选来一百名美女终日在三时殿内载歌载舞，饮酒作乐。谁知，这样非但没能令悉达多太子沉迷情欲，反而激起了他对人生更深的思考："世间有数不尽的苦难，一味追求享乐能摆脱痛苦吗？生命如此短暂，享乐又能到几时？"

一次，悉达多太子乘马车出城。他先在城东门看见一个须发全白、弯腰驼背、行走艰难还不断呻吟的老人；接着又在城南门见到一个满身生疮流血的病人；后来他又在城西门看见两个人抬着一具死尸迎面走来，随行的亲属悲痛地号哭着。

目睹这些人世苦难，悉达多太子在马车里不禁满心怆然，想到人活在世，既无法避免死亡的恐惧，又不能忍受至亲离去的痛苦，这令他更深刻地思考起生死轮回。

马车来到城北门，悉达多太子看到一位身披袈裟、手持钵盂的出家人。他问仆人："这是什么人？"

仆人说："这是出家人。"

悉达多太子又问："什么是出家人？"

仆人回答："一心追求真理、舍家弃子、抛弃七情六欲、遵守戒律的人。他们相信一旦得道,就可以脱离生老病死的痛苦。"悉达多太子听后,竟一心向往起出家来了。

这天,打定主意的悉达多太子来到王宫中求见净饭王。

看着王位上略显老态的父王,悉达多太子深吸一口气施礼道:"儿臣拜见父王。"

净饭王笑道:"自家人,何必多礼,起来说话。"

悉达多太子应命起身后沉声道:"父王,儿臣思索多年,还是打算入山修行,拯救世人,还望父王答应。"

净饭王听到儿子这番话后顿时没有了笑容,他面无表情地听完悉达多太子的话,示意左右道:"太子病了,带他回去!"

悉达多太子察觉到父王的不满,就满怀心事地回去了。

望着儿子的背影,净饭王叹了口气,他知道儿子回去后是不会善罢甘休的,就下令让五百位士兵严守王城,严禁太子出门,又让王后去太子身边,劝他回心转意。

然而,净饭王还是失算了。

中国农历的二月初八午夜,悉达多太子跨上一匹名为"犍陟"的白色骏马,毅然离开了父亲为自己修建的豪华宫殿,在白茫茫的月色中,朝山林飞驰而去。

而守城的士兵竟然浑然不觉。

等到天刚破晓,悉达多太子便挥剑斩断了自己的头发,换上出家人的服饰,然后传信回宫,说自己已经出家修行了。

《夜半逾城图》位于莫高窟第 329 窟,高 168 厘米,宽 203 厘米,属于初唐时期的佛教故事壁画。

整幅壁画着重描绘悉达多太子夜半逾城那一刻的景象,悉达多太子胯下乘着宝马,手中握着缰绳,天人则手托马蹄,让马腾空飞行,壁画四周描绘了许多天神、仙女伴随而行,奏乐撒花。

画家透过高超的绘画手法以及合理的色彩搭配、结构布局,让静态的壁画"动"了起来。

小知识

唐朝时期的敦煌壁画题材非常丰富,大致可归纳为:净土变相图,经变故事画,佛、菩萨等像,供养人画像。特别是净土变相图的构图利用建筑物的透视造成空间深广的印象,复杂丰富的画面仍非常紧凑完整,是绘画艺术发展中一个重要突破,一直被后世所模仿、复制并长期流传。

97 父子相认

罗睺罗献食认父

佛陀毅然离宫出家时，罗睺罗还只是一个襁褓中的婴儿。

而当佛陀成道回到故乡迦毗罗卫城时，已经时隔十余年。虽然罗睺罗身为独一无二的王孙，自出生便受到祖父母和母亲无微不至的关怀，但在他幼小的心灵中，对父爱的渴望仍然是不变的。

《罗睺罗献食认父》

对父亲的声音、相貌一无所知的罗睺罗，每当看到其他的孩子都有父亲陪伴在身边，心中的孤独感变得越发强烈。

的确，在罗睺罗的成长过程中，虽然天下至宝唾手可得，但他身边始终缺少一个父亲的角色，缺少了这样一个陪伴、慰藉、保护着自己的父亲。

佛陀并没有辜负自己离家的誓愿，他是注定要成佛度人的。

当佛陀返回故土，上至净饭王，下至释迦族众人，无一不是欢呼雀跃，早早赶到迦毗罗卫城城门外欢迎佛陀。这是至高无上的尊荣。

但也有人早早知道消息后，在佛陀回乡时，悄悄地躲了起来。

这便是为佛陀生下儿子以后被抛弃的耶输陀罗王妃。

罗睺罗此时也不过十余岁，虽然渴望见到自己的父亲，但受到母亲的影响，无奈之下也只好陪伴在失落的母亲身旁。

其实，十多年与丈夫未曾谋面的耶输陀罗也渴望见到佛陀。但她明白，此时自己的丈夫早已不是那个生活在皇宫中的太子，而是受到世人景仰的尊者佛陀，这令耶输陀罗王妃实在不愿意在公共的场所见到佛陀。

但此时，年少的罗睺罗走来对耶输陀罗说："母亲，祖母让我告诉您，父亲回来了！"但耶输陀罗毫无反应。

见到平日对自己无比关爱的母亲不发一言,罗睺罗又接着说:"母亲,您看宫门口有那么多的人,到底哪一个才是父亲呢?"

　　这样的话,听在耶输陀罗耳里,犹如刺进她心里的一根刺。自己的儿子已经十多岁了,却连亲生父亲的样子都不认识。这样一句无心之话,令耶输陀罗感慨万千。

　　耶输陀罗望着满脸期待的罗睺罗,眼中满含泪水,她指着远处的宫门,回答道:"你看,在那群沙门中,最庄严的便是你的父亲。"

　　罗睺罗顺着母亲的指引望着自己那被众人团团围住的父亲,实在是陌生。这竟然是罗睺罗第一次见到自己的父亲。

　　不久,佛陀来到了耶输陀罗的宫中。

　　面对着苦苦等候自己的年轻王妃,佛陀也是感叹良久。但耶输陀罗已经明白,眼前这个尊贵无比的僧佛已经和自己有一条无法逾越的鸿沟了。

　　面对着耶输陀罗,佛陀缓缓地说道:"对你实在是抱歉,但我对得起众生,请为我欢喜!"

　　接着,佛陀又看着罗睺罗,慈和地抚摸着他的头说:"真快,已经长大了!"

　　而第一次见到父亲的罗睺罗望着眼前神圣庄严的佛陀,实在无法说出话来。只是想着:"佛陀已然不是我自己一人的父亲了,他是一切众生的大慈父啊!"

　　就是这样一个利益众生的想法,印证了罗睺罗的善根。

　　佛陀的这个儿子,是非常有慧根的,也是非常用功的,所以罗睺罗在佛陀诸弟子中,密行第一。

　　他随时随地都用功,一时一刻都不懈怠,昼也精进、夜也精进,即使在厕所里,他都可以入定。他是这样一个修道的好榜样,如果娑婆世界人人效法罗睺罗,人人都可以成佛。

　　罗睺罗是佛陀出家前留在凡尘世界的独子,也是后来佛陀的十大弟子之一,被称为"密行第一"。

　　在莫高窟第 217 窟壁画《罗睺罗献食认父》,就描绘了佛陀父子相认的情景。画面中,人物的情感节制有度,展现了佛教的严肃性。人物脸部使用色泽富有立体感的晕染法,展现了高超的绘画技巧。

小 知 识

　　敦煌壁画的佛传故事,主要宣扬释迦牟尼的生平事迹。其中许多是古印度的神话故事和民间传说,佛教徒经过若干世纪的加工修饰,附会在释迦牟尼身上。一般画"乘象入胎""夜半逾城"的场面较多。

色字头上一把刀
独角仙人本生图

古代印度曾经有一个国家,名为波罗奈国,在这个国家的大山深处住着一位神通广大的仙人。

因为仙人的头顶上长着一只独角,百姓们尊称其为"独角仙人"。

《独角仙人本生图》

这名独角仙人虽然精通法术,却有些小肚鸡肠,芝麻绿豆的事都会睚眦必报。

话说有一天,独角仙人外出游山玩水,可是天公不作美,在他玩兴正浓的时候,天降大雨。道路被雨水冲刷得泥泞不堪,因为道路湿滑,独角仙人一不留神摔了一跤,扭伤了脚。

结果,独角仙人就因为这件事情发了小孩脾气,对下雨天愤恨不已,甚至施法诅咒波罗奈国十二年不得下雨。

这下老百姓遭殃了。

接连十二年没有见到半滴雨水,大地龟裂,庄稼颗粒无收,甚至出现了人吃人的惨剧。

波罗奈国国王怜悯世间疾苦,向天下发布诏书:如果有人能够破解独角仙人的诅咒,就将王位相赠。

面对如此丰厚的奖赏,一个美丽的女子勇敢地站了出来。

她的名字叫扇陀,长得沉鱼落雁、闭月羞花,在清纯的外表下,是掩饰不住的妩媚风情。

扇陀揭下贴在城门口的榜文,来到王宫中面见国王,她信心满满地说道:"民女有办法破解独角仙人的诅咒,待到成功之时,民女会骑在仙人的肩上回来。"

说完,扇陀也不管被她豪言壮语震惊的满朝文武,直接"咯咯"地笑着离开了王宫。

扇陀在离开王宫后,凭借着国王给予自己的权力,在民间搜罗了五百名美女,还准备了五百大车掺杂激发人欲望的药物的美味食物,而这就是她对付独角仙人的杀手锏。

一切准备完毕后,扇陀当即率领五百美女搭乘着五百辆满载食物的大车来到了独角仙人隐修的场所。

当独角仙人从山外归来的时候,第一眼就看见了眼前五百名姿色各异的美女,尤其是他的眼神扫到扇陀的时候,只觉得自己心脏都漏跳了一拍。

美!太美了!

瞬间,扇陀就将独角仙人平日修行压抑住的欲望激发了起来,而在吃过那掺杂了大量药物的食物后,独角仙人的欲望更无法克制,就这样被扇陀的"美人计"征服了。

这样做的结果就是,独角仙人法力失效,诅咒因此而破解,波罗奈国连降七天七夜的暴雨。

七天过后,独角仙人提出要和扇陀一起下山,扇陀假装犹豫了一下就顺水推舟地答应了。

在半路上,独角仙人嫌扇陀走得太慢,就将她提起放在自己的肩上,为自己指引方向。

就这样,扇陀完成了自己的承诺,骑在独角仙人的肩上前去面见国王。

《独角仙人本生图》的故事源自《大智度论》《经律异相》等佛教典籍,而相关壁画位于莫高窟第 428 窟。

壁画采用了单幅故事画的展现形式,从壁画中可以看到,一名女子跨坐在一名男子的肩上,下方的男子拄杖前行,结合故事,我们可以推测出二者分别是艳女扇陀和独角仙人。

该壁画所绘人物形象只有两个,画面简单明了,结构层次清晰,再加上画家扎实的绘画功底,让壁画具有很强的艺术性。

小知识

独角仙人,又称一角仙人。相传过去久远世时,波罗奈国山中有一仙人,因心有所动,精华流于澡盘,为一母鹿所饮,鹿遂有孕,满月生一子,此子形状似人,头有一角,足似鹿,故称独角仙人。

维摩诘居士曾以说法辩论战胜佛祖大弟子舍利弗等十四位菩萨及五百名大弟子。

就连大智第一的文殊也赞他"深达实相，善说法要，辩才无滞，智慧无碍，一切菩萨法式悉知，诸佛秘藏，无不得入，降伏众魔，游戏神通，其慧方便，皆已得度"。

如果用现代汉语翻译就是，这位上人简直就是如来第二，智慧通达，能言善辩，达到了无所不能、来去自如的境界。

有一回，维摩诘说自己生了重病，在家不便外出，佛祖就派了一些弟子前去探望。

谁知不久以后，那些弟子都灰头土脸地回来了。

佛祖很惊讶，问："为何你等回来得如此迅速？"

《维摩诘经变图》(局部)

那些弟子低着头说："我们见到维摩诘后，他立刻对我们提问题，我们回答不出来，他就大骂不已，我们只好告辞而去。"

佛祖心想，给这样佛法高深的上人探病，看来人选实在不多。

最后，他对文殊菩萨说："我希望你能作为代表，探望患病的维摩诘居士。"

文殊菩萨对维摩诘的暴躁脾气早有耳闻，奈何佛祖亲自安排探访，想拒绝也不可能，只好前往维摩诘的住处。

这次探病，文殊菩萨共带了八千名菩萨，五百名声闻，上千名天人。

抵达毗耶离城中维摩诘居住的地方后，文殊菩萨就开始和维摩诘讨论佛法。

由于他们都能言善辩，在辩论佛法的过程中简直妙语连珠。

随同文殊菩萨而来的弟子们都听得津津有味，竟连一分一秒也不愿意离开席位。

这场辩论持续了很久，到了最后，文殊菩萨忽然问维摩诘什么是修成菩萨的不二法门。

这次没有引出激烈的辩论，维摩诘反而以沉默对答。

正当众人都心存不解时，心有大智的文殊菩萨已经领悟了维摩诘的意思，他向随行的众人讲道："一切声闻、缘觉，一切佛，一切法，从般若波罗蜜出。"

由此可见文殊菩萨思想的敏锐性和维摩诘的大智慧。

敦煌第 103 窟盛唐壁画《维摩诘经变图》，画中维摩诘坐于胡床上，手提羽扇，探身向前，扬眉启齿，向着对面的文殊，发出咄咄逼人的诘难，已经脱去梵相而有魏晋以来的居士风度。人物传神，线条黑重，有劲健飞动的体势。

小知识

经变是指将抽象的佛经文字内容绘制成具体的图画，也称为变相。绘制经变图的目的是希望透过艺术的形式来向信徒宣传佛教的理念，同时也将信众较难理解的教义或翻译文字，转换成容易看懂的图画来呈现。

天国的音乐家

反弹琵琶的伎乐天

　　仙人伽叶波的妻子牟妮所生下的儿子叫干闼婆,它们住在半空中,曾经是看护天界甘露苏摩酒的卫士。

　　达刹之女萨罗斯法底能言善辩,成功地从干闼婆手中骗取了苏摩酒。因此,干闼婆犯下了遗失苏摩酒的罪行,成为天界中负责吹拉弹奏的乐师。

《伎乐图》

　　从此,干闼婆和善于表演的阿卜娑罗做起搭档,一同为天界奏乐伴舞。阿卜娑罗是诞生在海中的仙女,她们面貌柔媚,身姿曼妙,经常向天神展示高超的演技,受到了众神的青睐。

　　因陀罗封阿卜娑罗为天国的歌舞伎,请她们为众神舞出三界中最美的舞蹈。

　　干闼婆是长相英俊清秀的美男子,他们不会衰老,永远年轻。

　　作为天国的音乐家,干闼婆经常到天神们散步的山上放声歌唱,他们的声音婉转优美,旋律十分动人,令天神们心旷神怡,流连忘返。干闼婆的歌声偶尔也会传颂到人间,在天气晴朗万里无云的时候,人们有时仿佛看到一座空中城市。那里有一栋金碧辉煌、巍峨璀璨的楼宇,便是干闼婆的住所。不过,谁要是看到了这座城市,那就是大难临头了。

干闼婆的首领毗娑婆苏曾经率领部下攻打地下巨蛇那羯族,战斗取得了胜利,他们还把那羯的金银财宝掠夺一空。

惨败的那羯只好向善良的毗湿奴大神寻求保护。

大神来到地下城驱赶了干闼婆,强迫他们归还掠去的宝物。

那羯中有一条最受崇拜的千头巨蛇名叫舍沙,它是那羯国王瓦苏基的兄弟。

经历过这场与干闼婆的对抗,舍沙和毗湿奴成了无话不说的好朋友。灭世洪水泛滥之时,毗湿奴大神就在舍沙的背上横卧休息。

从此以后,强大的舍沙心甘情愿为毗湿奴大神当牛做马,成为它有力的依靠。

紧那罗原是古印度神话中的娱乐神,后被佛教吸收为天龙八部之内。紧那罗分为男女,男紧那罗相貌为马头人身,歌声动听,令人难以忘怀;而女紧那罗则是样貌端庄,舞姿曼妙,引人入胜。

虽然男女紧那罗在相貌上差别明显,但它们有一个共同点,就是精通乐器。可以说,紧那罗就是天神中演奏法乐的最佳代表。

当然,紧那罗并不是一位特定的天神,而是一个种族,归于天人一类。

紧那罗身为护法,平日里除了自身的修炼,生活非常艰苦,但其平均寿命又很长。在漫长的生命中,可以说紧那罗将自己的全部都奉献给了佛法,守护着神佛的修行,保佑着世人的安泰。

飞天,是佛教中干闼婆和紧那罗的化身。

干闼婆的任务是在佛国里散发香气,为佛献花、供宝,栖身于花丛,飞翔于天宫。紧那罗的任务是在佛国里奏乐、歌舞,但不能飞翔于云霄。后来,干闼婆和紧那罗混合,男女不分,职能不分,合为一体,变为飞天。

现在,把早期在天宫奏乐的叫"天宫伎乐",把后来持乐器歌舞的称"飞天伎乐"。

莫高窟第112窟的《伎乐图》,为该窟《西方净土变》的一部分。描绘了伎乐天伴随着仙乐翩翩起舞,举足旋身,使出了"反弹琵琶"绝技时的动态。

画面中,伎乐天丰腴饱满,神态悠闲雍容、落落大方,手持琵琶、半裸着上身翩翩翻飞。线描写实明快、一气呵成,敷彩以石绿、赭黄、铅白为主,使整个画面显得更加典雅、妩媚,令人赏心悦目。